재난 리스크 제대로 관리하기

— 안전한 나라, 안정된 사회에서 살고 싶다

이 도서는 2014년도 한국보험학회 저술사업의 지원을 받았음.

재난 리스크 제대로 관리하기

- 안전한 나라, 안정된 사회에서 살고 싶다

장동한 지음

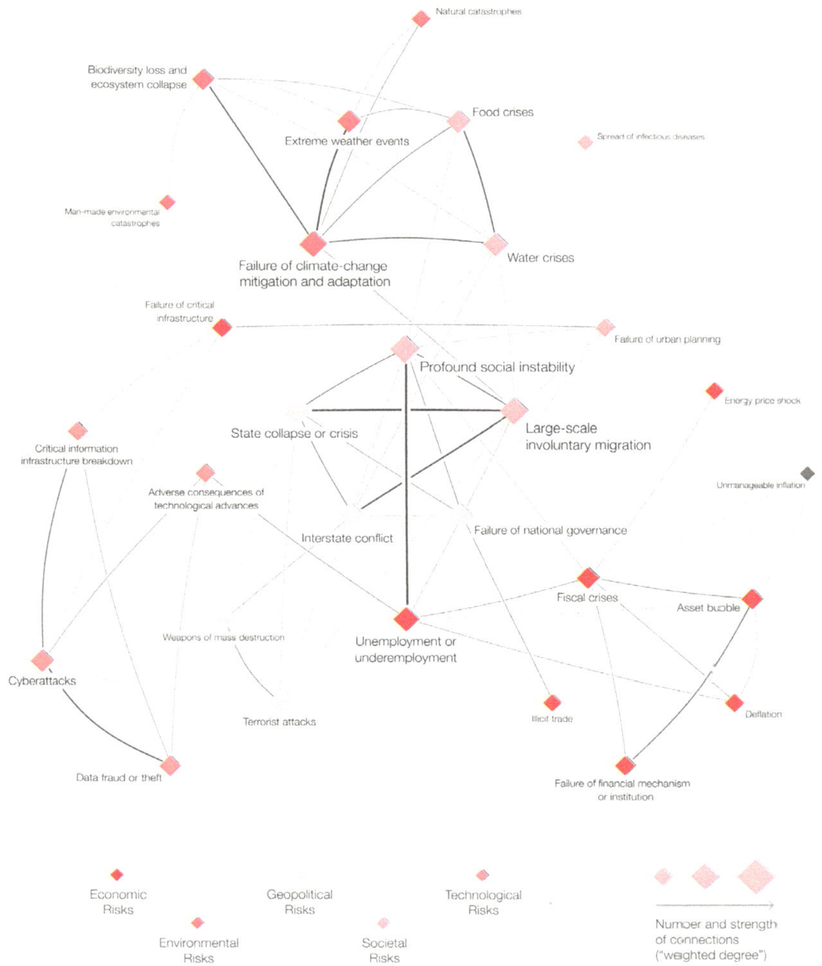

율곡출판사

들어가는 글

"동해 물과 백두산이 마르고 닳도록
하느님이 보우하사 우리나라 만세
무궁화 삼천리 화려 강산
대한 사람, 대한으로 길이 보전하세"

언제 들어도, 언제 불러도 가슴 뭉클한 우리의 애국가다. 그런데 이 책을 쓰면서 50년 넘게 불렀던 이 애국가 가사가 필자에게 더욱더 크게 또 깊게 다가온 느낌이다. '마르고 닳도록', '만세萬歲', '무궁無窮', '길이 보전保全' 등이 다 지속성持續性, sustainability을 얘기하고 있지 않은가? 그렇다. 우리나라는 마르고 닳도록, 만세토록 발전하고, 무궁하게 길이 보전되어야 한다.

문제는 … 어떻게?
잘! 제대로!

이 책은 우리나라의 지속 가능 발전을 위한 정책적이고 방법론적인 대안을 제시함과 동시에 각종 재난 리스크와 이론적인 리스크 관리 메커니즘을 분석하고 있다. 우리 사회의 근간을 위협하는 각종 재난에 체계적으로 준비하고 대처하여 우리나라의 지속 발전을 기하자는 내용이다. 재난에 대비하여 체계적인 통합 리스크 관리 시스템을 구축하고 실행하여 '안전한 나라와 안정된 사회를 이루어 평안한 삶을 누리자' 는 것이 핵심이다.

필자가 대학에 갓 입학한 1978년 당시는 유신 치하에서 사회분위기가 일면 안정된 듯하면서도 뭔가 긴장이 고조된 상황이었다. 일촉즉발의 팽팽한 위기 상황에서 1979년 10월 현직 대통령이 측근에게 시해당하는 엄청난 사건이 터지고 만다. 당시 어린 대학생이었던 필자는 큰 충격을 받았고 심지어 창피하기까지 했다. 한 나라의 대통령이, 옛날로 치자면 왕이 최측근에게 죽임을 당하다니.

필자는 최근에 프랑스와 영국을 방문하여 베르사이유 궁전과 윈저성을 다시 들르게 되었는데 유럽의 역사를 보면 왕이 시해를 당한 경우가 꽤 있다. 1649년 영국 내전 중에 찰스 1세가 공개 처형을 당했고, 잘 아는 바와 같이 프랑스 혁명 와중에 당시 국왕 루이 16세와 왕비 마리 앙트와네트가 단두대에서 죽임을 당했다. 오늘날의 영국과 프랑스도 그런 혼란의 과정을 오랫동안 겪고 어려움을 이겨내면서 선진국으로 자리 잡게 된 것이다.

그런데 진정한 선진국의 실상은 경제력, 민주화, 사회복지, 군사력, 문화적 파워가 균형 잡힌 사회가 아닐까 싶다. 지난 해2015년가 광복 70주년이 된다 하여 많은 행사가 벌어졌고 우리나라의 지난 70년을 돌아보는 기사들이 넘쳐났다. 필자는 소위 베이비붐 세대로 격동의 1960년대, 독재와 고도성장의 1970년대, 민주화 운동이 끊임없었던 1980년대, 국제화 · 개방화 분위기의 1990년대와 외환위기, 국내외가 혼란하기만 한 2000년대를 고스란히 살아오고 지켜본 세대이다.

우리나라의 지난 70년을 내 나름대로 돌이켜 보면, 해방 직후와 6.25 전쟁의 대 혼란기를 겪은 이후 1965 ~ 1980년 기간을 산업화 시대로, 1980 ~ 1995년 기간을 민주화 시대로 정리할 수 있다. 이 나라에 변변한 게 없던 절박한 상황에서 '잘살아 보자'는 일념으로 산업화에 매진했던 적이 있다. 그 과정에서 인권과 노동권 주장은 사치였고 그런 분위기에 편승하여 독재가 기승을 부렸다. 경제성장 일변도 과정에서 사회 불평등이 심화되었고 유신 독재 치하에서 민주화 운동이 걷잡을 수 없이 일어나면서 마침내 문민정부가 들어선다. 경제성장으로 조금 먹고 살게 되고 민주화로 자유를 얻으면 만사형통일 줄 알았더니 웬걸, 거스를 수 없는 세계화 흐름 속에서 앞을 가늠조차 할 수 없었던 대한민국 호는 외환위기의 거센 풍랑을 만나 좌초될 지경에 처한다. 겨우 회생하였지만 사회 전체적으로 여전히 혼미한 상태가 오늘의 대한민국의 현주소가 아닐까 한다.

1995 ~ 2015년의 제3 시대를 우리는 어떻게 정의할 수 있을까? 세계화 흐름에 종속되어 경제적 불확실성은 증폭되고, 성장 패러다임의 변화는 고용 없는 성장과 청년 실업 문제를 야기하여 세대 간 갈등을 조장하고, 잦은 경제위기로 우리 사회의 허리격인 중소기업과 중산층의 경쟁력이 부실해져 사회 갈등이 심화되고 있으며, 고령화와 출산율 저하는 우리 사회의 성장 동력을 갉아먹고 있다. 경제성장 우선이라는 정책 하에서 환경 보호는 항상 뒷전이 되어 미래 세대에 큰 부담이 되고 있으며, 금전만능주의가 팽배해져 사회적 책임과 윤리경영은 공염불인 셈이나 다름없다. 거듭되는 대형 안전사고와 복지체계 미비에 따른 사

회 불안정은 우리 사회 리스크 관리 시스템의 허점을 여실히 보여주고 있다. 또한 예측 불허의 북한 정국과 북한의 핵무기 위협은 한반도에 상존하고 있는 절대적인 리스크이다. 한마디로 2016년 현재 우리는 불확실성의 시대에 살고 있다.

앞으로 우리의 상황은 어떻게 전개될까? 우리가 지향해야 할 나라 발전의 비전과 액션플랜은 무엇이 되어야 할까? 이런 상황 파악과 사회 발전의 고민이 절실하다.

우리 사회는 지속 성장을 추구해야 하겠다. 길게 보고 가급적 많은 이들이 같이 잘 먹고 잘사는 사회를 지향하자. 안전한 나라와 안정된 사회를 만들어 보자. 실속 있는 경제성장은 여전히 중요하다. 우리 경제의 미래 성장 동력을 확보하고 대외 리스크 관리에 더욱 노력해야 하겠다. 후대를 위한 자연보호와 환경 보존에 힘써야 한다. 환경 보호에 대한 투자는 결코 일회성 비용이 아니라 장기 수익성이 높은 투자라는 점을 명심하자. 사회적 책임 고취와 도덕 강화를 위한 교육에 힘쓰자. 안전한 나라, 안정된 사회를 만들기 위한 리스크 관리 교육에 노력하자. 체계적인 교육 강화를 통해 도덕과 리스크 관리에 대한 우리 사회구성원들의 인식 제고가 절대적으로 필요하다. 그런데 이런 노력은 정부만의 노력이 아니고 사회구성원 모두의 몫이 되어야 한다. 정부의 기획과 주도 하에 민관이 협력하여 지속 가능한 발전을 이루어 나가야 하는 것이다. 이러한 노력의 결실은 우리나라의 앞으로의 70년에 '복지사회 통일 대한민국' 으로의 변신이 될 것이다.

본 책의 구성은 다음과 같다.

제 1 부는 지속 가능 발전과 리스크 관리의 내용이다. 우리나라는 지속 가능 발전을 지향하는데 지속 가능 발전의 내용은 경제적 수익성 추구와 함께 환경 보호, 사회적 통합이 중심이다. 안정 속의 성장으로 정의할 수 있는 지속 가능 발전을 추구함에 있어 리스크 관리는 핵심 전략이 된다.

제 2 부에서는 재난과 재난 리스크 관리에 대해 살펴본다. 재난 리스크는 우리 생활의 안정을 위협하는 중대한 리스크로 체계적이고 통합적인 관리가 필요한데, '재난 예방-사후 대처-재난 복구'를 아우르는 재난 리스크 관리 시스템의 확립이 매우 중요하다.

제 3 부에서는 재난 리스크 관리와 보험의 역할에 대해 논한다. 조직의 존폐를 좌우하는 중대한 리스크로서 재난 리스크는 보험으로 관리하는 데에 한계가 있다. 보험 및 재보험, 공사公私 연계 보험 개발, CAT Bond, 재난 리스크 파생상품과 같은 ART 개발 등 재난 리스크 관리의 진화는 매우 흥미롭고 그 미래가 기대된다.

마지막으로 제 4 부에서는 재난 대비 통합 리스크 관리에 대해 서술하고 있는데 안정 사회 구현을 위한 정책 제안을 포함하고 있다. 전 세계적으로 재난의 빈발과 파괴력 증대, 복잡성 증가를 고려할 때 재난에 대비한 통합 리스크 관리의 필요성은 절대적이다. 재난 리스크 관리 시스템의 가동, 재난 리스크 거버넌스의 확립, 리스크 관리 교육의 개선을 통해 효과적이고 보다 효율적인 재난 리스크 관리가 우리 사회에 정착될 수 있도록 노력해야 할 것이다.

한편, 부록에선 WEFWorld Economic Forum의 Global Risks Report

2016의 핵심 내용을 원문 그대로 소개하고, 국내외의 대표적인 재난 15가지를 본 책에서 주장한 재난 리스크 관리 시스템 차원에서 분석해 보았다.

이 책을 하나님이 내게 주신 최고의 선물인 우리 가족인옥, 혜승, 건희에게 사랑의 마음을 가득 담아 충심으로 감사하며 드린다.

2016년 4월

장동한

차례

3부 재난 리스크 관리와 보험의 역할

4부 재난 대비 통합 리스크 관리

1

Disaster Risk Management

part one

지속 가능 발전과 리스크 관리

1. 지속 가능 발전

2. 지속 가능 발전 목표

지속 가능 발전

Disaster Risk Management
ch. one

1

"배를 저어가자 험한 바다물결 건너 저편 언덕에
산천 경개좋고 바람 시원한 곳 희망의 나라로
돛을 달아라 부는 바람 맞아 물결 넘어 앞에 나가자
자유 평등 평화 행복 가득한 곳 희망의 나라로"

저자가 좋아하는 '희망의 나라로'의 가사이다. 우리 모두는 험한 바다 위에 각자의 배를 띄워 놓고 자기 나름의 '희망의 나라'를 향해 나아가고 있다. 때때로 칠흑 같은 어둠 속에서 갈 바를 잃기도 하고, 험한 풍랑 속에서 죽음의 공포를 접하기도 한다.

험한 세상에서 중심을 잡고 살아남기 위해선 자기만의 핵심 역량core competence을 공고히 해야 한다. 또 험한 바다에 배를 띄웠단 얘기는 자신의 목표가 있다는 것인데 이 목표가 바로 각자의 비전vision이다. 비전을 이루기 위해서는 현실적이고 구체적인 전략strategies이 필요하다. 여러분의 비전은 무엇인가? 비전 구현을 위한 구체적인 전략들은 무엇인가? 그 전에 자신만의 핵심 역량은 있는가?

지속 가능 발전sustainable development에 대한 논의가 한창이다. 지속 가능 발전에 대해서는 여러 해석이 가능하겠지만 이웃과 함께 상생하며 오랫동안 잘 먹고 잘살아 보자는 뜻으로 이해하면 좋지 싶다. 우리 사회 각 개인의, 모든 가정의, 각 비즈니스의, 모든 조직의, 나아가 우리 조국 대한민국의 비전이 바로 이 지속 가능 발전이 되어야 하지 않을까?

지속 발전하는 대한민국이 되기 위해서는 구체적인 전략과 실행계획action plans이 있어야 하는데 핵심 전략 중의 하나가 리스크 관리이다. 한 사회가 지속적으로 성장하기 위해서는 무엇보다도 성장을 뒷받침하는 안정이 더없이 중요한데 체계적인 리스크 관리가 안정 구현의 핵심이 되는 것이다.

1. 지속 가능 발전[1]

(1) 지속 가능 발전의 개념

지속 가능 발전은 미래 세대가 그들의 필요를 충족할 능력을 손상시키지 않는 범위 내에서 현재 세대의 필요를 충족하는 발전이다.

> "Sustainable development is development that meets the needs of the present without compromising the ability of future generations to meet their own needs."

인간의 필요를 충족시키는 것이 발전의 제일차적인 목적이다. 아직도 많은 개발도상국에서 수많은 사람들이 의식주 및 일자리의 기본적인 필요가 충족되지 못한 채 살고 있는 것이 현실이다. 빈곤과 불평등이 팽배한 세계에서는 환경을 포함한 여러 형태의 위기가 반복된다. 지속 가능한 발전은 모든 사람의 기본적인 필요를 충족시켜야 하며, 더 나은 삶을 위한 욕구를 충족시킬 수 있는 기회를 더 많은 사람이 누릴 수 있게 해야 한다.

---

1. Report of the World Commission on Environment and Development: Our Common Future, UN, 1987.

지속 가능한 발전은 특히 기본적인 필요가 충족되지 않은 곳에서의 경제적 성장을 필요로 하지만 성장 그 자체만으로는 충분하지 않다. 높은 수준의 생산적인 활동과 만연한 가난은 같이 존재할 수 있고 환경을 위협할 수도 있다. 따라서 지속 가능한 발전은 사회가 생산을 증대시키고 모두에게 공정한 기회를 보장함으로써 인간의 욕구를 충족시키는 것을 필요로 하는 것이다.

정착 농경, 물길 조정, 광물 채취, 열과 유해가스 배출, 경제림 조성, 유전자 조작은 모두 인류 발전 과정에서 인간이 자연에 개입한 예이다. 과거에 이런 자연에의 개입은 작은 규모였고 그 영향 또한 제한적이었지만, 오늘날의 개입은 그 규모와 영향이 훨씬 더 커졌고 생명 유지 시스템에 더 위협적이 되었다. 이런 일이 계속되어선 안 된다. 최소한 지속 가능 발전은 지구에 살고 있는 생명의 기반인 공기, 물, 흙, 생명체와 같은 자연 시스템을 위험에 빠트리지 말아야 한다.

경제성장은 인구 증가나 지구 자원 사용 차원에서 생태적 재해를 유발하지 말아야 한다는 물리적 제한 내지 법적인 제한은 없다. 물론 에너지, 원료, 물, 토지 사용에 관한 각각의 규제는 존재한다. 자원 사용에 있어 많은 경우에 늘어나는 비용과 줄어드는 수익의 결과를 분명히 보여주지만 자원 기반의 급격한 소진까지는 고려되지 않고 있다. 지식과 기술 개발의 진화는 자원 기반의 효과를 강화시키고 있기는 하지만 자원의 양에는 분명히 한계가 있고 지속 가능성은 이런 한계를 필히 고려해야 하는 것이다. 따라서 한정된 자원이 고갈되지 않을 정도의 접근만 허용해야 하는 것이며 자원의 고갈을 피할 수 있도록 기술 개발의 방향을 재설정해야 할 것이다.

경제성장과 경제발전은 물리적인 생태계의 변화를 필히 고려해야 한다. 물론 모든 곳의 생태계를 완벽하게 보존할 수는 없다. 숲은 분수령에 따라 사라질 수도 있고 확장될 수도 있는데 이런 상황에서 개발이 토양 침식, 물길 조정, 유전적인 손실이 고려되어 계획된 것이라면 크게 나쁘지는 않을 것이다. 일반적으로 숲이나 어류 자원과 같은 재생 가능한 자원들은 재생과 자연적인 성장의 한계 내에서 이용되기 때문에 급격하게 감소할 일은 없다. 하지만 대부분의 재생 가능한 자원들도 복잡하게 상호 연결되어 있는 생태계의 일부이므로 지속 가능한 차원의 최대 활용치는 그 개발이 생태계 전반에 미치는 영향을 필히 고려하면서 결정되어야 할 것이다.

화석연료나 광물 같은 재생 불가능한 자원의 사용은 미래 세대의 사용 가능한 양을 확실히 줄이게 되는데 그렇다고 해서 자원을 사용하지 말아야 한다는 것은 아니다. 일반적으로 소모량은 그 자원의 중요성, 고갈을 최소화하기 위한 기술의 가용성, 대체재의 사용 가능 여부를 고려해 결정되어야 한다. 따라서 토양은 적정한 회복 수준을 넘어서 오염되지 않아야 한다. 광물과 화석연료의 경우는 활용 가능한 대체재가 등장할 때까지 자원이 고갈되지 않게끔 절약하고 재활용해야 할 것이다. 지속 가능한 발전은 재생 불가능한 자원에 있어 다른 선택권이 거의 존재하지 않으므로 자원이 고갈되지 않도록 특별히 유의해야 한다. 소위 자유재라 불리는 공기와 물 또한 중요한 자원이다. 지속 가능한 발전은 공기, 물, 기타 자연 자원의 질을 해치는 부작용을 최소화하면서 생태계 전반의 건강을 유지하게끔 부단히 노력해야 할 것이다.

결론적으로, 지속 가능한 발전은 자원 활용, 투자 및 기술 개발의 목표, 제도 개선이 함께 조화를 이루면서, 인간의 필요와 열망을 충족시키는 데에 있어 현재 세대와 미래 세대의 역량을 극대화하고자 하는 변화의 과정인 것이다.

DHC 뉴스

지구온난화, 사실로 인정하면 해결책 나온다.

나는 기후학자다. 얼마 전 췌장암 4기 진단을 받았다. 흥미로운 상황이 펼쳐졌다. 나는 인생의 대부분을 기후변화 연구로 보냈다. 나는 그동안 내가 숨지기 전 기후변화의 핵심 이슈인 지구온난화가 현실로 나타나고, 그 해결책도 뒤이어 나올 것이라고 생각했다. 하지만 올해 환갑인 내가 몇 년이나 더 살지 불투명해진 지금, 나는 얼마 남지 않은 여생을 어떻게 보낼지 결정해야 했다. 과연 이 금쪽같은 생의 마지막 시간을 바칠 만큼 기후변화 연구는 가치가 있을까?

나는 암 진단을 받자마자 주위에 이 사실을 알리고 은행 계좌를 정리했다. 휴일엔 파티도 열었다. 이어 부엌 테이블에 앉아 '죽기 전 꼭 할 일'을 하나하나 적어 내려갔다. 한데 에베레스트산을 오르거나 카리브해 해변을 찾는 건 구미가 당기지 않았다. 그보다는 사랑하는 사람들과 시간을 보낸 뒤 가능한 한 빨리 직장으로 복귀하고 싶었다.

나는 미 항공우주국NASA에서 지구의 기후 시스템을 연구해 왔다. 우리가 지구 기온을 관측한 이래 지난해는 가장 더운 해로 나타났다. 기후변화가 분명히 진행 중이며, 이런 식으로 지구온난화가 계속되면 인류에 대단히 힘든 상황이 일어날 것이란 증거가 확보됐다. 각국 정상들도 손을 놓고 있지만은 않았다. 그들은 지난해

파리에서 기후회의를 열고 전 세계 평균기온을 산업혁명 이전 수준에서 섭씨 2도 안쪽으로 유지하기로 합의했다. 합의에 강제성이 없어 실효를 거두지 못할 것이란 비판이 나왔다. 하지만 현재까지 드러난 과학적 증거와 컴퓨터의 예측 범위 내에서 최대한 탄소배출량을 줄이기로 합의한 건 평가해 줘야 한다.

만일 지구의 기온이 섭씨 2도를 넘게 상승한다면 강우량과 온도 변화 패턴이 크게 변할 것이다. 이에 따라 수자원과 식량 생산이 급감하고 해수면이 상승할 것이다. 인류가 미처 예상하지 못한 재난이 발생할 우려도 늘어난다.

현재 70억 명 선인 세계 인구가 95억 명으로 증가할 2050년에는 기후변화가 지구에 미치는 악영향이 더욱 커질 것이다. 이럴 경우 가장 큰 피해를 보는 사람들은 개발도상국의 빈곤층이다. 이들은 선진공업국들의 무분별한 탄소가스 배출의 희생자다. 프랑스혁명은 빈곤층이 대부분인 국민의 고통을 외면한 채 향락에 탐닉한 왕과 귀족들에 대한 불만이 폭발하면서 터졌다. 지구 온도가 높아질 경우도 마찬가지다. 지구촌에서 가진 자와 못 가진 자 사이의 갈등이 극대화되며 극단주의와 폭력이 기승을 부릴 것이다.

그동안 기후변화를 부정하는 사람들도 있었다. 하지만 2015년은 그런 주장에 마침표가 찍힌 해로 기록될 것이다. 과학적 증거들이 축적되면서 세계 각국의 정치인들이 기후변화 시나리오를 믿게 됐기 때문이다. 미국 시민의 70%가 "기후변화는 사실"이라고 답했다는 여론조사 결과도 있다. 하지만 지구온난화를 막기 위한 노력은 이제 시작일 뿐이다. 무엇보다 정치인들이 나서야 한다. 먼 훗날 본격화될 온난화 위기를 예방하기 위해 재계의 반대를 무릅쓰고 탄소가스 배출을 억제하기는 쉽지 않을 것이다. 그러나 난처한 상황에 몰린 정치인들을 구해줄 수 있는 이들이 있다. 국경을 초월해 기후변화를 연구하는 과학자 · 엔지니어, 기업인들이다. 이들은 향후 수십 년 안에 탄소에너지를 대체할 청정에너지를 개발해야 할 임무를 지고 있다. 원자력과 태양에너지 활용도를 극대화하고 휘발유 대신 전기로 가는 차량을 보편화하는 방안들이 여기에 포함된다. 투자만 제대로 하면 충분히 이룰 수 있는 목표들이다. 미국 과학자들은 제2차 세계대전 당시 새로운 성과들을 잇따라 내놓으면서 당시 수준으로는 수십 년 걸렸을 기술혁신을 단기간에 달성했다. 그 결과 1945년은 1930년대 후반과 완전히 다른 세상이 됐다.

우리는 다가오는 변화에 대비해야 한다. 변화는 불가피하다. 무엇보다 지구의 기후가 변할 것이고, 에너지 수급 방식도 변할 것이다. 우리는 침착하게 이런 변화를 흡수해야 한다. 해수면 상승처럼 대처하기 힘든 변화도 있다. 하지만 다른 많은 변화는 위기 아닌 기회가 될 수 있다. 기후변화에 대응하기 위해 개발된 신기술들이 삶의 질을 개선해 줄 수 있기 때문이다. 리스크를 신중히 관리해 간다면 미래가 현재보다 나빠질 것이라고 믿을 이유는 없다. 인류는 위기를 맞을 때마다 스스로 그것을 극복하고 더욱 큰 발전을 이룬 사례가 많다. 이런 싸움에서 이긴 사람들은 위기를 인정하면서 침착하게 대응한 현실주의자가 많다. 반면에 위기의 존재를 부인하고 변화를 거부한 사람들은 패배자로 전락했다.

나는 암에 걸렸지만 삶에 불만이 없다. 우주비행사가 돼 지표면에서 수백 km 떨어진 우주 상공에서 30km 넘게 유영을 한 적이 있다. 허리케인이 바다 위에서 이동하는 모습도, 아마존강이 열대우림 사이를 흐르는 모습도 봤다. 우리가 사는 지구가 얼마나 섬세하고 소중한 존재인지 절감했다. 나는 지구의 미래에 희망을 품고 있다. 결정했다. 나는 내일 일하러 갈 것이다.

— **Piers Sellers**(미 항공우주국 연구원)

자료 : 중앙일보 2016. 1. 26.(http://news.joins.com/article/19473543#none).

(2) 형평과 공공의 이익

현실 세계에서 사람들은 과연 공공의 이익을 위해 기꺼이 행동하고 있는가? 그렇지 않은 것이 현실인데 그렇다면 어떻게 해야 공공의 이익을 위한 구성원들의 노력이 가능할까? 교육, 제도 개선, 법 집행을 통해 부분적으로는 가능할 것이다. 하지만 자원 고갈과 환경 훼손의 갈등은 많은 경우에 있어 경제적 · 정치적 영향력의 차이에 기인하는 것이 현실이다.

만약 모든 경제 개발과 환경 문제에 있어 궁극적으로 모든 사람들이 좋은 삶을 누릴 수 있게 된다면 공공의 이익을 찾는 것은 그리 어렵지 않을 것이다. 하지만 이는 결코 가능하지 않아서 대부분은 승자와 패자가 갈리게 되고, 결국 환경적 · 경제적 갈등의 패배자들은 건강, 재산, 환경오염 피해에 있어 원래의 제 몫보다 더 큰 고통을 받게 된다.

지속 가능한 발전은 사회가 빈곤을 종식하고, 부자와 가난한 사람 간의 두드러진 차이를 줄이고, 가난한 가정에서 태어난 아이가 좋은 삶을 살아갈 기회를 갖는 것을 포함해 사회적 유동성을 높이고, 성 · 인종 · 종교 혹은 민족성에 따른 차별을 없애고, 사회적 신뢰 · 상호 지원 · 도덕적 가치 · 응집력 조성을 목표로 할 것을 촉구하는데 이는 결국 사회적 통합을 의미한다.

여기서 공동체 윤리라는 개념을 생각해 볼 수 있는데, 소위 '공동체 윤리'는 다음의 내용을 포함한다.[2]

- 약한 자들에 대한 배려약자 배려.
- 서로의 물건을 도둑질, 사기, 속임수를 통해 빼앗지 않는다인권, 재산권 존중.
- 억압이나 폭력, 권력을 행사하여 남의 것을 빼앗지 않는다착취 금지.
- 법 앞에서 모든 사람은 공평한 대우를 받는다법 앞에 평등
- 같은 공동체에 속한 이웃을 내 몸과 같이 사랑한다이웃 사랑.

2. 국제제자훈련원, 『엑스포지멘터리 성경공부 시리즈 레위기』, pp.65~66.

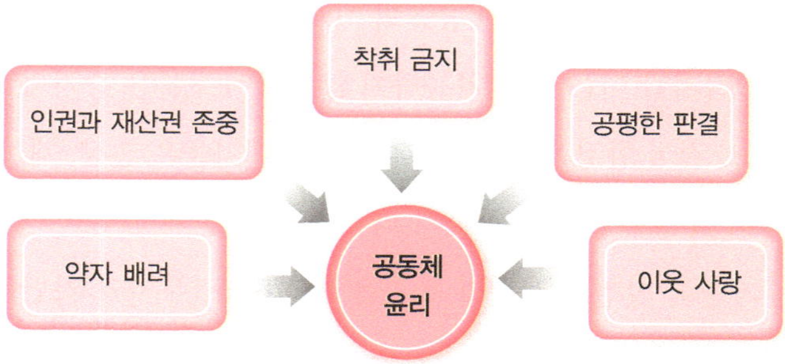

그림 1-1 공동체 윤리

(3) 지속 가능 발전을 위한 전략 과제

세계 각국은 지속 가능한 발전의 길로 움직일 수 있도록 구체적인 전략을 강구해야 할 것인데, 각자의 발전이 다른 나라의 발전에 미치는 영향까지도 고려하여 발전 정책을 마련해야 할 것이다. 지속 가능 발전의 개념에 부합하는 환경 및 개발 정책의 주요 과제는 다음과 같다.

- 지속 성장
- 성장의 질 변화
- 일자리, 음식, 에너지, 물, 위생 등 삶의 기본적인 필요 충족
- 지속 가능한 인구 증가
- 자원의 유지 및 강화
- 기술개발 방향의 재설정 및 리스크 관리
- 의사결정에 있어 환경과 경제를 함께 고려

지속 가능 발전은 필히 절대적 빈곤, 즉 자신의 기본적인 필요조차 충족시키지 못한 채 생활하고 있는 많은 사람들의 문제를 다뤄야만 한다. 빈곤은 사람들이 지속 가능한 방법으로 자원을 사용하는 능력을 감소시키며 나아가 환경 문제를 악화시킬 수 있다.

지속 가능 발전은 단순한 성장보다 더 많은 것을 포함한다. 지속 가능 발전은 성장의 내용 변화를 요구하는데, 이는 원자재나 에너지 집약적인 요소를 줄이고 형평성을 보다 강조하는 내용이 된다. 이런 변화는 모든 국가에 필요한 것인데 생태 자원을 보존하고, 소득 분배를 개선하며, 경제적인 위기에 대한 취약성을 경감하게 된다.

여기서 단지 제반 경제적 요인들을 고려했다고 해서 충분한 것이 아닌 것은, 지속 가능성이 교육, 건강, 깨끗한 공기와 물, 자연 보존과 같은 비경제적인 요소들을 포함하기 때문이다. 또한 지속 가능 발전은 사회적 약자들에 대한 배려를 필히 포함해야 한다. 이와 같이 경제적 발전과 사회적 발전은 상호보완적이 될 수 있고, 또 되어야 한다. 교육과 건강관리에 대한 투자는 사회의 생산성을 높일 수 있고, 경제적 발전은 사회적 약자들에게 기회와 교육을 제공함으로써 사회 발전을 가속화시킬 수 있는 것이다.

사람의 필요와 열망을 충족시키는 것이 생산적인 활동의 목적이며 지속 가능 발전의 가장 중요한 역할이다. 실제로는 많은 양의 재화와 서비스가 존재함에도 불구하고 생존을 위한 가난한 이들의 필요를 충족시키지 못하는 것이 빈곤 문제이다.

성장의 지속성은 인구 증가의 변화와 밀접하게 연관되어 있는데, 지속 가능한 발전은 인구 수가 생태계의 생산능력에 부합할 때 이루어질 가능성이 크다.

지속 가능한 수준에서 우리의 필요가 충족되려면 지구의 자원 기반이 보존되고 발전되어야 한다. 선진국의 높은 소비, 개발도상국의 소비 증가, 그리고 예상되는 인구 급증에 대처하기 위해 자원 정책에 있어 중대한 변화가 필요하다. 발전 목표 지향과 자연 환경의 보존은 양립하기 어렵다고들 하지만 환경 보존은 다른 생물들과 우리 후손을 위한 도덕적 의무가 된다는 사실을 명심해야 한다.

앞서 언급한 모든 과제들의 이행은 인간과 자연 간의 연결고리인 기술 개발의 방향을 재설정할 것을 요구한다. 첫째, 개발도상국들이 지속 가능 발전에 있어서의 도전 요소들에 효과적으로 대처할 수 있도록 기술 혁신 능력이 향상되어야 한다. 둘째, 친환경적 요인에 더 많은 비중을 두도록 기술 개발의 방향이 바뀌어야 한다.

지속 가능 발전을 위한 전략과제들의 공통된 주제는 주요 의사결정에 있어 경제적 요인과 환경적 요인을 필히 같이 고려해야 한다는 점이다. 경제적 요인과 환경적 요인은 상충되는 개념이 아니다. 예를 들어, 농업 토지의 질을 보존하고 삼림을 보호하는 정책은 농업 발전의 장기적인 전망을 향상시킨다. 에너지와 자원 활용의 효율성 제고는 생태계적 목적을 갖지만 비용 또한 낮출 수 있다. 그러나 많은 경우에 있어 환경적 목적과 경제적 목적의 양립성은 개인과 조직의 이윤 추구 주장에 묻히곤 하는데 이는 매우 근시안적인 생각과 처사가 아닐 수 없다.

지속 가능성엔 의사결정의 결과에 대한 책임의 강화가 중요한데, 공공의 이익을 제고하는 법적 · 제도적 구조의 변화가 필요하다. 법적 구조 변화는 건강과 복지에 적합한 환경이 후손들을 포함한 모든 인류에게 있어서 필수라는 명제로부터 시작되어야 할 것이다. 이러한 시각은 공적 자원과 사적 자원을 사회적 맥락에 맞게 사용할 권리를 부여하고 더 구체적인 대안을 위한 목표를 제공할 수 있다. 그러나 법 하나만으로 공공의 이익을 구현할 수는 없는바 지역사회의 이해와 후원이 뒷받침되어야 하며 환경에 영향을 미치는 결정에 대중의 참여를 필요로 한다. 이는 시민들의 자주성을 활성화하고, 사회 조직을 강화하며, 지역사회의 민주화를 촉진한다.

넓은 의미에서 지속 가능 발전 전략은 인간과 자연의 조화를 추구하는 것으로서 지속 가능 발전을 이루기 위해서는 아래와 같은 사회적 시스템이 필요하다.

- 의사결정에 있어서 시민들의 효과적인 참여를 이끌어내는 정치적 시스템
- 자립적이고 지속적인 기반을 토대로 사회적 잉여와 기술적 노하우를 창출해 낼 수 있는 경제적 시스템
- 조화롭지 못한 개발에서 야기되는 긴장 상태에 대한 해결책을 제시해 주는 사회적 시스템
- 개발과 함께 환경적 기반을 보호하고자 하는 생산적 시스템
- 지속적으로 새로운 해답을 찾아내는 기술적 시스템
- 무역과 금융의 지속적인 발전을 강화하는 국제적 시스템
- 유연하고 자동조절 능력을 가진 행정 시스템

이상의 조건들은 지속 가능 발전이 개별 국가의 발전인 동시에 국제

적인 발전이 되어야 한다는 목표를 충족시키는 것이다. 중요한 것은 이러한 목표를 향한 우리의 성실성이며 목표 설정의 효과성이다.

DHC 뉴스

위험 관리는 정부 신뢰 높일 기회

위험은 무조건 피해야 할 회피대상만은 아니다. 슘페터가 지적한 것처럼 사회 발전은 혁신에 따르는 위험을 적극적으로 수용하려는 진취적 태도로부터 가능해진다. 영국의 토니 블레어 전 총리는 정부의 핵심 역할을 '혁신과 변화라는 한 축과, 충격과 위기 관리라는 또 다른 축 간의 균형'에서 찾았다. 위험 관리는 정부에 부담이 아니라 혁신을 통해 공공의 신뢰를 얻을 수 있는 좋은 기회를 제공한다는 뜻이다.

그러나 위험 관리 역량이 취약한 2015년 한국은 두 개의 전선戰線을 가진 불안 사회다. 첫째는 아직 청산하지 못한 과거형 위험이다. 졸속적 근대화 과정에서 빈발한 실패로부터 제대로 배우지 못한 결과, 여전히 현재진행형이다. 둘째, 빠른 속도로 다가오는 미래 위험이다. 세계화와 네트워크화로 복잡하게 얽히고 긴박하게 맞물린 세계에서 돌발적 재난이 증가하고, 광범한 기술 진보와 고삐 풀린 자본의 전지구적 쏠림으로 인해 노동의 종말이 현실화했다. 출산과 진학, 군대 경험, 연애와 결혼, 출산과 부양, 전직과 은퇴 등의 생애 전 과정이 모두 위험으로 인식되는 반면 전통적인 안전장치인 가족과 공동체는 와해되었고, 국가의 복지 투자는 아직 초보 수준이다. 그 격차만큼 자살자도 급증하고 있다.

이중불안 사회를 풀어갈 키워드는 '함께 사는 능력'이다. 사회적 관계의 수준이라는 점에서 '사회의 질social quality'이라 불러도 좋다. 그런데 한국의 '함께 사는 능력'은 경제협력개발기구OECD 국가들 중 꼴찌다. 사람이나 제도에 대한 불신이 심각하고, 규칙의 공정성도 믿지 않는다. 정치는 냉소의 대상이고, 차별과 배제가 판친다.

이러한 현실을 뒤집을 거버넌스 개혁의 핵심은 '공공성 제고'다. 그리고 그것은 국가 개조 수준의 경장更張을 필요로 한다.

첫째, 제도의 공익성을 높여야 한다. 세월호 침몰 상황에서 구조 활동을 포기하고 민간기업에 구조를 맡긴 해경이나, 메르스 파동 때 공공병원이 부족해 쩔쩔맨 보건복지부의 사례는 공익성 개념이 없는 국가의 민얼굴을 보여줬다. 외부성 효과가 큰 위험일수록 민간이나 시장에만 맡길 수는 없다. 전쟁에 대비해 군대가 필요하듯, 대규모 재난에는 공공방재조직이, 감염병에는 공공병원이 잘 갖추어져야 한다. 사회적 위험에 대비해 복지 지출과 사회 서비스도 확대돼야 한다.

둘째, 제도의 공정성을 높여야 한다. 친소 관계에 따른 연고緣故 동원이나, 부패 고리를 통해 불법과 탈법을 눈감아 주는 밀실거래와 야합을 벗어나야 숙성형 재난을 피할 수 있다. 공정한 과세와 복지비 지출이 이루어져야 '새로운 사회적 위험'을 정교하고 효과적인 '적극적 노동시장정책'을 통해 극복할 수 있고 건전한 재정 균형도 이룰 수 있다.

셋째, 공개성과 투명성이다. 투명성의 결여는 재난의 원인으로 작용했을 뿐 아니라 사후 처리 과정에서도 반복되었다. 비밀주의는 정부에 대한 불신을 잉태하고, 사회적 증폭 과정을 거쳐 심각한 사회적 갈등을 낳았다. 규칙의 투명성과 기관에 대한 신뢰를 획기적으로 개선하지 않는 한 불안의 사회적 증폭을 막을 수 없다.

넷째, 시민들의 참여를 확대할 수 있는 정치개혁이다. 승자 독식의 단임제 대통령과 양당 독점체제로는 이중불안 사회의 복잡한 문제를 제대로 다루지 못했다. 비난의 정치에 몰두하다 보니 과거형 재난으로부터 배우는 데도 실패했고, 미래형 위험에 대한 선제적 대비에도 실패했다. 이중불안 사회의 증상들을 치유하려면 시민들이 직접 자신들의 문제에 대해 토론하는 공론장이 활성화돼야 한다. 또한 시민들의 요구에 부응하는 정치인들이 성장할 수 있게 정당 공천의 기준이 비례성 위주로 바뀌어야 한다.

광복 70년. 산업화로 '성장'을, 민주화로 '자유'를 구현한 한국이 지향할 다음 단계는 복지사회를 통한 '공화共和'의 구현이다. 파국적 위험에 대비한 공익적 제도, 공정한 규칙, 높은 신뢰와 개방성, 그리고 시민적 참여의 확대를 통해 우리는 '각자도생'을 넘어 '함께 사는 안심사회'로 나아갈 수 있을 것이다.

— **이재열**(서울대 사회학과 교수)

자료 : 중앙SUNDAY 2015. 7. 5.(http://sunday.joins.com/archives/94865).

2. 지속 가능 발전 목표

지속 가능한 발전에는 두 가지 의미가 있다. 먼저 이것은 경제 · 사회 · 환경 변화에 중점을 두고 세계를 보는 하나의 방법이다. 또 다른 하나는 경제발전, 사회적 통합, 환경의 지속 가능성에 기초한 사람다운 삶에 대한 공유된 염원을 그리는 방법이다. 지속 가능한 발전은 분석적 이론이자 규범적 프레임워크이다. 인류의 새로운 시대는 조만간 새로운 글로벌 목표인 지속 가능 발전 목표 SDGs Sustainable Development Goals 로 설명될 것이다.

지속 가능한 발전 문제를 해결하기 위한 글로벌 네트워크로서 SDSN Sustainable Development Solution Network 이 결성되었는데, SDSN은 과학계, 비즈니스, 시민사회, 정부 대표로 구성된 그룹으로 UN에 SDGs가 어떤 것이 되어야 하는지를 조언하는 도전을 맡았다. 다음은 SDSN이 UN 에 제안한 10개의 SDGs이다.[3]

SDG 1 : 기아를 포함한 극단적 빈곤의 종식

구체적으로는 모든 형태의 극단적 빈곤을 종식하는 것을 목표로 한다.

SDG 2 : 지구위험한계선 내에서의 경제발전 달성

이 목표는 모든 나라가 지구위험한계선을 존중하고, 지속 가능한 생산과 소비 패턴을 보장하고, 금세기 중반까지 글로벌 인구를 안정시

3. 제프리 삭스, 『지속 가능한 발전의 시대』, 2015, 14장 ; http://unsdsn.org/

키는 것을 돕는 한 경제발전을 계속할 권리가 있다는 것이다.

SDG 3 : 어린이와 청년층의 삶과 생계를 위한 효과적 학습을 보장

이 교육 목표는 '효과적 학습' 으로 언급된다. 즉, 아이들이 생산적이고, 삶을 충족시킬 수 있고, 좋은 시민이 되고, 필요한 기술을 개발해 제대로 된 직업을 찾을 수 있도록 도와야 한다는 의미다.

SDG 4 : 양성평등, 사회통합, 모두를 위한 인권 달성

지속 가능한 발전은 정의, 공정성, 사회 통합, 사회 이동성 등의 핵심 영역에 기초한다. 차별은 사회구성원 모두가 경제활동에 참여하고 삶에 대한 만족을 얻는 데에 있어 끊임없이 반복되는 거대한 장벽이다.

SDG 5 : 모든 연령대에서 건강 달성

이 목표는 인생의 모든 단계에서 보편적 의료 보장을 달성하는 것으로, 모든 사람에게 재정적 어려움 없이 양질의 의료 서비스를 보장하는 일차 보건 서비스를 강조하고 있다.

SDG 6 : 농업 시스템을 개선하고 농촌의 생산성 제고

이 목표는 모든 나라가 농업, 축산업, 어업의 생산성을 높이고, 소규모 자영농의 소득을 올리고, 환경적 영향을 줄이고, 시골을 더 번성하게 하고, 기후변화에 대한 회복력을 확보하기 위해 농경, 시골의 인프라, 식량 생산에 대한 접근성을 개선하도록 촉구하는 것이다.

SDG 7 : 통합되고, 생산적이고, 회복력 있는 도시 조성

이 목표는 모든 도시가 사회적으로 통합되고, 경제적으로 생산적이고, 환경적으로 지속 가능하고, 기후변화나 다른 위험에 안전하고 회복력 있게 만드는 것이다.

SDG 8 : 인류가 유발하는 기후변화를 억제하고 지속 가능한 에너지 확보

이 목표는 에너지 산업, 농업, 구축 환경built environment : 자연환경에 인위적인 조성을 가해 만들어낸 환경, 토지 용도 변경 등을 억제해서 이산화탄소 배출이 수년 내에 정점을 찍게 하고, 급속히 증가하는 기후변화의 위험을 막고, 모두를 위한 지속 가능한 에너지를 촉진하는 것이다.

SDG 9 : 생태계 서비스와 생물 다양성을 안전하게 보호하고 물과 다른 자연 자원을 안전하게 관리

지역, 세계 차원의 생물 다양성과 해양 및 육지 생태계를 측정하고, 관리하고, 모니터해서 지속 가능한 발전을 지원하는 탄력적이고 적응력 있는 생명 유지 장치가 지속되게 해야 한다. 물 등의 자연 자원은 포괄적인 경제와 인류의 발전을 지원하기 위해 지속 가능하고 투명하게 관리되어야 한다.

SDG 10 : 거버넌스를 지속적 발전을 위한 것으로 변환

공공분야, 기업, 기타 이해관계자들이 좋은 거버넌스에 전념해야 한다. 지속적 발전을 위한 좋은 거버넌스는 투명성, 신뢰성, 정보에 대한 접근성, 참여, 조세 피난처의 종말, 부패 근절 등을 포함한다. 국제 금융, 거래, 기업 보고, 기술, 지적 자산 등을 관장하는 국제 규범들은 SDGs의 달성에 맞춰야 한다. 빈곤을 감소시키고 기후변화를 막기 위한 노력에 대한 자금 지원을 더 강화하되 수혜국의 등급별 권리와 의무에 기초한다.

이상이 UN SDSN이 제안한 10개의 SDGs다. 이 목표들은 하나의 묶음으로 세계를 분명하고, 구체적이고, 측정 가능하고, 간결하고, 이해할 수 있는 방법으로 향하게 하고, 새로운 지속 가능한 발전의 궤도로 옮겨가도록 도와주게 될 것이다.

지속 가능한 발전이 우리 피부에 와 닿는 이유 중 하나는 거기에 담긴 세대 간 개념 때문일 것이다. 그렇다. 우리 세대가 파괴하고 있는 지구의 최대 피해자는 바로 우리의 사랑스러운 자식들, 그리고 그 자식들의 자식들이다. 아무도 아직 어리거나 태어나지도 않은 우리의 자손들을 적극적으로 대변하지 않는다. 그러지 않고서야 결말이 뻔한 질주를 이렇게 미친 듯이 할 수 있을까 하는 생각이 든다.[4]

그래서 지속 가능한 발전은 그 어느 것보다 가장 인간적인 동기에서 문제를 펼쳐놓고 해결하려는 노력으로 보인다. 여기에는 우리 후손들이 겪을 환경적인 어려움을 막거나 줄이는 것만이 포함되어 있지 않다. 가난한 가정의 아이가 커서도 가난한 부모가 되지 않도록 사회적 이동성을 확보하는 것까지 포함하고 있다. 사회적 이동성을 통해 불평등이 사라지지 않는다면 지속 가능한 발전의 큰 축이 구너지기 때문이다.

---

4. 제프리 삭스, 『지속 가능한 발전의 시대』(2015), 옮긴이의 말 중에서.

Tips 녹색 성장이 중요하다

"Treat the earth well. It was not given to you by your parents, it was loaned to you by your children.

We do not inherit the Earth from our Ancestors, we borrow it from our Children."

"우리가 지금 살고 있는 이곳, 이 지구는 조상으로부터 물려받은 것이 아니라 후세 아이들로부터 빌린 것이다."

와우~ 누가 이런 멋진 말을 했을까요?

...

Mr. Seattle이다.

Mr. Seattle이 누구인가?

...

19세기 중엽 아메리카 최후의 인디언 추장이시다.

OMG 그때 벌써 녹색 성장의 중요성을 설파했던 것이다.

미국 서부의 거점도시 중 하나인 Seattle 시의 이름이 바로 그 분의 이름에서 따온 것이란다.

DHC 라이브러리

글로벌 위험사회Global Risk Society

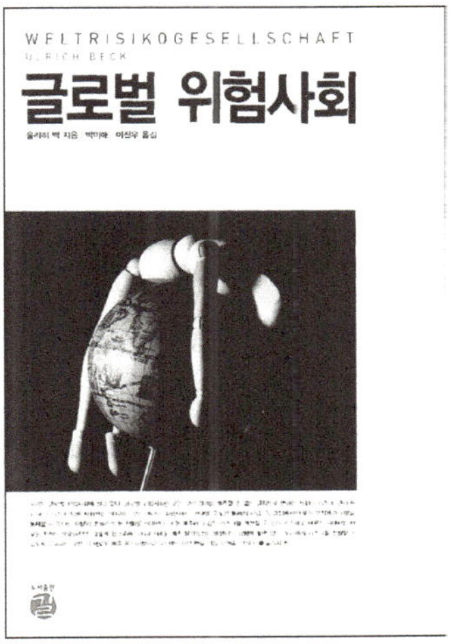

울리히 벡 지음 | 박미애 · 이진우 옮김
도서출판 길 | 2010년

현대문명이 산출한 문제들이 더 이상 국가의 틀 안에서 해결될 수 없다는 것이 자명한 오늘날의 사회를 성찰하는 전제조건은 '글로벌리즘'이다. 『위험사회』를 발표하여 전 세계의 주목을 받았던 저자는 '위험사회론'이 우리의 삶 도처에서 유용하게 적용되고 있으며, 그것이 이렇게 '글로벌화'함을 역설한 신작 『글로벌 위험사회』를 발표하여 다시 한 번 세계적인 반향을 불러일으키고 있다.

저자는 이 책에서 근대와 함께 시작되었고 현대를 여전히 지배하고 있으면서 동시에 미래 사회의 근본 성격을 결정짓는 핵심적 성격을 '위험'으로 분류하고 있다. 특히 기후변화, 금융위기, 테러리즘과 같이 인류 문명이 산출해낸 '내재적 위험'에 주목하면서 현대 사회는 이 지점에서 근본적으로 리스크 사회라고 이야기한다. 특히 이러한 위험들은 현대화 과정에서 산출된 위험으로, 현대화를 위해 우리가 감수한 위험들이기 때문에 이러한 현상에 대한 성찰의 여지가 있음을 보여주고 있다.

또한 저자는 위험조건에서 어떻게 인류가 공존할 수 있는지를 다루는 정치적 · 윤리적 성찰로서 '세계시민주의'라는 개념을 다루고 있다. '과연 글로벌 리스크는 세계시민주의를 가져올 것인가?'라는 물음에 저자는 글로벌 리스크의 반응 중 하나인 '변형'을 통하여, 글로벌 리스크가 현대문명의 비의도적 부작용인 것처럼 의도하지 않은 새로운 시작을 가져올 수 있다는 입장을 견지한다. 따라서 저자는 이러한 글로벌 리스크가 '계몽적 기능'을 갖는다고 믿는다. 저자의 성찰적 현대화에 대한 담론을 통하여 현대화로 인해 진행된 위험의 자각과 그에 대한 반성적 입장과 유효한 대안 담론에 대해 확인할 수 있다.

자료 : http://book.naver.com/bookdb/book_detail.nhn?bid=6372737

울리히 벡 교수는 이미 오래 전부터 우리 현대사회를 '리스크 사회Risk Society'로 부르고 있다. "현대 사회는 기본적으로 리스크 사회이다. 우리가 당면하고 있는 많은 리스크들은 현대화 과정의 부산물로 파생된 것들인데 … 이제는 세계화 과정에서 글로벌 차원으로 확산되고 있다."

매우 안타깝게도 우리 조국 대한민국이 가장 대표적인 리스크 사회 중의 하나가 되지 않을까 싶다. 2013년 세밑의 대한민국을 보자. 이혼율 상승, 가계부채와 경기 불황으로 개인 파산과 기업 도산 증가, 가정 파괴, 공교육 부실 심화와 치솟는 사교육비, 대책 없는 부동산 문제와 전세값 폭등, 극심한 경쟁 체제 속에서 없는 자들의 불만 고조, 심각한 청년 실업, 찾기 힘든 도덕 · 윤리 의식, 있는 자와 없는 자 간의 양극화 심화, 철도노조 파업 사태와 같은 사회 갈등 심각, 정치권의 사회 갈등 중재 노력 부족과 극심한 이권 다툼, 5년 주기의 집권 체제 변화에 따른 사회 불확실성 심화, 잘나가는 일부 대기업과 날로 어려워하는 중소기업 간의 격차 심화, 대외 여건 리스크가 큰 무역 의존도 심각, 환경 파괴, 조류독감 등 신종 악성 전염병 증가, 날로 빈번해지고 파괴력이 커지는 자연재해, 원자력 사고와 같은 인재人災와 방사능 공포, 일반인들은 가늠조차 하기 어려운 기기묘묘한 파생상품의 등장과 대형 금융 실패, 거의 10년 주기로 터지는 글로벌 금융사고와 국제 경제위기, 앞길을 예측하기 힘든 북한 리스크, 세계적으로도 유례를 찾기 힘든 대한민국의 고령화 등. 정치, 경제, 사회, 문화 각 분야에서 우리 조국 대한민국의 리스크는 실로 그 종류나 문제성 차원에서 심각한 정도에 접어들고 있다고 판단된다. 2013년 현재 대한민국은 리스크 사회가 맞다.

그렇다면 어찌해야 하나? 어차피 우리는 자본주의를 표방하고 피할 수 없는 경쟁 시스템에 살고 있으니 각자가 알아서남 신경 안 쓰고 살아남고 잘 먹고 잘살면 그만인가? 아니다. 적어도 지난 40년간의 경제위기나 사회 위기들의 교훈을 종합해 볼 때 치열하게 경쟁하여 나만 우리 조직만 잘살겠다는 방식은 틀렸다고 본다. 이제 우리는 지속 성장을 추구하는 입장에서 건실한 경제적 성과를 기반으로 가급적이면 많은 이들과 함께 상생하며 오랫동안 잘 먹고 잘살 수 있는 사회를 만들도록 노력해야 한다.

DHC 씨네마

후쿠시마의 거짓말

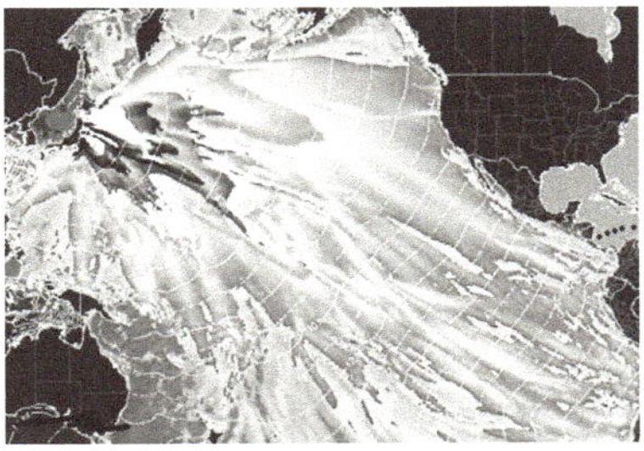

2013년 3월 독일국영방송ZDF은 다큐멘터리 '후쿠시마의 거짓말Die Fukushima Luge'을 방영했다. ZDF 특파원인 요하네스 하노 기자가 제작했는데 일본 언론이 밝히지 못했던 후쿠시마 원전 사고의 실태를 파헤쳤다는 평을 들으며 일본 사회에 충격을 던졌다.

'후쿠시마의 거짓말'은 후쿠시마 원전 사고 당시 도쿄전력의 사고 대응 과정을 다루고 있다. 도쿄전력이 사태 감추기에 급급해하는 모습과 '원전 마피아'의 막강한 횡포를 고발했다.

후쿠시마 원전 내 한 엔지니어 회사의 사장인 유키테로 나카 씨는 평소 후쿠시마 원전의 중대한 안전 결함에 대해 수차례 경고했지만 원전 마피아에 번번이 무시당했다고 고백했다. 도쿄전력과 정계, 학자로 구성된 원전 마피아들은 경제성을 우선으로 삼고 안전에 대한 경고를 철저히 무시했다.

소신 있는 원전 전문가뿐 아니라 일본의 총리조차 농락하는 등 원전 마피아의 전횡은 상상을 초월했다. 간 나오토 전 총리는 사고 당시 일본의 총리로서 중차대한 역할을 맡고 있었지만 원전 마피아들은 총리에게조차 사태의 진실을 알리지 않았다. 오히려 원전 마피아에 대항하려고 한 간 전 총리에 대한 거짓말을 언론에 뿌려 사퇴로 내몰았다.

간 전 총리는 "대지진이 일어난 2011년 3월 11일 밤에 벌써 후쿠시마 원자로 3개에 멜트다운이 일어나고 있었지만 도쿄전력으로부터 어떠한 설명도 들을 수 없었다. 도쿄전력은 처음부터 나에겐 비밀로 하고 직원들을 후쿠시마에서 철수할 것을 비밀리에 타진하고 있었다"고 밝혔다. 그는 "도쿄전력의 보고서나 도쿄전력을 감사했던 보고서 어디에도 3월 11일 당시 연료봉이 손상되거나 멜트다운에 이른 사실은 한마디도 쓰여 있지 않다"고 말했다.

자료 : http://www.huffingtonpost.kr/2014/03/25/story_n_5025692.html

1. 리스크 관리의 중요성

2. 리스크 관리

지속 가능 발전과 리스크 관리

Disaster Risk Management
ch. two

2

태초부터 불확실성의 시대를 살아온 인류는 모험과 도전을 반복하는 과정을 겪을 수밖에 없었다. 그 과정 속에 우리의 나침반이 될 수 있는 것이 확률이며 리스크이다. 지난 역사를 돌이켜 알 수 있는 것은 영웅이나 지도자들은 치명적인 실수를 피하는 법을 알고 있었다는 것이다. 본능이든 아니든 엄격하게 관리했다. 실수를 피할 수 없다면 손실을 최소화했다. 위험을 기회로 삼는 리스크 관리는 불확실한 우리의 미래를 성공으로 이끌어줄 것이다.[1]

…

리스크 관리에 대한 태도가 달라져 승부욕과 요행수는 경제성장으로 연결됐고, 나아가 삶의 질이 개선되고 기술적 진보가 이뤄졌던 것이다.

…

리스크 관리 능력, 그리고 리스크 감수에도 불구하고 미래 예측에 대한 선택의 욕구, 이 두 가지가 결국 경제체제를 발전시키는 핵심 요소인 셈이다.

…

리스크risk라는 단어는 '뱃심 좋게 도전하다to dare' 라는 의미의 초기 이탈리아어 risicare에서 유래되었다. 이런 의미에서 본다면 리스크는 운명이 아니라 선택인 셈이다.

---

1. Peter Bernstein, *Against the Gods : The Remarkable Story of Risk*, 1996.

1. 리스크 관리의 중요성

지속 가능성이란 어떤 하나의 절차나 상태가 영원히 유지될 수 있는 전반적인 가능성을 뜻한다. 세계환경개발위원회WCED는[2] 1987년 'Our Common Future' 라는 보고서에서 지속 가능한 발전sustainable development을 미래 세대의 필요를 충족시킬 수 있는 능력을 저해하지 않으면서 현 세대의 필요를 충족시키는 발전으로 정의하였다.

지속 가능 발전은 개념적으로 경제, 환경, 사회정치 세 분야의 성장을 아우른다. Dow Jones의 지속가능경영 평가는 바로 이들 세 분야의 비즈니스 성과를 기초로 지속가능경영지수DJSI를 산출하여 발표하고 있다. 왜 비즈니스가 지속가능경영에 적극 힘써야 하는지는 너무나도 분명하다. 여하한 비즈니스도 그들이 속한 지역사회에 공헌하지 않거나, 고객의 니즈에 귀 기울이지 않을 때, 기업지배구조 개선이나 윤리경영에 힘쓰지 않을 때, 또 환경 보전에 노력하지 않는다면 더 이상 성공할 수 없기 때문이다.

지속 가능성의 개념이 발전하여 조직의 경제적 · 사회적 · 환경적 책임을 바탕으로 기업의 지속 가능한 발전을 추구하는 새로운 경영 패러다임인 지속가능경영이 등장하였다. 가격 경쟁력에 승부를 걸었던 1970 ~ 1980년대와 제품 및 서비스의 품질 향상에 많은 투자가 이르어졌던 1990년대를 거쳐, 이제는 기업과 브랜드의 이미지 개선이 치열한 글로벌 시장에서 생존하기 위해 필수적인 시대로 접어들었다. 즉, 기업

---

2. 1983년 UN총회 결의에 따라 장기적인 지구환경 보전 전략 수립을 목적으로 구성된 위원회.

의 가치를 측정하는 데 있어 과거에는 기업이 보유한 유형자산이 절대적인 기준이 되었으나, 지금은 경제적 성과가 우수한 것은 물론이고 사회 및 환경적 가치 역시 균형 있게 창출해내는 지속가능경영 실천 기업만이 장기적으로 생존할 수 있다는 의미이다.

소위 '이해관계자stakeholders'는 조직의 활동, 제품 또는 서비스로부터 중대한 영향을 받을 것으로 예상되거나 조직이 성공적으로 전략을 이행하고 목표를 달성하는 데 영향을 줄 것으로 예상되는 단체나 개인으로 정의될 수 있다. 글로벌화의 가속화는 이러한 이해관계자들이 더욱 다양해지고 복잡해지는 계기가 되었다. 따라서 글로벌 경쟁체제에서 성공하는 지속 가능한 기업이 되기 위해서는 고객, 협력업체, 지역사회 등 다양한 이해관계자들이 갖고 있는 경제적 · 사회적 · 환경적 측면의 관심 사안들을 경영활동에 반영하고 이들과의 신뢰관계를 강화해 나아가는 것이 더욱 중요해졌다.

지속가능경영 보고는 지속 가능한 발전을 위한 기업의 성과를 측정 및 공개하고 이해관계자들에게 그에 걸맞는 책임을 약속하는 활동을 의미한다. 이해관계자들이 기업의 가치를 평가하는 데 있어 재무적 관점과 비재무적 기준을 종합적으로 고려하는 경향이 증가함에 따라 경제적 · 사회적 · 환경적 성과를 담고 있는 지속가능경영보고서의 발행 역시 지속적으로 증가하고 있다.

경제적 · 환경적 · 사회적 차원에서의 지속가능경영 전략과 관리의 우수성은 계량화가 가능하며 투자자의 입장에서 유망한 기업들의 평가와 선별도 가능하다. 지속가능경영 역량이 탁월한 기업들은 다음과 같은 여러 기준에서 우수성을 보이고 있다. 지속가능경영 평가 분야에서

그림 2-1 지속가능경영의 개념

선도적인 역할을 하고 있는 DJSI[Dow Jones 지속가능경영 평가지수]의 주요 평가 기준은 다음과 같다.

- **리스크 관리** : 조직의 활동 및 자원을 계획 · 조직 · 실행 · 통제하는 일련의 의사결정 과정

- **전략 :** 장기적인 차원에서 기업 전략에 경제적 · 환경적 · 사회적 책임을 반영하고 있으며 국제적 경쟁력과 브랜드 가치의 유지
- **재무 :** 투자수익률, 장기 성장, 의사소통, 회계의 투명성 제고 등 주주 요구에의 부응
- **고객 및 상품 :** 장기적인 관점에서 재무 · 자연 · 사회 자원을 효율적이고 효과적으로 활용하고 고객 관리, (기술과 시스템 개발에 초점을 둔) 제품 및 서비스 혁신에의 투자를 통한 고객 충성도 강화
- **지배구조 및 이해관계자 :** 기업 강령이나 대외 공시 강화 등 기업 지배구조 선진화와 이해관계자 참여 제고
- **인적자원관리 :** 선진 교육 제공, 지적자산 관리, 급여 및 사원복지 프로그램의 운용으로 근무역량을 유지하고 사원의 근무만족도를 제고

표 2-1 DJSI의 기업 지속가능경영 역량 평가 기준

평가 기준	세부 기준	비중(%)
Economic	기업 강령/법 준수/청렴도	6.0
	기업지배구조	6.0
	리스크 관리	6.0
	기타	가변적
Environment	환경보고서	3.0
	기타	가변적
Social	기업시민/자선사업	3.0
	근로조건	5.0
	인적자원 개발	5.5
	사회적 책임 보고서	3.0
	우수 직원 채용 및 보유	5.5
	기타	가변적

출처 : DJSI http://www.sustainability-index.com/

예를 들어 지속 가능성의 개념은 보험비즈니스의 리스크 관리와 언더라이팅에 이미 잘 반영되어 있다고 본다. 리스크 전가라는 보험의 핵심 기능을 고려해 볼 때 보험비즈니스는 경제적 곤란, 사회 또는 환경 사고에 따른 금전적 손실을 경감시켜 줌으로써 지속가능경영에 크게 공헌할 수 있다.

UNEP United Nations Environmental Programme 의 '지속 가능 성장을 위한 보험의 역할' 보고서에서 세계 유수의 보험사들로 구성된 U.N. Insurance Working Group IWG 은 보험비즈니스가 기여할 수 있는 지속 가능 성장 관련 9가지 현안들을 다음과 같이 꼽고 있다.[3]

- Climate Change : 기후변화 리스크 관리
- Microinsurance : 마이크로 파이낸싱 관련 보험
- Lifelong Income : 고령화 리스크 관리
- Health : 건강 리스크 관리
- Emerging Manmade Risks : 인재人災 리스크 관리
- Environmental Liability : 환경배상책임 리스크 관리
- Natural Resources : 자원고갈 리스크 관리
- Recycling : 리사이클
- Internal Efficiency : 보험비즈니스 자체의 환경보전 운동

상기한 지속 가능 관련 리스크들에 대한 분석과 체계적인 관리는 계속기업 going concern 의 기업가치 제고에 직결된다고 하겠으며, 리스크

3. UNEP(United Nations Environment Programme) Financial Initiative, Insuring for Sustainability, May 2007.

관리, 상품개발, 언더라이팅, 클레임 처리 등 보험비즈니스의 제반 기능을 고려해 볼 때 보험비즈니스는 People, Planet, Profit의 Triple Bottom Line 향상에 직접적으로 부합하는 비즈니스라고 하겠다. 따라서, 보험비즈니스는 전 세계의 지속 가능 성장에 있어 큰 공헌을 할 수 있고 또 해야 마땅할 것이다.

표 2-2 지속가능경영 관점에서 본 보험비즈니스

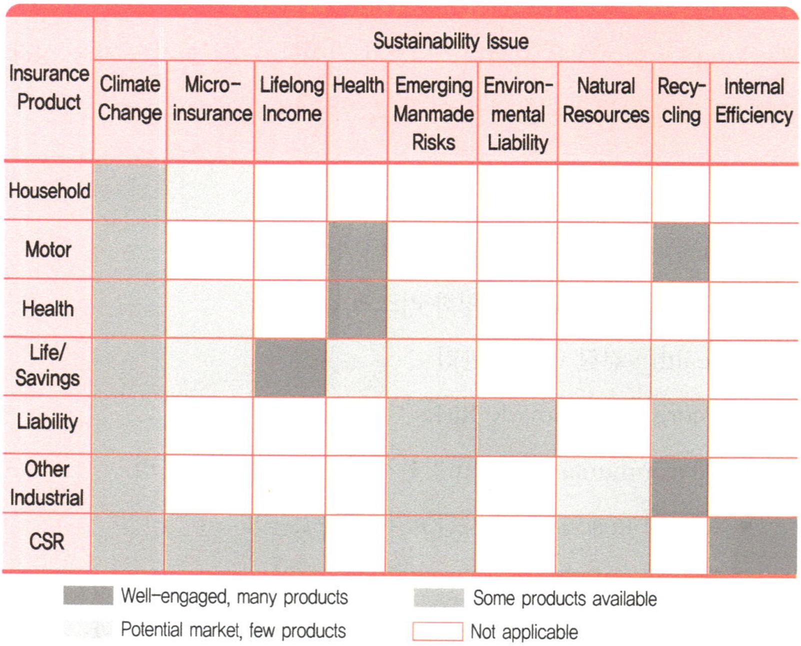

자료 : Insuring for Sustainability, UNEP, 2007.

리스크 관리는 지속가능경영에 있어 핵심적인 전략이다. 리스크 관리의 목표 설정, 기업이 직면하고 있는 리스크의 파악, 손실 발생 빈도 및 손실 크기 차원에서의 리스크 분석, 최적 리스크 관리 수단의 선택 및 이행, 리스크 관리 커뮤니케이션 · 컨설팅 · 모니터링 · 개선, 리스크 관리에 대한 조직 내 인식 제고 등이 체계적인 리스크 관리의 세부 내용이다. 체계적인 리스크 관리가 계속기업going concern의 기업가치 극대화에 직결됨을 고려할 때 리스크 관리는 지속가능경영 그 자체라고 할 수 있다.

DHC 뉴스

미국 Love Canal 사건

Love Canal은 미국 뉴욕 주에 있는 나이아가라 폭포에서 남쪽으로 4마일 가량 떨어진 곳에 위치한 폭 30미터 길이 1,000미터 가량 되는 운하였다. 1892년 William Love가 운하를 개발하여 선박을 운항하고 발전소를 세울 계획이었는데, 1910년에 들어서면서 미국의 경제 불황으로 공사가 중단되고 그후 수십 년간 방치되었다. 나중에 이 땅을 사들인 Hooker Chemical 회사는 주정부의 감독 하에 1942년부터 1953년 동안 공장에서 폐기된 화학물질을 철제 드럼통에 넣어 운하에 매립하였다. 매립이 끝날 즈음에는 21,000톤에 달하는 독성 화학물질이 가득하게 되었는데 클로로벤젠, 다이옥신 등과 같은 발암물질들이 많았던 것으로 알려졌다. 나이아가라 시도 이곳에 쓰레기를 버렸으며, 심지어 미 육군이 맨하탄 프로젝트에서 나온 유해성 쓰레기를 이곳에 매립했다는 소문도 있다. 1953년 Hooker Chemical 회사는 매립지를 나이아가라 교육위원회에 기증했고, 1955년부터 초등학교 및 주택지가 건설되었다. 매립지 기증은 Hooker Chemical이 화학물질 매립에 따른 향후의 법적 책임을 회피하고자 했던 시도였던 것으로 보인다.

이 땅에 학교가 세워진 후 학생들은 운동장에서 이상한 화학물질이 나오고, 심지어 돌을 던지면 연기를 내면서 부식하는 것을 보면서 놀았다. 1970년대 초부터 건물 지하실에서 이상한 냄새가 나는 물질이 스며 나오는 것이 관찰되기 시작했으며, 많은 주민들이 피부병, 두통, 간질, 천식, 출산 이상 및 유산 등으로 고통을 호소했다. 1977년 나이아가라 시 당국이 이 지역에 대한 조사를 실시한 결과 지하수가 유독성 화학물질로 심하게 오염되었음을 확인했으나 특별한 조치가 취해지지 않았다.

그러나 Niagara Gazette 신문의 브라운 기자는 1976부터 이 사건이 심상치 않음을 알고 계속적인 보도를 하였으며, 1978년 이 보도를 본 Gibbs 씨간질병을 앓고 있는 아이의 어머니 등 주민들의 지속적인 노력 및 청원에 의하여 이 지역이 유독성 화학물질에 의하여 심하게 오염되었음이 밝혀지게 되었다. 1978년 8월 뉴욕 주 보건당국은 이 지역의 238가구에 대하여 즉시 이주할 것을 명령하였으며, 1980년 8월 카터 행정부는 주변 810가구를 추가로 이주하게 하고 이 지역을 환경재난지역으로 선포하였다.

이 사건을 계기로 미 연방정부는 1980년 12월 Superfund법Comprehensive Environmental Response, Compensation, and Liability Act을 제정하여 유해지역의 문제를 해결하기 위해 160억 달러에 해당하는 기금을 조성하고 유해지역에 대한 조사, 처리, 보상을 시작하였다. 이 법에서 특별히 주목할 점은 환경오염 사고의 가해자에게 유해지역의 정화 비용 책임을 강제했다는 것이다. Love Canal 사건은 미국 환경보호 운동의 기념비적인 사건이다.

자료 : http://www.geneseo.edu/history/love_canal_history

2. 리스크 관리[4]

리스크 관리란 개인, 가계, 기업, 공공기관 등과 같은 조직체에 미치는 우연한 손실의 역효과를 최소화하기 위하여 조직의 활동 및 자원을 계획, 조직, 실행, 그리고 통제하는 의사결정 과정decision-making process이다. 경제적 측면에서 리스크 관리의 목적은 잠재적 손실에 대비하여 최소비용의 관리 기법을 이용함으로써 잠재적 손실에 대한 불안, 걱정 등과 같은 정신적 고통을 감소시키는 것이다. 한편, 대외적으로 부과된 법적 또는 규제 의무를 수행하고, 조직이 손실 발생 이후에도 생존과 지속적 성장이 가능하도록 사업을 운영해 나갈 수 있게 한다. 또한 체계적

4. 장동한, 『지속 가능 성장을 위한 보험과 리스크 관리』, 2014.

인 리스크 관리를 통해서 조직의 손실 발생이 사회에 미치는 효과를 최소화하는 데에 그 목적이 있다.

Tips 리스크Risk란?

Risk는 통상 '위험'으로 번역되는데 부정적인 면만 내포하는 위험이란 표현 대신 이 책에서는 부정적인 면과 긍정적인 면 모두를 포괄하는 원어의 의미를 살려 '리스크'로 표현하고자 한다. 예를 들어 환換리스크foreign exchange risk라 하면 환율 변동에 따라 환차손損이 생길 수도 있고 환차익益의 결과가 나올 수도 있는 것이다.

리스크를 금전적 이득이나 손실의 발생과 관련한 불확실성uncertainty으로 정의한다. 우리는 장차 무슨 형태의 어떤 손실이 우리에게 닥칠지 가늠할 수 없다. 당장 한 시간 후의 일도 확실하지 않다. 하물며 한 달 후, 일 년 후, 십 년 후의 상황은 말 그대로 불확실하다. 만약 어떤 손실에 대해 미리 확실하게 알 수 있다면 우리는 리스크 회피 등의 대비책을 마련하여 리스크를 없애거나 줄일 수 있을 것이다. 그러나 어떤 손실을 사전에 정확히 예측한다는 것은 결코 가능하지 않은 일이며 이와 관련하여 손실 발생의 불확실성이 항상 문제가 된다.

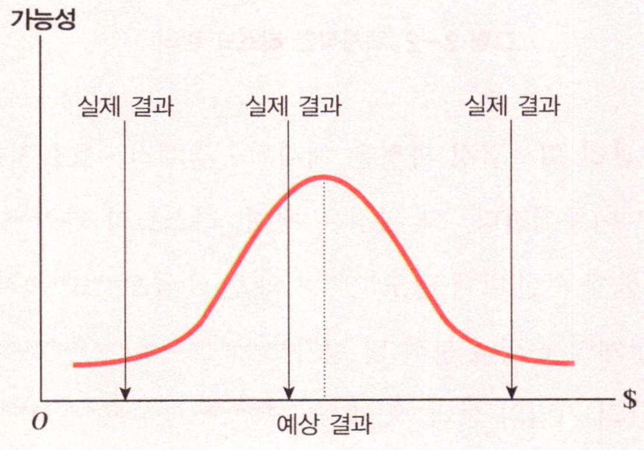

체계적 리스크 관리systematic risk management는 리스크 파악, 예상 손실의 측정, 최적 리스크 관리 수단의 선택, 리스크 관리 수단의 이행 ·

점검 · 개선 등의 과정을 수행한다. 체계적 리스크 관리를 위한 구체적인 수단에는 리스크 회피, 손실 통제, 리스크 보유, 리스크 전가 등이 있다.

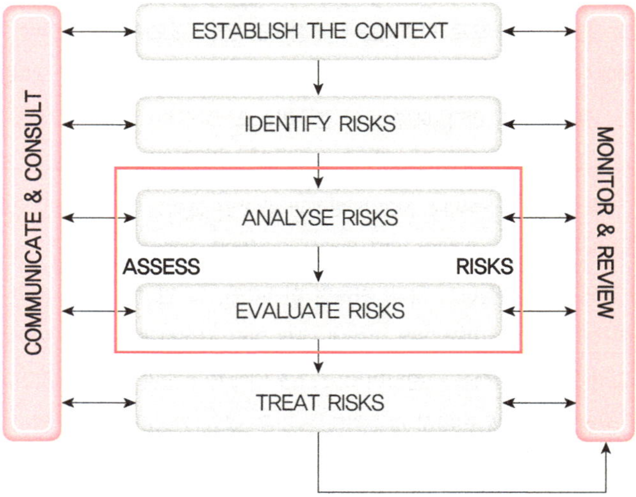

그림 2-2 체계적인 리스크 관리

리스크 관리 의사결정 과정은 체계적 · 경제적 · 효율적인 측면에 중점을 두고 이루어진다. 그 과정은 첫째, 리스크의 파악identification of loss exposure, 둘째 손실 발생 빈도frequency와 손실 규모severity in $ terms의 측정을 통한 잠재적 손실의 분석 및 평가measurement of loss exposure, 셋째 최적 리스크 관리 기법의 선택selection of the best risk management technique, 넷째 선정된 리스크 관리의 수행 및 점검, 조직 내 리스크 관리 커뮤니케이션 및 개선의 내용이다.

잠재적 손실의 파악 방법은 동종 업체 기업들과의 정보교환, 현장

점검[on-site inspection], flow-chart 이용, 설문지 사용, 재무제표 분석[재무상태표, 손익계산서 등을 분석함으로써 주요 자산, 부채, 수입, 지출 항목들을 파악함] 방법 등이 있다.

잠재적 손실의 파악 내용에는 손실 유형, 피해 기간, 피해자, 손실에 따른 금전적 피해 규모 등이 중요하다. 잠재적 손실의 유형에는 재산 손실, 배상책임 손실, 순익 손실, 인적 손실 등이 있다.

재산 손실은 가재도구, 기계, 자동차, 주택, 토지, 건물, 신용, 특허, 평판, 저작권, 지적재산 등과 같은 동산 및 부동산, 유형[tangible] 및 무형[intangible] 재산의 손실을 망라한다.

배상책임은 부주의[negligence]나 무단침입, 구타, 폭행 등과 같은 고의적 불법행위 또는 절대적 책임[absolute liability]으로부터 발생한다. 위법[違法]행위[legal wrongs]는 형사[刑事, criminal wrongs]와 민사[民事, civil wrongs]로 구분되는데, 보험 보상의 대상으로서 배상책임 리스크의 주된 원인인 민사를 중점적으로 분석한다.

그림 2-3 위법[違法]행위

Tips OJ Simpson 사건으로 배우는 형사 vs 민사

전직 프로 미식축구 스타이자 영화 배우였던 흑인들의 우상 OJ Simpson은 1994년 6월 자신의 아내와 정부를 죽인 혐의를 받게 되고 그후 오랫동안 법정 싸움을 벌이게 된다.

1995년 10월 충분한 심증과 많은 물증에도 불구하고 동 살인사건의 배심원들은 증거 불충분의 이유로 OJ Simpson의 무죄를 평결했고 미국 전역의 논란을 일으키게 되었다. 살인과 같이 사회의 안녕과 질서를 위반하는 중대 범죄는 형사사건으로서 정부가 원고의 역할을 하게 되는데, 사안의 중대성에 비추어 유죄 평결의 경우 '거의 완벽한beyond reasonable doubt' 증거 기준을 요구한다.

그러나 법정 싸움은 거기에서 끝나지 않았는데 죽은 딸의 친정 부모는 딸의 죽음이 소위 '억울한 죽음wrongful death'이었다는 주장과 함께 민사소송을 걸었다. 딸이 죽음에 이르기까지 OJ Simpson으로부터 형언하기 어려운 학대를 당했고 고통 속에 억울하게 죽었다는 주장이다. 1997년 2월 '우월한 증거preponderance of evidence'만을 요하는 민사재판의 결과는 OJ Simpson의 유죄! 배상액은 미화 3,350만 달러였는데 그 중에 2,500만 달러가 징벌적 배상punitive damages액이었다

순익 손실은 어떤 손실의 발생에 따라 이차적 · 간접적으로 발생하는 소득 손실이다. 순익= 수익 – 비용 손실은 수익이 적거나 비용이 클 경우 발생하며 두 값의 차이가 클수록 순익 손실도 커진다. 예를 들어 제조업체의 공장 하나가 화재로 전소된 경우 화재라는 직접 손실과 더불어 생산 감소에 따른 수익 감소와 추가 비용 발생으로 순익이 줄어드는 경우가 일반적이다.

인적 손실은 기업 경영에 있어 중요한 직무를 수행하고 있는 관리

자나 직원의 사망 또는 상해로 인해 기업에 미치는 손실을 말하는데 인적 손실은 순익 손실의 특별한 유형이라 할 수 있다. 예를 들어 Apple Computer의 CEO였던 Steve Jobs의 죽음은 개인의 사망이 그치지 않고 Apple의 수익 감소 및 추가 비용 발생의 결과를 초래했다.

일단 잠재적 손실이 파악된 후에는 이러한 손실이 조직에 미치는 영향을 측정하고 평가하여야 한다. 이와 더불어 잠재적 손실의 발생 빈도frequency 및 손실 규모severity의 추정이 필요하다. 여기서 손실 발생 빈도frequency란 일정 기간 동안의 평균 손실 발생 회수를 의미하고, 손실 규모severity란 손실이 발생한 경우의 평균 손실 규모를 의미한다.

제조업체 A의 주요 리스크로서 화재 리스크가 파악되었다. 과거 10년 동안의 경험을 바탕으로 다음과 같이 화재 발생 빈도와 손실 규모 데이터가 확보되었다고 하고, 화재 리스크의 예상 손실을 측정해 보자.

Loss Frequency Distribution

Loss Frequency per Year	Probability
0	0.4
1	0.3
2	0.2
3	0.1
	1.0

Loss Severity Distribution

Average $ Loss per Loss	Probability
$500	0.5
$3,000	0.3
$12,500	0.2
	1.0

No of Loss	1st Loss	2nd Loss	3rd Loss	Total Loss	Probability	Tot Loss × Prob
0	0	0	0	0	0.4	0
1	500	0	0	500	0.15	75
1	3000	0	0	3000	0.09	270
1	12500	0	0	12500	0.06	750
2	500	500	0	1000	0.05	50
2	500	3000	0	3500	0.03	105
2	500	12500	0	13000	0.02	260
2	3000	500	0	3500	0.03	105
2	3000	3000	0	6000	0.018	108
2	3000	12500	0	15500	0.012	186
2	12500	500	0	13000	0.02	260
2	12500	3000	0	15500	0.012	186
2	12500	12500	0	25000	0.008	200
3	500	500	500	1500	0.0125	18.75
3	500	500	3000	4000	0.0075	30
3	500	500	12500	13500	0.005	67.5
3	500	3000	500	4000	0.0075	30
3	500	3000	3000	6500	0.0045	29.25
3	500	3000	12500	16000	0.003	48
3	500	12500	500	13500	0.005	67.5
3	500	12500	3000	16000	0.003	48
3	500	12500	12500	25500	0.002	51
3	3000	500	500	4000	0.0075	30
3	3000	500	3000	6500	0.0045	29.25
3	3000	500	12500	16000	0.003	48
3	3000	3000	500	6500	0.0045	29.25
3	3000	3000	3000	9000	0.0027	24.3
3	3000	3000	12500	18500	0.0018	33.3
3	3000	12500	500	16000	0.003	48
3	3000	12500	3000	18500	0.0018	33.3

3	3000	12500	12500	28000	0.0012	33.6
3	12500	500	500	13500	0.005	67.5
3	12500	500	3000	16000	0.003	48
3	12500	500	12500	25500	0.002	51
3	12500	3000	500	16000	0.003	48
3	12500	3000	3000	18500	0.0018	33.3
3	12500	3000	12500	28000	0.0012	33.6
3	12500	12500	500	25500	0.002	51
3	12500	12500	3000	28000	0.0012	33.6
3	12500	12500	12500	37500	0.0008	30
					1	$ 3,650

보험에서 순[純]보험료라 함은 특정 리스크의 손실 발생 빈도와 손실 규모를 곱한 예상 손실에 상당하는 보험료이다. 생명보험의 순보험료는 다음과 같은 가정 하에 산정된다.

- 보험료는 연초에 지급된다.
- 사망보험금은 연말에 지급된다.

다음 표의 통계를 이용하고 연이율 5%를 가정하여 나이 30, 40, 50, 60세 된 성인의 생명보험 순보험료를 산정해 보자.

Age	No of Insureds	No of Deads	Loss Frequency	Loss Severity	Expected Loss	PV(Exp Loss) @ 5%
30	9,579,998	16,573	0.0017299	$5,000	$8.65	$8.24
40	9,377,225	28,319	0.0030199	$5,000	$15.10	$14.38
50	8,966,618	60,166	0.0067099	$5,000	$33.55	$31.95
60	8,084,266	129,995	0.01608	$5,000	$80.40	$76.57

조직에 중대한 영향을 미치는 리스크(들)를 파악하고 그 속성을 분석한 후, 드디어 해당 리스크의 속성에 맞는 최적 리스크 관리 수단을 선택해야 한다.

리스크 회피risk avoidance는 손실 위험을 완전히 제거하여 손실 발생 확률을 '0' 으로 만드는 리스크 관리 방법이다. 예를 들어, 향후에 배상책임 손실을 발생시킬 여지가 많은 신제품의 개발을 포기하는 경우가 이에 해당한다. 리스크 회피 방법의 한계는 모든 리스크에 대한 회피가 항상 가능할 수 없으며, 기회비용을 고려해 볼 때 리스크 회피가 항상 최선의 선택이라고 할 수는 없다는 것이다. 또한 특정 리스크의 회피는 또 다른 형태의 리스크를 야기할 수 있다.

손실 통제loss control를 통한 리스크 관리는 기업이 회피하지 않은 리스크를 보다 잘 수용할 수 있도록 손실 발생 빈도 및 손실 규모를 줄이는 방법이다. 예를 들어, 상품의 정기적 품질 점검, 수선, 방화벽 설치, 스프링클러 설치, 도난방지 알람 설치, 재해근로자 재활 프로그램 강화 등과 같은 사전적 조치를 수행하는 것이다. 예를 들어, 재고창고를 두 개로 나누어 손실 발생 단위를 분리하게 되면 손실 발생 빈도는 높아질 수 있지만 손실 규모는 작아진다. 또한 주요 서류의 복사, 주요 정보의 backup 등의 조치도 손실 발생 빈도가 높아지는 대신 손실 규모를 작게 만들 수 있다.

리스크 보유risk retention는 특정 리스크로부터 발생 가능한 손실의 전부 또는 일부를 조직 스스로 보유保有하는 리스크 관리 방법이다. 예를 들어, 다양한 리스크에 노출된 가계, 기업, 조직체가 리스크로 인해 발생 가능한 경제적 손실에 대비하여 스스로 규칙적으로 기금을 조성해

두었다가 손실 발생 시 이 기금에서 손해를 커버하는 자가自家보험self-insurance이 이에 해당한다. 리스크 보유는 일반적으로 손실 규모가 그다지 크지 않아서 소규모의 준비금으로도 손해 커버가 가능하다고 예상되는 경우에 사용된다.

리스크 전가轉嫁, risk transfer는 계약 등을 통해 제3자에게 리스크를 전가하는 방법이다. 여기에는 보험을 통한 리스크 전가, 책임면제 합의 계약 등이 있다. 보험이란 피被보험자에게 우연한 손실이 발생하는 경우 이러한 손실에 대한 보상補償을 약속하는 보험자에게 리스크를 전가하고, 보험자는 다수의 동질적인 리스크를 Pooling하는 것이다. 계약을 통한 리스크 전가의 다른 예로서 컴퓨터 센터의 컴퓨터 리스 계약 체결을 들 수 있다. 책임면제 합의 계약의 예로, 빌딩건설 계약 중 책임면제 합의 조항에 의거하여 건물주는 건설 중에 발생하는 여하한 사고로부터의 손실에 대한 책임을 시공업자에게 전가할 수 있을 것이다.

리스크 회피, 손실 통제, 리스크 보유, 리스크 전가 등의 어느 한 방법도 모든 리스크에 최선일 수는 없다. 각 방법의 편익과 비용을 감안하여 해당 리스크에 최적의 관리 수단을 선택하는 지혜가 필요하다.

DHC 뉴스 동원증권 사고

28일 동원증권에서 터진 사상 최악의 사고는 증권사 임직원들의 안전불감증과 허술한 전산시스템이 빚어낸 합작품이다. 우선 동원증권 임직원들이 시설물에 대한 관리만 제대로 했다면 막을 수 있었던 사고라는 지적이다. 또 전산 백업Back up 시스템을 주 전산실에서 분리시켜 별도로 설치했다면 사고 확산을 피할 수 있었다. 배수파이프 이음쇠 파손이라는 경미한 사건이 동원증권 전체 업무 중단이라는 최악의 사고로 이어진 것이다. 동원증권은 잇딴 사이버 거래 시스템 다운에 이어 업무 완전중단이라는 초유의 사고로 신인도에 타격을 입게 되었다.

◉ **사건 개요** : 오전 11시 20분께 본사 5층 천장에 설치된 배수파이프 이음쇠가 파괴됐다. 정기적으로 실시 중인 수압테스트 과정에서 이음쇠가 떨어져 나간 것이다. 새어 나온 물이 5층 바닥으로 떨어졌고 이 물은 4층 전산실로도 흘러들었다. 이 때문에 메인 컴퓨터와 백업시스템이 물에 젖어 회사 측은 전산시스템 작동을 오전 11시 40분께 완전 중단시켰다. 마감시간 전까지 전산시스템을 복구하려 했으나 물에 젖은 컴퓨터를 말리지 못해 실패했다.

◉ **투자자 피해** : 이 사고로 동원증권 이용 고객들은 오전 11시 40분 이후 모든 증권거래를 하지 못했다. 수기手記 방식의 처리도 이뤄지지 못했고 일부에선 전화마저 불통됐다.

동원증권은 하루 3천억 원 정도의 매매를 체결시켜 주고 있으며, 매매고객은 하루 평균 1만 5천~1만 6천여 명이다. 계좌 수는 51만여 개다. 이용 고객 중 미수나 신용을 이용해 매매한 투자자의 피해가 클 것으로 보인다. 또 전산이 28일 중 복구되지 않는다면 29일 진행될 한국중공업 환불에도 차질이 불가피하다.

◉ **사고 대응** : 김용규 동원증권 사장은 "28일 밤늦게 시스템 정상 작동 여부를 테스트해 봐야 29일 정상거래 여부를 알 수 있다"고 밝혔다. 그는 "백업시스템이 2중 3중으로 돼 있어 데이터의 손상은 없을 것"이라고 덧붙였다. 동원증권은 29일 정상거래가 이뤄지지 않더라도 각 지점의 체크단말기 및 콜센터의 체크단말기 등을 통해 거래할 수 있다고 밝혔다. 전산시스템이 복구되지 않으면 29일 입출금은 이뤄지지 않는다. 다만 돈이 급한 고객은 지점장 재량 하에 찾을 수 있다고 회사 측은 설명했다.

◉ **피해보상 문제** : 고객들 사이에선 이미 손해배상 청구소송 움직임이 감지되고 있다. 일부 증권사이트에선 공동으로 소송을 제기하자는 글이 올라오고 있다. 만약 소송이 불거진다면 투자자들의 잘못이 없는 만큼 동원증권에 불리하게 전개될 것이라는 게 전문가들의 판단이다.

한편 동원증권의 김 사장은 "보험 적용 여부는 시공사인 대우건설에 문의해 봐야 알 수 있다"고 말했다. 또 피해보상에 대해선 "사안별 · 유형별로 나눠 검토하겠다"고 덧붙였다.

자료 : 한국경제신문, 2000. 9. 29.

표 2-3 리스크 관리 수단 평가

리스크 관리 수단	장점	단점
리스크 회피	손실 발생 가능성 "0"	항상 가능하지 않으며, (기회비용을 고려할 때) 꼭 최선의 선택이라고 할 수 없음
손실 통제	손실 예방과 손실 감소 효과	관리비용 발생
리스크 보유	리스크 관리비용 절감	대형 손실 발생 시 대처 곤란함
리스크 전가	안정성 제고	보험료와 같은 비용 부담

가장 좋은 리스크 관리 수단은 어떻게 선택할 수 있을까?

앞서 잠재적 손실의 분석을 통해 특정 리스크의 손실 발생 빈도frequency와 손실 규모severity를 측정한 바 있다. 우리는 이 자료를 바탕으로 특정 리스크에 최적인 리스크 관리 수단을 모색할 수 있다. 예를 들어, 편의상 손실 발생 빈도를 거의 발생하지 않는 경우rare, 낮은 빈도low, 높은 빈도high의 세 등급으로 나누어 본다. 같은 식으로 손실 규모severity도 소형 손실low과 대형 손실high의 두 등급으로 나눌 수 있겠다. 이와 같이 '3 frequency × 2 severity' 리스크 Matrix로 리스크 성질을 구분하여 각각의 경우에 해당하는 리스크의 예를 생각해 보고, 각각의 리스크에 가장 적합한 관리 수단을 모색해 보면 대충 〈표 2-4〉와 같을 것이다.

이 표의 리스크 Matrix 분석에서 보다시피 상대적으로 손실 규모가 큰 리스크의 경우, 보험을 포함한 리스크 전가가 최적의 리스크 관리라 할 수 있다. 즉, 보험료라는 비용 부담에도 불구하고 큰 손실을 입을 수 있는 불확실성에 대해 리스크를 보험자에게 전가하는 방법이 가장 경제적이고 효율적인 리스크 관리라는 것이다.

표 2-4 리스크 Matrix와 최적 리스크 관리 수단

Loss Severity / Loss Frequency	Low	High
Rare	–	보험
		Ex) 우주왕복선 Challenger 폭발(1986)
Low	리스크 보유	보험
	Ex) 볼펜 분실	Ex) 화재, 해상손해, 사망, 자동차 사고, 암, 장애
High	손실 통제/리스크 보유/보험	리스크 회피/보험
	Ex) 작업장 안전사고	Ex) 아기 분만 중 의료사고

물론 보험만이 유일한 리스크 관리 수단이 아닌바 상황에 따라, 주어진 리스크에 따라 최적의 관리 수단을 모색하는 현명함이 요구된다.

DHC 뉴스

현대건설 사우디 주베일 항만 공사 리스크 관리

—주베일 산업항을 만들 때의 얘긴데요. 나중에 영화도 만들어져 한국인의 '하면 된다'는 사고와 용기를 상징하는 대표적 신화의 하나가 되기도 했습니다만, 지금 생각해도 아찔합니다. 무슨 배짱으로 그 거대한 철구조물들을 울산에서 아라비아 반도까지 바지선으로 끌고 갈 생각을 했던 겁니까.

"주베일 산업항 공사에 소요되는 철구조물을 울산에서 제작하여 바지선으로 중동까지 끌고 간 일은 밖에서 보기에는 분명 모험이었고, 바보짓이라고 비난하는 사람들도 있었다는 것을 압니다. 그뿐이 아니예요. 그토록 위험한 수송작전을 감행하면서 鄭회장의 현대건설은 위험에 따른 보험에 가입하지 않았어요. 왜 그랬을까요. 鄭회장을 비롯한 현대건설 사람들이 모두 미쳤기 때문일까요? 반대입니다.

당시 우리는 보험에 들지 않아도 된다는 치밀한 계산과 구상을 했습니다. 울산에

서 바지선으로 끌고 간 철구조물들은 그 부피가 산 같았습니다. 남지나해와 인도양 등 험한 바다 위로 거대한 산을 끌고 가면서, 그것도 한두 번이 아니고 수십 번에 걸쳐 같은 일을 반복하는 것도 바보짓인데 보험조차 들지 않았다는 것은 대체 무슨 배짱이었을까요. 이유는 간단해요.

철구조물은 거대하지만 직경 1m가 넘는 파이프로 이루어져 있고, 그 양쪽 끝부분은 모두 막혀 있으므로 배가 침몰하여 물에 빠져도 가라앉지 않도록 되어 있어요. 鄭회장의 참모들은 계산했습니다. 필리핀 앞바다는 계절풍이 불면 아주 위험한데 수송작전은 계절풍을 피해서 다닐 만큼 한가한 일이 아니었어요.

그렇다면 태풍에 의한 조난을 각오해야 할 텐데 그 경우 철구조물이 해류를 타고 어디까지 흘러가서 멈출 것인가를 계산해 보니 대만해협으로 떠내려갈 것이라는 계산이 나와요. 그렇다면 비싼 보험료를 내는 것보다는 조난당해도 건져서 사용하는 것이 경제적이고, 시간도 덜 소요되어 중동 공사를 차질 없이 하는 데드 도움이 된다는 판단을 했던 것입니다. 물론 최종 판단과 각오는 鄭회장의 몫이었지요."

—실제로 조난당한 일도 있었지요?

"한 번 사고가 났어요. 바로 그 필리핀 앞바다에서 조난을 당했는데, 우리는 대간에서 헬리콥터를 빌려 추적을 했지요. 철구조물은 해류를 타고 흘러 당초 예상했던 대로 대만 근해에서 찾아냈지요. 그걸 다시 실어 중동으로 떠났어요. 보험에 들어도 그 이상의 무슨 수가 있었겠습니까."

자료 : 월간조선, 이명박 씨 취재 기사, 2001. 5.

DHC 라이브러리

지속가능경영을 위한 경영 리스크 관리Enterprise Risk Management

제임스 램 지음 | 권영상 옮김
세종서적 | 2006년

리스크를 방치하거나, 뒤늦게 사태 수습에만 골몰하는 기업은 혹독한 대가를 치르게 된다. 빠른 정보 확산, 날로 엄격해지는 법률, 높아진 소비자의 기대, 갈수록 치열해지는 경쟁 등 급변하는 비즈니스 환경은 적극적이고 통합적인 '전사적 경영 리스크 관리Enterprise Risk Management'를 요구한다.

금융회사의 CRO최고 리스크 관리자 출신인 저자는 리스크 관리의 배경 섹션, 전사적 리스크 관리의 프레임워크, 리스크 관리의 활용 등을 차례대로 설명한다. 단순한 금융권의 리스크 관리뿐만이 아닌 전 산업에 걸쳐서 하나의 기업이 자신이 속해 있는 산업 내에서 생존하기 위해서는 어떠한 관점에서 리스크를 관리할 것인지에 대해서도 이야기한다.

그리고 새롭게 떠오르고 있는 주제인 '사람과 기술을 존중하는 리스크 관리'에 대해 깊게 생각해 보며 마무리한다. 모든 산업에 걸친 한국의 기업들에게 리스크 관리에 대한 해법을 제시하고 지속 가능한 기업으로 나아갈 방향에 대한 아이디어를 제시한 이 책을 통해 다양한 리스크를 효율적으로 관리할 수 있을 것이다.

자료 : http://book.naver.com/bookdb/book_detail.nhn?bid=2522667

기업을 둘러싼 경영환경의 변화는 기업 리스크 관리에 있어 새로운 접근을 요구하게 되었는데 이러한 접근은 보험과 재무의 전문적인 노하우를 필요로 하며 관리대상 리스크는 부보 리스크, 재무 리스크, 운영 리스크 등 기업 경영의 전반적인 리스크들을 아우르게 되는바 그 내용상 포괄적인 리스크 관리가 된다. 통합 리스크 관리의 차원에서 볼 때 특정 리스크의 원천은 특별히 중요한 바가 아니며 여하한 리스크가 되었건 궁극적인 손실은 기업 매출에 지장을 초래하며 심지어 기업의 파산까지를 불러올 수 있게 된다.

사실, 주어진 손실에 대해 리스크별로 손인 분석을 한다는 것 자체가 쉬운 일이 아닐 것이며 리스크들은 단순히 "가중된다add up"고 할 수 없는바 이는 기업이 특정 리스크를 관리함에 있어 여타 리스크에의 영향을 직·간접적으로 받기 때문이다. 바로 이러한 차원에서 포괄적이고 통합적인 리스크 관리 전략이 필요한 것이며 통합 리스크 관리의 성격은 다음의 다섯 가지로 요약할 수 있겠다.

첫째, 세부 분석적인 성격의 리스크 관리이다. 기업 리스크 관리의 초석은 현존 리스크에 대한 면밀한 분석에 있다. 손실 발생 빈도와 손실 규모에 대한 분석에 기초하여 리스크 통제나 리스크 전가 등의 리스크 관리 기법을 강구하게 된다. 가장 대표적인 리스크 관리 수단으로서 보험은 때로 비효율적일 수 있고 적지 않은 경우 보험 가입 자체가 불가한 경우도 있는데 이런 경우에 대비하여 보다 다양한 리스크 관리 기법의 확보와 운용이 요구된다.

둘째, 기업의 최적 투자 실행 차원에서의 리스크 관리이다. 손실에 따른 유동성 부족 사태나 신규 투자 및 재투자 불가 상황을 고려해 볼 때 기업 리스크 관리는 기업의 최적 투자 시나리오 차원에서 수행되어야 한다. 리스크 관리 전략은 손실 발생 전후의 최적 투자 의사결정을 포함하여야 할 것인바 구체적인 수단으로는 비상시 자동대출 등을 포함한다.

셋째, 거래비용 최소화에 부합하는 리스크 관리이다. 리스크 관리가 적절하게 이루어지지 않는 경우 세금 부담 증가, 주주-채권자 간의 갈등, 파산비용 증가 등의 거래비용이 발생한다. 이에 따라 거래비용 최소화 차원에서의 리스크 관리는 전통적인 리스크 관리뿐 아니라 세금 관리, 자본구조 조정 등을 포함한다.

넷째, 포괄적인 성격의 리스크 관리이다. 경영 성과에 영향을 미치는 리스크의 다양성을 고려해 볼 때, 또 리스크의 원천 파악보다는 결과적인 손실의 파괴력을 고려할 때 새로운 차원의 리스크 관리는 부보 리스크, 재무 리스크, 운영 리스크 등을 포괄적으로 커버하는 성격이 되어야 할 것이다.

다섯째, 통합 리스크 관리는 경제적이다. 기업 경영에 따른 많은 현금흐름은 리스크를 내포하고 있는데 전체 현금흐름의 리스크는 각 리스크의 단순 합과 상이하다. 리스크들은 단순히 가중된다고 할 수 없는바 이는 기업이 특정 리스크를 관리함에 있어 여타 리스크에의 영향을 직·간접적으로 받기 때문이다. 분산효과에 의거하여 전체 리스크는 개별 리스크의 합보다 작다. 반면에 기업이 당면한 리스크들을 전체적으로 관리하지 않고 개별적으로 접근하는 경우 도리어 리스크를 증가시키는 비효율적인 의사결정을 할 수 있다.

DHC 씨네마

펠리컨 브리프 The Pelican Brief

미국의 대법관 2명이 연달아 살해당하는 일이 벌어진다. 뉴올리언스 법대생 다비 쇼는 두 법관들이 환경 보호 문제를 중요시했다는 점에 착안해, 암살 배후 추정 보고서를 작성한다. 보고서는 사업가 빅터 매티스가 환경 보호단체들과 7년간의 소송건에 연루된 나머지 불리한 판결이 날 것을 우려해 법관들을 살해했을 것이란 내용.

그 보고서를 읽은 FBI 국장 보일즈는 사업가 매티스가 대통령과도 친숙한 사이란 것을 알고 수사를 시작한다. 하지만 사건에 연루된 변호사와 다비의 연인이 살해당하고 다비 자신도 킬러에게 쫓기게 된다.

그녀를 죽이려는 살인청부업자는 그녀에게 점점 접근해 오고, 다비는 더 이상 달아날 수도, 숨을 수도 없다는 것을 안다. 이런 긴박한 상황과 공포에 지친 다비는 그레이 그랜섬이라는 워싱톤 헤럴드 기자에게 도움을 청하게 된다.

그레이는 호기심이 많고 무언가를 캐내기 좋아하는 기자인데, 다비는 그에게 대법원 판사 암살사건에 대한 브리프문서의 내용을 이야기해 준다. 거기에는 사건의 배후인물과 그 사건을 은닉시키는 데 정부 고위층까지 연루되어 있다는 사실이 적혀 있는데 …

자료 : http://movie.naver.com/movie/bi/mi/basic.nhn?code=16222

허리케인 카트리나Hurricane Katrina는 2005년 8월 말 미국 남동부를 강타한 초대형 허리케인으로 북대서양에서 발생한 허리케인 중 6번째로 강했다. 허리케인 카트리나로 인해 가장 큰 피해를 입은 지역은 미국 뉴올리언스이다. 8월 30일 허리케인으로 인해 폰차트레인 호의 제방이 붕괴되면서 이 도시 대부분의 지역에서 물난리가 일어났다.

천재지변天災地變, Acts of God으로 입은 엄청난 피해라고는 하지만 과연 天災뿐이었을까? 많은 이들이 인재人災로 인해 사태가 악화되었다고 비판하고 있다. 본 영화의 원소설인 The Pelican Brief1992에서 작가 존 그리샴은 다음과 같이 말하고 있다. "(루이지애나 뉴올리언스) 늪지대는 자연 진화가 이루어낸 경이였다. … 습지대는 광활하고 풍요로웠으며 풍부했다. 그러다가 1930년 석유가 발견되면서 그때부터 자연에 대한 강간이 자행되었다. 석유회사들은 그 풍요한 부의 지대에 도달하기 위해 1만 마일에 이르는 운하를 준설했다. … 석유가 발견된 이래로 수만 에이커의 습지대가 바다에 의해 삼켜졌다. 지금도 매년 60평방마일의 루이지애나가 사라지고 있다. 십사분마다 1에이커의 땅이 물 밑으로 사라지고 있는 것이다."

지난 50년간 전 세계적으로 허리케인이나 태풍, 지진, 홍수, 쓰나미 등의 자연재해 발생이 예전에 비해 훨씬 빈번해지고 그 강도 또한 심해지고 있다. 난개발, 환경오염에 따른 자연 파괴와 지구온난화로 우리의 지구가 몸살을 앓고 있다.

'The Other America' 지난 주2005년 9월 미국의 시사 주간지 Newsweek의 표지기사 타이틀이다. 그 내용은 다름이 아니라 바로 미국 흑인사회의 빈곤 문제이다. 거듭되는 빈곤에서 야기되는 악성 질병, 참교육 부재, 마약, 폭력 등 구조적인 악순환의 흑인사회 문제를 분석하고 있다. 역사상 유례가 없는 허리케인 카트리나의 막대한 피해 속에서 피해의 대부분을 고스란히 당한 미국 흑인들의 처참한 실상을 조명하고 있는 것이다.

10여 년이 넘는 미국 생활을 통해 내가 분석한 미국 흑인사회 문제의 근간은 가정 파괴인 듯하다. 우리 사회의 가장 기본적인 단위가 되는 가정이 정립되지 않고 있는 것이다. 대다수 흑인들의 경우 아버지의 존재가 없다. 병이나 폭력 등으로 친아버지는 이미 사망했거나 문란한 성문화로 인해 누가 자기 아버지인지조차 모르는 경우가 매우 흔하다. 많은 형제들도 이복인 경우가 태반이니 흑인들의 가정교육은 실종 그 자체이다. 근본이 되는 가정이 엉망이니 정상적인 사회인으로 성장하기는 매우 힘들 수밖에 없다. 외국인인 내가 보기에도 안타까울 지경이니 그 문제의 심각성은 실로 어마어마하다. 미국이 도저히 풀 수 없는 문제가 아닐까 하는 생각이 들다가도 미국 주류인 백인 WASP들의 자업자득이지 싶기도 하다. 먼 아프리카 땅에서 생사람들을 데려다가 짐승처럼 흑인들을 부려 먹었으니 어찌 벌을 면할 수 있겠느냐 하는 생각이 드는 것이다.

그런데 말이다 … 이런 빈곤 문제, 빈부갈등 문제가 바다 건너 미국만의 문제일까? 아니다. 바로 우리나라의 당면한 문제이기도 하다. 날이 갈수록 벌어지는 빈부격차, 사회의 안전판이랄 수 있는 중산층의 실종, 헤어날 수 없는 빈곤 속에서의 무력감과 자포자기 … 진짜 문제는 향후에도 이런 사회갈등과 사회불안이 개선될 조짐이 안 보인다는 점이다.

사회구조 시스템의 유무에 따라 구조적인 선순환과 악순환이 거듭될 수밖에 없다. 한 번 시스템이 짜여지면 일시적인 문제가 발생해도 쉽게 무너지지 않는다. 시스템이 구조적이지 못하면 매번 어긋날 수밖에 없고 문제가 터지면 여기저기서 누수현상이 심해지고 결국 터지고 만다. 2005년 현재 미국의 흑인 문제, 대한민국의 빈부차와 사회갈등은 구조적인 악순환의 대표적인 예가 되지 않는가?

세상에 공짜는 없다. 하루아침에 미국의 모든 흑인들이 건전한 사회구성원이 될 수는 없다. 하루아침에 우리나라가 두터운 중산층을 확보한 건전한 자본주의의 민주사회가 될 수 없다. 안타깝지만 시간이 필요하다. 조금씩 조금씩 다져나갈 수밖에 없다. 쉽게 무너지지 않는 시스템을 구축하기 위해서. 문득, 대학시절 시위 현장에서 즐겨 부르던 노래 가사가 생각난다. "흔들리지 흔들리잖게, 흔들리지 흔들리잖게, 물가 심어진 나무 같~이 흔~들리잖게 ~ …"

자료 : http://konkuk.ac.kr/~dhchang/

Disaster Risk Management

part two

재난 리스크와
재난 리스크 관리

1. 재난의 심각성

2. 재난의 종류

재난 리스크

Disaster Risk Management
ch. three

3

우리나라는 가히 '재난공화국' 이라고 불릴 정도로 그동안 많은 재난을 겪어 왔다. 1990년대 이후로만 보아도 서해훼리호 침몰1993년, 성수대교 붕괴1994년, 삼풍백화점 붕괴1995년, 대구지하철 화재 사고2003년, 태풍 매미2003년, 태안 기름 유출2007년, 세월호 침몰2014년 등이 대표적인데 자연재해보다도 인재人災의 경우가 빈발하고 있어 안타까움이 크다. 2014년 4월 세월호 사고는 우리 사회의 재난에 대한 무방비함과 재난대응에 무력함을 적나라하게 보여준 대형 사고이다. 300여 명의 인적 손실뿐만 아니라 막대한 금전적 손실과 더불어 우리 사회 전체에 앞으로도 상당히 오랫동안 미치게 될 심리적 공황trauma에 따른 손실은 가늠하기조차 힘들 지경이다. 2015년의 메르스 사태는 또 어떠한가? 전염병 관련 재난에 대비한 예방체계의 허술함이나 사후 대처의 극심한 부실은 경제 선진국 운운하는 우리 스스로가 창피할 지경이다.

1. 재난의 심각성

재난災難이란 뜻밖에 일어난 재앙과 고난을 말하는데, "재난 및 안전관리 기본법" 에서는 '재난' 을 국민의 생명 · 신체 · 재산과 국가에 피해를 주거나 줄 수 있는 것으로 정의하고 있다. 한편, 동 법은 재난을 자연재난과 사회재난으로 구분하고 있는데, 자연재난은 태풍, 홍수, 호우豪雨, 강풍, 풍랑, 해일海溢, 대설, 낙뢰, 가뭄, 지진, 황사黃砂, 조류藻類 대발생, 조수潮水, 그 밖에 이에 준하는 자연현상으로 인하여 발생하는 재난을 말한다. 사회재난은 화재 · 붕괴 · 폭발 · 교통사고 · 화생방사고 · 환경오염사고 등으로 인하여 발생하는 대통령령으로 정하는 일정

규모 이상의 피해와 에너지 · 통신 · 교통 · 금융 · 의료 · 수도 등 국가 기반체계의 마비, "감염병의 예방 및 관리에 관한 법률" 에 따른 감염병 또는 "가축전염병예방법" 에 따른 가축전염병의 확산 등으로 인한 피해를 의미한다.

재난은 영어로 catastrophe로 번역되는데 'catastrophe is defined as an extremely large-scale disaster' 로 정의되며, natural catastrophe천재(天災)와 man-made catastrophe인재(人災)로 구분된다.

한편 재해災害란 용어도 쓰이는데, 재해는 이상적인 자연현상 또는 인위적인 사고가 원인이 되어 발생하는 사회적 · 경제적 피해, 즉 재난으로 인한 피해를 뜻한다.

궁극적으로 우리 사회에 주는 막대한 피해가 우리의 관심사가 되는 바 재해를 일으키는 대형 사고가 논의의 대상이 되겠다. 최근 대형 재난 사고의 발생 특징은 자연재난과 사회재난을 명확히 구분하기 어려운 복합재난이 대부분이란 점이다.[1] 태풍, 홍수, 가뭄, 지진, 산사태 등의 자연재난과 화재, 붕괴, 테러, 교통사고, 환경오염 등 사회재난인재 포함이 합쳐 발생하는 경우가 대다수이다.

---

1. 전계원, 「대형 재난 발생 증가에 따른 방재관리계획의 중요성」, 『위험과 보험』, Korean Re, 2014. 6.

표 3-1 재난의 정의

구분	정의
UN개발계획 (United Nations Development Programme ; UNDP)	재난은 사회의 기본 조직 및 정상 기능을 와해시키는 갑작스러운 사건이나 큰 재난으로서 재난의 영향을 받는 사회가 외부의 도움 없이 극복할 수 없고, 정상적인 능력으로 처리할 수 있는 범위를 벗어나는 재난, 사회간접시설, 생활수단의 피해를 일으키는 단일 또는 일련의 사건
미국의 연방재난관리청 (Federal Emergency Management Agency ; FEMA)	재난은 정부의 통상적인 관리절차나 자원으로서는 대처할 수 없는 인적 및 물적 손상을 초래하는 사건을 말하고, 재난은 대개 돌연히 발생하지만 대처 과정에서는 다수의 정부기관과 민간부문들의 즉각적이며 조정된 노력을 필요로 한다.
일본의 재해대책기본법 제2조 제1항	화산폭발, 그 밖의 이상한 자연현상 또는 대규모 화재, 폭발 기타의 원인에 의해서 생기는 피해

자료 : 재난안전에 대한 선진화 방안 연구용역

재난 리스크 관리를 위해 국제적으로 활동하고 있는 UNISDR^UN International Strategy for Disaster Risk Reduction^은 재난을 다음과 같이 정의하고 있다.[2]

> "인적 · 물적 · 경제적 · 환경적으로 막대한 피해를 일으켜 한 사회를 마비시킬 수 있는^그 사회가 감당할 만한 가용자원의 수준을 넘어선 경우^ 심각한 사고^a serious disruption of the functioning of a community or a society involving widespread human, material, economic or environmental losses and impacts, which exceeds the ability of the affected community or society to cope using its own resources^."

2. Global Reinsurance : strengthening disaster risk resilience, Global Reins Forum(2014).

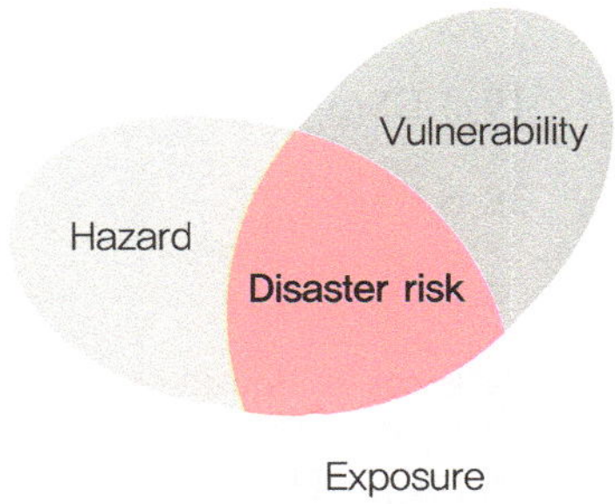

자료 : Global Reins Forum(2014)

그림 3-1 재난 리스크의 속성

[그림 3-1]에서 보듯 재난 리스크는 hazard사고 발생 가능성, exposure위험에 노출되어 있는 사람과 자산, vulnerability특정 리스크에 대한 취약성 세 요소의 결합물이라는 것이다. 이러한 재난의 파괴력은 사고 발생 즉시 입게 되는 인적 손실이나 물적 피해의 수준을 훨씬 넘어서는 것으로서, 재난에 따른 실제 피해는 질병 확산, 정신적 트라우마, 복지 등 사회적 서비스의 중단, 사회적 · 경제적 · 환경적 파괴를 포함하는 광범위한 것이다.

재난은 통상 대형 사고를 의미하는데, 여기서 '대형extremely large-scale'의 기준은 무엇인가? 세계적인 재보험사인 Swiss Re는 다음과 같은 금전적 피해의 기준을 가지고 재난을 분류하고 있다.[3]

3. Swiss Re, Sigma No.1/2014.

부보 손실insured losses in U$ million 2013년 기준 **기준**

해상 사고 손실	19.3 U$m 이상
항공 사고 손실	38.6 U$m
기타 손실	4.8 U$m

총 경제적 손실total economic losses in U$m 2013년 기준 **기준**

96 U$m 이상

인적 손실casualties **기준**

사망 및 행방불명	20명 이상
부상	50명
homeless	2,000명

위의 기준을 고려했을 때 객관적인 성격의 '심각한' 재난이라 함은 인명 기준 20명 이상의 사망, 그리고/또는 경제적 손실 기준 1,000억 원 이상의 대형 사고를 뜻한다고 할 수 있다. 우리나라의 경우 서해훼리호 침몰1993년, 삼풍백화점 붕괴1995년, 대구지하철 화재 사고2003년, 태풍 매미2003년, 태안 기름 유출2007년, 세월호 침몰 사고2014년 등이 이에 포함된다.

요즘 우리 사회는 각종 자연재난 및 인적재난을 발생시키는 위험으로부터 안전하지 못하다는 평가를 받고 있다. 일상생활 수준에서 각종 위험요소들이 도처에 존재하며, 이에 대한 대응체계에 국민들의 불만족도가 증가하고 있기 때문이다. 현재까지 국민들의 사회 안전 인식은 10년 전과 비교하여 나아지지 않았으며, 10년 후에도 여전히 위험해질 것이라는 인식이 만연하다. 경제적 위험, 범죄 발생 등이 가장 주요한 사회불안 요인으로 자리하고 있으며, 먹거리유해식품, 식중독 등에 대한 불안도 가 높다. 우리 사회의 사망요인은 질병에 의한 것이 가장 높으나 운수 사고, 추락, 익수, 화재, 중독사고, 자살, 타살 등 각종 사고에 의한 사망 또한 무시할 수 없는 수준이다. 유럽 등 선진국은 전통적 재난 관리 외에 사고 및 손상의 감소를 국가정책 우선순위로 설정하여 체계적인 노력을 지속하고 있다. 세계보건기구WHO에서도 지역 공동체 주민들의 자발적인 참여를 강조하는 안전증진community safety promotion 활동을 전개 중이다. 우리나라 또한 압축 성장을 위해 나머지를 희생하던 개발시대를 거친 후 물질적 풍요와 안전한 삶에 대한 욕구가 함께 증가하는 추세이다.[4]

반면, 1990년대 이후 정부 정책 및 사업은 편리성 · 쾌적성에 치중하고 상대적으로 안전성에 대해서는 관심이 저조했다. 한국 안전사고 사망자 수는 10만 명당 60.6명으로 OECD 국가 중 두 번째로 높고, 일반국민들은 사회의 안전상태가 10년 전과 비교하여 개선되지 않았다고 생각하고 있으며, 향후 10년 후에도 여전히 위험해질 것으로 인식하고 있다. 특히, 세계적 금융위기 상황에서 고용불안 등 사회불안에 따른 범죄 증가로 안전 서비스에 대한 중요성이 더욱 커지고 있다. 기후변화, 황사현상 등 환경문제에 의한 재난 위험과 먹거리와 관련해 수입농산물 농약 오염, 식중독에 대해서도 국민들은 대체적으로 부정적인 태도를 보이고 있다.

최근의 인적재난 발생 추이를 보면, 1995년 삼풍백화점 붕괴이후

4. 재난안전에 대한 선진화 방안 연구용역.

국민의 안전의식이 제고되고, 재난 관련 법령 제·개정, 각종 기준 등이 강화되면서 인적재난 발생률은 점진적으로 감소하다가 2007년 이후 다시 증가하고 있는 추세이다. 인적재난 발생건수는 2007년 272,090건에서 2009년 292,287건으로 크게 증가하였다. 인적재난 발생의 증가로 인하여 2007년 351,657건이었던 인명피해 역시 2009년 376,835건으로 크게 증가하였다. 이에 따라 교통사고와 화재에 의한 인명피해 또한 2007년을 기준으로 크게 증가하였다. 하지만 재난에 대한 지속적인 대국민 홍보 및 예방활동으로 인해 2010년에는 도로교통, 화재와 산불, 기타 재난 등의 분야에서 2009년에 비하여 재난 발생 횟수 및 인명피해가 감소하였다.

전체 인적재난23종 중 교통사고·화재로 인한 발생건수, 인명·재산피해가 대부분을 차지하였으며, 2010년 교통사고·화재 268,741건전체 95.8%, 인명피해 359,855명전체 98.1%, 재산피해는 2,668억 원전체 82.9%으로 집계되었다. 2003년 이후 지속적으로 감소하였으나 2009년에 급증한 인명피해는 2010년도에 다시 감소세로 돌아섰으며, 2003년 대비 391,837명에서 2010년 366,911명으로 매년 평균 0.9%씩 감소하는 것으로 나타났다. 2007년도에 최고치를 기록한 재산피해는 이후 감소하다 2010년 다시 증가세로 돌아섰으며, 2003년 대비 2,178억 원에서 2010년 3,219억 원으로 매년 평균 6.8%씩 증가하는 것으로 나타났다.

2009년에 비하여 2010년에는 재난의 발생 빈도가 감소하고 있지만, 2000년대 중반에 비하여 국민이 체감하는 위험성은 더 증가하고 있는데, 이는 그만큼 국민의 안전 욕구가 증대되고 있는 것으로 해석된다.

자연재난으로 인한 피해는 점점 다양화·대형화되는 추세인데, 이런 재난으로부터 국민의 생명과 재산을 보호하기 위해 효과적인 예방정책을 수립하고 대응하기 위한 체계의 정비가 필요하다. 우리나라에서는 매년 호우, 태풍, 대설 등 자연재난으로 인하여 많은 피해가 발생하고 있으며, 연평균2001~2010 인명피해는 68명, 재산피해는 1조 7,044억 원에 달한다. 2010년도에는 총 22회호우 7, 풍랑 6, 대설 5, 태풍 3, 강풍 1의 재난이 발생하였으며, 이로 인한 인명피해는 17명, 재산피해는 2,518억 원이었다. 최근에는 2002년 태풍 루사, 2003년 태풍 매미와 같은 강력태풍, 국부성 집중호우 등으로 인한 대규모 피해가 발생하였으며, 대설에 의한 피해도 증가하고 있다.

최근 들어 전 세계적으로 대형 사고와 재난이 끊이지 않고 있는데 왜 그럴까? 인류 역사를 돌아볼 때 재난은 언제 어디에서나 있었다. 그러나 1970년 이후 전 세계적으로 재난의 빈발과 그 심각성이 커지고 있다. 자연재해의 경우를 보자.

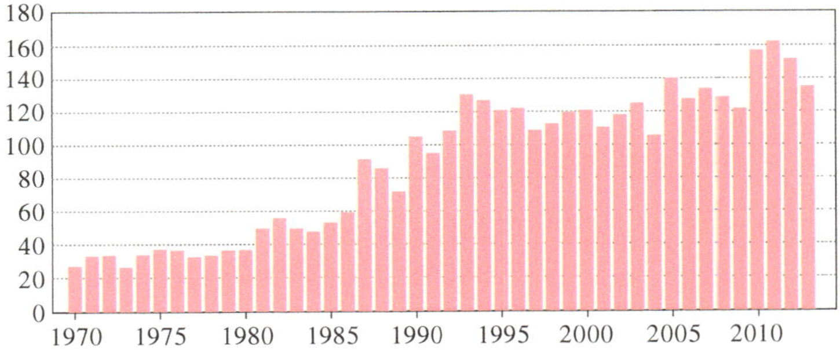

자료 : Swiss Re, Sigma No.1/2014

그림 3-2 전 세계 자연재해 발생 수(1970~2013년)

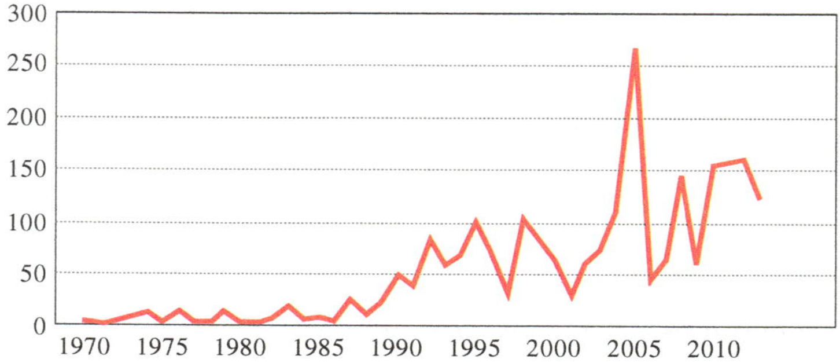

자료 : Swiss Re, Sigma No.1/2014

그림 3-3 자연재해에 따른 총 손실(U$ Billion)

전 세계적으로 자연재해가 빈발하고 날이 갈수록 심각해지는 현상에 대해 다음과 같은 분석이 있다.[5]

첫째, 재해에 대한 일반의 관심이 증가하고 재해 정보에 대한 수집이 본격화되면서 재해 발생의 수가 증가하였다.

둘째, 인류 문명사에서 처음으로 지난 100년간 도시화가 급속히 진행되었는데 특기할 점은 해안가나 재해 빈발 지역에도 적잖은 도시화가 이루어졌다는 점이다.

셋째, 도시계획, 건축, 재난예방체계 등 리스크 관리 인프라가 급속한 도시화 현상을 미처 따라가지 못하였다.

넷째, 자산 및 재물의 복잡화와 고가화로 재해에 따른 손실이 급증하게 되었다.

다섯째, 무분별한 도시 개발로 지반 침하, 싱크 홀 등 환경 파괴가

5. Swiss Re, Sigma No.1/2014.

가속화되었다.

한편, 재난 리스크는 'killer risk'의 하나이다. 소위 killer risk라 함은 한 조직의 존폐를 좌우할 만큼 막심한 피해를 입히는 엄청난 리스크를 지칭한다.[6] Killer risk의 대표적인 예는 다음과 같다.

- 비즈니스 영업 라이센스 상실
- 상표가치 또는 소비자 신용 상실
- 고객 기반 상실
- 사업 위기 및 지불능력 상실
- 기업 전체에 서비스를 제공하는 IT 관련 시설의 마비
- 인적 자원 및 기술 기반 상실
- 산업 경쟁력 상실

세계적인 컨설팅 회사인 Deloitte의 경우 한 비즈니스가 시가총액 기준 20% 이상을 한 달 내에 잃을 수 있는 정도의 치명적인 리스크를 'value killer risk'로 정의하고 있다.[7] 여기서 유념할 바는 상기한 killer risks 중 전통적인 리스크 관리 수단인 보험을 통해 관리할 수 있는 리스크는 거의 없다는 것이다. 이를 감안해 볼 때 기업의 리스크 관

6. The CII, *Risk Management*(2001).
7. "While the past is not a prelude to the future, a risk-intelligent enterprise can build on the knowledge of prior value-killer risks to help identify, model, and practice ways to manage and respond to existing and future value-killer risks," The value killers revisited : A risk management study, Deloitte, 2014.

리 니즈에 대한 보험의 한계는 분명하다.

최근의 재난 성격을 분석해 보면 자연재난과 사회적 재난이 결합된 소위 복합성 재난이 일반화되고 있으며 그 피해는 실로 막심하다. 사고 기간 동안에 발생하는 인적 · 경제적 피해도 크지만, 사고 후 상당히 오랜 기간 지역 사회에 미치는 직접적 · 간접적, 물리적 · 정신적 피해는 상상을 초월하여 실로 막대하다. 재난의 특성은 다음과 같다.

우선, 가장 큰 특성은 불확실성이다. 이는 어떤 행동이 어떤 종류의 결과를 초래할 것인지는 알지만 실제로 그러한 상황이 일어날 확률은 알지 못하는 상태를 말한다. 위험이 재해로 연결될지, 또 언제, 어디서, 누구에게, 얼마나 큰 재해로 나타날지를 아무도 예측할 수 없는 것이다. 더욱이 복잡한 기술사회로 이행할수록 이러한 불확실성은 기하급수적으로 커진다. 특히 현대 사회는 자연재난과 인적재난이 복합된 재난의 증가로 위험에 대한 불확실성이 더욱 증대되고 있는 실정이다.

두 번째 특성은 복잡성이다. 복잡성은 재난 자체의 복잡성과 재난 발생 후에 관련된 기관들 간의 관계에서 야기되는 복잡성으로 나누어 살펴볼 수 있다. 우선 재난 자체의 복잡성의 경우 재난의 강도, 규모, 그리고 최초 사건과 관련된 다른 재난의 발생으로 나누어 볼 수 있다. 또한 재난의 발생 이후 관련 기관들 간의 관계에서 비롯되는 복잡성도 있다. 예방활동 단계에서와는 달리 재난의 발생 이후 복수의 기관이 참여하게 되고, 그에 따라 관련 기관들 간의 권한 설정, 역할분담, 조정의 문제가 야기된다.

마지막으로 상호작용성은 재난의 발생 원인이 단일한 원인에 기인하지 않으며, 재난의 결과 또한 단일한 피해를 입히지 않고 상호작용으로 피해를 입히는 것이다. 재난이 발생한 경우 재난 자체와 피해주민 및 피해지역의 기반시설이 서로 영향을 미치면서 여러 가지 사건이 전개될 수 있다. 재난이 일어나 기반시설의 마비가 오면서 피해주민이 대피하고, 대피지역에 연쇄적으로 경제적 · 정신적 피해가 발생하며, 복구에 필요한 경제적 손실과 인력 등 다양한 상호작용이 일어난다는 것이다.

2. 재난의 종류

경제적 재난, 자연재난, 사회적 재난, 전쟁, 테러, 전염병 등으로 오랜 기간 막대한 피해를 가져왔거나 또는 가져올 국내외 재난의 예를 보자. 한국전쟁1950년, 대한민국 외환위기1997년, 대한민국 세월호 사고2014년, 대한민국 메르스 사태2015년, 북핵 리스크, 한반도 통일 리스크, 미국 WTC 테러2001년, 미국 허리케인 카트리나2005년, 미국발 글로벌 금융위기2008년, 일본 도호쿠 지진과 후쿠시마 원전사고2011년, IS 파리 테러2015년, 지카 바이러스 전염병 확산2015년, 고령화 리스크, 인공지능 리스크, 합성 바이오 리스크 등을 생각할 수 있는데, 주지하는 바와 같이 이들 대형 재난의 피해는 상상을 초월하는 수준이다.[8]

재난은 발생 원인과 사회에 미치는 충격, 속도, 규모, 발생 장소 등을 기준으로 하여 그 유형을 구분할 수 있다. 그러나 이런 재난의 유형 분류는 큰 의미가 없는바, 지금은 통상 재난 발생의 원인 기준에 따른 두 가지 범주의 재난, 즉 자연재난과 인적재난으로 분류하고 있다.[9]

---

8. 주요 재난 사례 연구는 부록을 참고할 것.
9. 재난안전에 대한 선진화 방안 연구용역.

1990년대부터 이어진 대형 사고

서해훼리호 침몰

①**일시** 1993년 10월 10일 ②**개요** 전북 부안군 위도-격포항으로 향하다 돌풍 만나 뱃머리 돌리다 침몰 ③**사망** 292명 ④**원인** 정원 초과 탑승, 무리한 화물 적재

성수대교 붕괴

①1994년 10월 21일 ②제5·6번 교각 사이 상부 철제 구조물 약 50m 붕괴, 버스 등 차량 추락 ③32명 ④용접 불량 및 볼트 연결핀 부실, 서울시 안전관리 소홀

대구지하철 가스 폭발

①1995년 4월 28일 ②지하철 공사장 인근 가스관 파손으로 폭발, 공사장 400m 구간 침하 ③101명 ④업체의 늑장 신고·늑장 대처

삼풍백화점 붕괴

①1995년 6월 29일 ②사고 전 균열 등 조짐, 20여 초 만에 2개 동 중 북쪽 건물 완전 붕괴 ③502명 ④무리한 설계·용도변경, 부실공사 등 총체적 부실

대구지하철 방화

①2003년 2월 18일 ②1호선 중앙로역 지하철 안에서 방화, 전동차 두 개(12량) 전소 ③190명 ④전동차의 가연성 재질 내장재 사용, 관련 규정 미비

세월호 침몰

①2014년 4월 16일 ②인천-제주 세월호, 전남 진도군 병풍도 앞 인근 해상서 침몰 ③295명 ④무리한 화물 적재 증축, 관료와 해운사 유착, 초동 대처 실패 등

이름도 생소한 감염병인 중동호흡기증후군MERS · 메르스이 최근 한국 사회를 뒤흔들었다. 1명의 환자가 발생한 지 두 달도 안 돼 185명33명 사망을 전염시켰고, 정치 · 경제 · 사회 모든 분야가 요동쳤다. 질병 자체가 지니고 있는 독성보다도 강한 '공포 바이러스'가 사회를 지배했다. 여기에는 한국 사회가 느끼는 불안과 위기의 현실이 고스란히 응축돼 있다.

메르스 사태에는 과거형과 미래형 위험이 혼합돼 있다. 피할 수 없는 측면미래형이 있지만 동시에 과거로부터의 경험이나 교훈을 제대로 활용하지 못한 측면과거형이 한데 뒤섞여 있다. 연세대 보건대학원 박은철예방의학 교수는 이렇게 진단한다.

"2003년 사스가 왔을 때는 참 잘 막았고, 2009년 신종플루가 왔을 때는 일부 뚫렸지만 선방하고 끝났어요. 메르스요? 감염병이 들어오는 걸 완전히 차단할 수야 없죠. 하지만 과거 경험을 토대로 보건복지 백서나 질병관리 백서에 대응법을 다 연구해 놓고 담아놓았어요. 과거로부터 경험과 교훈을 얻었지만 시스템이 작동을 하지 않은 겁니다."

박 교수뿐 아니라 많은 전문가가 메르스를 원천 봉쇄하기란 사실상 불가능하다고 지적한다. 가령 메르스 최초 환자의 입국 당시로 시간을 돌려보면 어떨까. 잠복기14일 이전이라면 발열 같은 증상이 나타나지 않았을 것이므로 어차피 그가 병원을 방문하는 순간까지는 알 길이 없다. 더군다나 국가 간 교류가 증가하고 경계는 흐릿해지는 시대에 우리는 특정 질병의 잠재적 전파자들을 수없이 맞아들이고 내보내게 될 것이다. 이에 따른 감염병 유입은 어떤 형태로든 늘어날 수밖에 없다.

이런 맥락에서 메르스의 유입은 미래형 위험이라고 분류할 수 있다. 미래형 위험의 특징은 경계의 소멸이다. 국경과 같은 공간적 경계, 현 세대와 미래 세대를 나누는 시간의 경계가 소멸돼 '그들'의 위험이 '우리'의 위험으로 쉽게 치환된다. 가령 중국에서 가동 중인 50여 개 원전에서 사고가 생긴다면 그 피해는 우리에게 고스란히 전달될 것이다. 또 우리에게만 피해가 그치는 것이 아니라 다음 세대에까지 이어진다. 이는 우리의 원전 안전 시스템이 잘 작동한다고 해도 막을 수 없는 불가항력적 위험이다.

그러나 메르스 유입 자체가 미래형 위험이라고 해서 확산까지 불가항력이라고는 말할 수 없다. 박 교수의 진단대로 메르스 유입은 처음이었지만 다른 감염병을 경험하면서 드러난 문제점과 교훈을 우리는 이미 갖고 있었다. 체화하지 못하고 시스템으로 녹여내지 못했을 뿐이다. 전파력이 약하다고 알려진 감염병에 대해서도 최악의 상황을 가정하고 방역에 나서야 한다는 것이야말로 우리가 과거 감염병으로부터 배운 교훈이자 매뉴얼이었다. 이를 지키지 못한 것은 졸속적이고 압축적인 근대성에서 비롯된 과거형 위험으로 볼 수 있는 것이다.

21세기에도 20세기형 위험 반복

안전은 인간의 기본적인 욕구다. 미국의 심리학자 에이브러햄 매슬로의 욕구 이론에 따르면 인간의 욕구는 5단계로 나아간다. ① 생리적 욕구, ② 안전의 욕구, ③ 애정과 소속의 욕구, ④ 존중의 욕구, ⑤ 자아실현 욕구로의 이동이다. 먹고사는 생존에 관한 것이 생리적 욕구이고 그 다음 단계가 바로 안전인 것이다. 현대 사회에서 개인은 자아실현의 욕구까지 충족하려 노력한다. 안전에 대한 기대 수준이나 가치도 올라갔다. 하지만 한국 사회는 안전에 대한 개인의 욕구를 충족시켜주지 못하고 있다.

21세기를 살고 있는 우리는 아직도 20세기 과거형 위험을 반복해서 경험하고 있다. 과거에 대한 청산을 제대로 하지 못해 똑같은 잘못과 실수를 반복하고 있다. 이런 경우를 '숙성된 사고Incubated Accident'라고 규정할 수 있다. 압축적 산업화 과정을 통해 많은 위험요소까지 시스템 안에 구조적으로 내장되게 된 것이다.

지난해 세월호 침몰은 숙성형 사고의 전형이다. 청산하지 못한 과거의 대가는 뼈아팠다. 수학여행을 가던 안산 단원고 학생을 비롯한 295명이 차가운 바닷물 속에서 영면하는 참담한 현실로 다가왔다. 청해진해운의 고위험 추구 경영방식은 시스템의 허술함을 비집고 들었다. 사고 이력이 있는 중고 선박을 도입해 무리한 증축과 구조변경으로 복원력 문제가 발생했는데도 규제와 감독은 소홀했다. 여기에는 해양수산부 출신 관료가 해운조합-한국선급-선박안전기술공단 등 관련 조직을 장악한 부패의 고리가 있었다.

세월호 침몰은 온갖 불운이 겹친 우연의 일치인가. 그렇지 않다. 세월호와 쌍둥이처럼 닮은 사고는 1990년대부터 반복돼 왔다. 서해훼리호 침몰 사고1993년, 성수대교 붕괴1994년, 삼풍백화점 붕괴1995년 등은 모두 숙성형 사고다. 서해훼리호 침몰 당시 사건을 담당했던 검사는 세월호 사고를 두고 "21년의 시차를 두고 똑같은 사고가 반복됐다. 아무것도 바뀐 것이 없다"며 분통을 터뜨렸다. 건설사업관리CM 업체 한미글로벌의 김종훈 회장은 "부끄럽고 숨기고 싶은 과거라도 삼풍이나 세월호 참사가 주는 교훈을 가슴에 새겨야 안전사회에 도달할 수 있다"고 말했다. 김 회장은 삼풍백화점 붕괴 후 건설업계의 자정 운동이 필요하다는 생각에 CM업체를 꾸린 인물이다.

하지만 한국 사회는 여전히 경제논리가 안전을 압도하고 있다. 규제는 무조건 철폐하는 것이 좋다고 이야기하면서 안전과 관련한 규제까지 풀어버렸다. 안전을 비용으로 치부하는 경향도 짙다. 동남아의 한 국가에서는 교통사고로 사람을 치어 죽이더라도 200만원 남짓이면 민형사상의 모든 책임을 면책받는다고 한다. 사람의 목숨에 값을 매길 수는 없지만 이것을 인정한다면 고인의 목숨 값은 200만원에 불과한 것이다. 과연 이러한 사회가 안전에 대한 비용을 아끼지 않고 투자할 수 있을까. 안전에 투자하는 것이 효율적이지 않은 낭비라는 인식이 팽배해질 뿐이다. 이 정도까지는 아니지만 한국 사회 역시 선진국에 비해선 안전을 단순한 비용으로 치부해 왔던 것이 사실이다.

미래형 위험은 복잡하게 분화

미국의 사회학자 찰스 페로는 현대 사회의 재난을 '정상 사고Normal Accident' 라고 분석했다. 사고란 지극히 비정상적인 경우에만 발생하는 것이라고 생각하기 쉽지만 사실은 정상적으로, 시스템적으로 발생한다는 의미다. 산업화, 과학 발달, 세계화로 인해 과거에 일어날 가능성이 없었던 위험들이 더 빈번하게 발생할 것이라는 뜻이다. 앞서 지적했듯 메르스와 같은 감염병 유입도 미래형 위험의 성격을 지니고 있다.

정상 사고는 특성상 책임 소재가 분명치 않다. 개인의 실수나 판단 착오로 돌리기 어려운 '피할 수 없는 사고'라는 뜻이다. 가령 작은 고무링의 부식으로 새어나온 연료가 점화돼 발사 73초 만에 공중 폭발한 우주왕복선 챌린저호 사고1986년나, 원전원의 순간적인 자동정지 기능 차단 실패로 폭발한 체르노빌 원전 사고1986년는 누구의 책임인가. 실수가 있다손 치더라도 보통 사람들 누구나 범할 수 있는 사소한 실수나 판단오류 정도에 불과했다. 이 사소한 실수가 복잡한 시스템과 결합돼 나비효과재난를 불러일으킨 것이다.

하지만 미래형 위험은 정상 사고뿐 아니라 더 복잡하게 분화할 전망이다. 『위험사회』의 저자인 독일의 사회학자 울리히 벡이 이야기한 위험 사회는 단순히 물리적 위험만을 이야기하는 것이 아니다. 두 차례 한국을 방문2008 · 2014년한 벡 교수는 "유럽이 150년 걸린 근대화를 한국은 50년 만에 압축 진행하면서 새로운 위험이 더 많이 발생했을 것"이라면서 "한국은 아주 특별하게 위험한 사회"라고 진단한 바 있다. 실제로 한국 사회는 구조가 급격히 변화하면서 과거와는 성격이 다른 사회적 위험이 증가하는 양상을 보인다.

새로운 사회적 위험은 개인들의 합리적 선택에도 불구하고 피하기 어렵다는 특징을 갖는다. 가령 일 · 가정 양립이 어려운 상황에서 여성들은 출산을 기피한다. 개인으로선 합리적 선택이다. 하지만 그 결과는 사회 재생산의 위기로 귀결되고 저출산-고령화 구조를 고착화시키는 위험요인으로 작용한다. 이런 사회구조가 계속되면서 연금 같은 복지 문제에서는 젊은 세대와 노인 세대의 세대 간 갈등 양상까지 나타나고 있다.

정규직-비정규직, 고소득층-저소득층과 같은 이중 구조의 심화도 한국 사회를 위협하는 위험요인이다. 현재 한국 사회는 계층적 자신감이 흔들리고 있다. 1980년

대만 해도 우리 국민의 80%는 스스로를 중산층이라고 여겼다. 하지만 최근에는 20% 수준밖에 되지 않는다. 예전보다 훨씬 더 잘살게 됐음에도 계층적 자신감은 반대로 급격히 떨어진 것이다. 생애주기별로 사람들은 생활 자체를 늘 위험으로 인식하고 있는 위험 사회의 특징을 보이고 있다.

불안 대비한 사회적 거버넌스 구축을

대가족 중심의 전통 사회에서는 지역 커뮤니티가 위험을 흡수했다. 젊은 세대가 노인을 봉양하고 동네에 어려운 사람이 있으면 십시일반 도움을 줬다. 반면 현재 한국 사회에는 위험을 흡수해 줄 시스템이 부족하다. 1인 가구와 독거노인이 늘어나면서 '각자도생'이 거의 유일한 해법이라고 여기게 됐다. 한국 사회에 닥친 과거와 미래형 위험으로 인한 이중 불안은 개인이 모두 맞설 수 있는 성질이 아니다.

'개인주의'로 대표되는 서구 사회는 오랜 시간에 걸쳐 위험에 대한 불안의 상당 부분을 복지와 위기 관리 시스템으로 사회화시켰다. 한국 사회도 질병 · 재난 같은 과거형 위험은 물론 사회구조 변화에 따른 불평등 심화 같은 새로운 사회적 위험을 계산해 개인이 풀기 어려운 문제를 복지와 치안의 시스템으로 풀어야 한다. 그게 복지국가이자 근대성이다. 그러기 위해선 신뢰와 투명성을 바탕으로 한 새로운 거버넌스를 구축해야 한다.

불안을 극복할 사회시스템 마련은 다시 정치의 문제로 돌아온다. 투명한 거버넌스 구축은 정치개혁을 통해 가능하다. 승자독식의 단임제 대통령제와 양당독점체제는 정권 창출을 위한 포퓰리즘인기영합주의성 '한방공약'이 나오기 쉽다. 복잡한 시스템으로 굴러가는 현대 사회의 위험요소를 관리하기 어렵게 만든다. 10~20년 일관성 있게 위험요소를 관리할 수 있는 방법을 고민해야 한다.

한국은 위험 사회에 머물 것인가, 안전 사회로 변모할 것인가. 질문은 오래 전에 던져졌다. 서해훼리호가 침몰했고, 성수대교와 삼풍백화점이 무너졌다. 질문은 2015년의 한국 사회에도 유효하다. 세월호 침몰과 메르스 확산 같은 사회적 위험은 여전히 우리에게 어디로 갈 것인지를 묻고 있다.

— **이재열**(서울대 사회학과 교수) · **장주영 기자**(jang.jooyoung@joongang.co.kr)

자료 : 중앙SUNDAY 2015. 7. 5.(http://sunday.joins.com/archives/94864).

현대 사회는 정보 및 교통과 산업의 발전으로 사회 모든 분야 간 교류가 활발하여 환경은 새로운 체계 속에서 무한히 복잡해지고 있다. 특히, 기술의 발전과 사회구조의 다양화 현상으로 재난의 유형은 사회 전체 영역에서 새로운 변화와 규모가 가속·확대되어 가고 있다. 현대 사회의 초고속 산업화와 과학기술의 발전, 그리고 도시화 현상으로 건축물이 대형화·고도화·복잡화되어 가는 추세인데, 이로 인해 자연재난의 피해보다 상대적으로 인적재난의 피해가 급속히 증가하고 있다. 또한 최근의 물질문명의 발전과 함께 인적 요인에 의한 대형 사고가 중요시되면서 테러 및 전쟁, 전염병으로 인한 사회적 재난이 사회의 관심을 끌고 있다.

재난 및 안전관리기본법에서는 재난을 인적재난, 자연재난, 사회적 재난으로 분류하고 있다. 과거에는 재난을 발생 원인을 기초로 하여 자연현상에 의한 것은 자연재해, 인위적 속성에 의한 것은 인적재난으로 구분하였다.

인적재난에는 화재·붕괴·폭발·교통사고·화생방사고, 환경오염사고 등이 있고, 자연재해에는 태풍·홍수·호우·폭풍·해일·폭설·가뭄·지진·황사·적조 등이 있다. 수습체계는 중앙에는 중앙안전관리위원회(위원장 : 국무총리), 중앙재난안전대책본부(본부장 : 행정차지부 장관), 중앙긴급구조통제단(단장 : 소방방재청장)이 있고, 지역은 지역안전관리위원회(위원장 : 시·도지사, 시·군·구청장), 지역재난안전대책본부(본부장 : 시·도지사, 시·군·구청장), 지역긴급구조통제단(단장 : 소방본부장, 소방서장)이 있다.

복구 책임에 있어서 인적재난은 피해원인자에게 책임(보상 및 배상)이 있고 자연재해의 경우 방재책임자(국가시설 : 국가, 지방시설 : 지방차지단체, 개인시설 : 개인)에게 그 책임이 있다. 단, '재해구호 및 재해복구비용 부담기준 등에 관한 규정'에 따라 국가가 일부 보조 및 지원을 한다. 대규모 재난 발생 시 재난사태 선포 및 특별재난 지역을 선포할 수 있다.

그러나 자연현상이든 인위적 속성이든 사회적 현상에 의한 것이든지 간에, 실체적 측면에 초점을 두는 경우에는 관리체계의 일원화가 가능하다는 의미에서 용어 통일의 필요성이 제기되었다. 이에 재난 및 안전관리기본법에서는 자연재난과 인적재난으로 구분하지 않고 재난으로 용어를 통일하고 있다. 이는 현재의 사회적 환경이나 과학기술 수준에서 예상하지 못했던 새로운 유형의 재난 발생 시에도 유연하게 대처할 수 있도록 일원화한 것으로 이해할 수 있다.

세계경제포럼 WEF World Economic Forum는 대형 재난의 전 세계적인 심각성을 고려하여 2006년 이후 글로벌 리스크 보고서 Global Risks Report를 매년 발간하고 있다. 여기서는 WEF의 기준에 따라 재난의 종류를 논하는데, 우선 '글로벌 리스크'란 다음의 다섯 가지 속성을 가진다.[10]

- **글로벌 영향력** : 해당 리스크가 적어도 두 개 대륙에 걸쳐 전 세계 세 개 지역 이상에 직·간접적인 영향을 미치게 된다.
- **범 산업적 영향력** : 해당 리스크가 적어도 두 개 산업 이상에 직·간접적인 영향을 미치게 된다.
- **불확실성** : 해당 리스크는 향후 10년 동안 손실 발생 빈도 및 손실 크기 차원에서 중대한 불확실성을 갖는다.

10. https://en.wikipedia.org/wiki/Global_Risks_Report
원문의 주요 내용은 부록을 참고할 것.

- **경제적 영향력** : 해당 리스크는 U$10억 이상의 경제적 손실을 가져올 수 있고, 중대한 인명피해, 사회 전반적인 경제적 부담, 세계적인 정책변화를 가져올 수 있다.
- **복잡한 이해관계성** : 해당 리스크는 기타 리스크와의 직·간접적인 연계성 때문에 리스크 관리에 있어 복잡한 이해관계를 갖는다.

WEF는 위의 기준에 따라 글로벌 리스크Global Risks를 다음과 같이 다섯 가지 유형으로 분류하고 있는데, 각각의 구체적인 예를 들어 보면 다음과 같다.

1. **경제적 재난**Economic Risks : 선진경제의 자산 버블, 선진경제의 디플레이션, 에너지 가격 변동, 주요 대형 금융회사의 실패, 경제적 인프라의 부실 내지는 실패, 주요국의 금융위기, 구조적 실업 확산, 인플레이션 조절 실패.
2. **환경적 재난**Environmental Risks : 홍수, 폭풍우 같은 대형 기후재해, 기후변화 대응 실패, 육지 및 바다 생태계 파괴, 지진·쓰나미·화산폭발 등 대형 자연재해, 기름유출·방사능 오염 등 대형 인재.
3. **지정학적 재난**Geopolitical Risks : 부패·불법거래·조직폭력 등 정부 거버넌스의 실패, 이웃국가들 간의 갈등에 따른 군사적·사회적 분쟁, 대규모 테러 사고, 군사 쿠테타 등에 따른 정권 붕괴, 핵·화학무기 등 대규모 살상무기 확산.

4. **사회적 재난**Societal Risks **:** 도시계획 실패, 식량 위기, 대규모 비자발적 이민, 심각한 사회불안, 치명적인 전염병의 급속 확산, 물 부족 위기.
5. **과학기술적 재난**Technological Risks **:** 주요 정보 인프라 고장, 대규모 사이버 공격, 대규모 데이터 사기 및 도난, AI · 바이오공학 · 사물인터넷 등 최첨단 과학기술 악용.

또한 WEF는 '글로벌 리스크'에 중대한 영향을 줄 수 있는 장기적 현상에 주목하여 다음과 같은 Trends에 대처할 필요가 있다고 강조하고 있다.

- 고령화 문제
- 기후변화
- 환경파괴
- 개도국의 중산층 확산
- 국수주의 확산
- 사회 양극화 심화
- 만성 악성질병의 증가
- 초연결사회hyper-connectivity
- 지리적 이동성 급증
- 소득불평등 심화
- 비정부기관의 영향력 증가 등 권력 이동 현상
- 급속한 도시화

■ UN, IMF 등 국제적 거버넌스의 부실 내지 약화

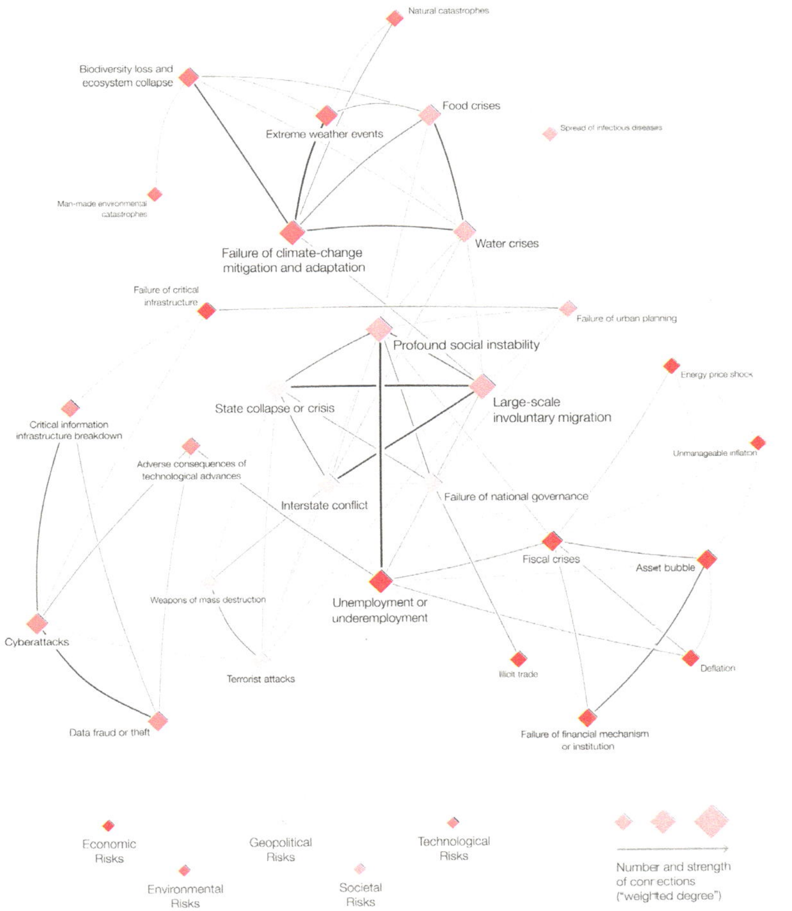

자료 : Global Risks Perception Survey, 2005.

그림 3-4 재난 연관성 Map

DHC 뉴스

재난은 찬란한 문명도 소멸시킨다

지난주 카이스트KAIST 재난학연구소가 문을 열었다. 세월호 사건에 충격 받은 과학자들이 '재난'을 종합학문으로 세우겠다고 자발적으로 뭉쳤다. 총장과 교외 전문가까지 합류, 과학기술과 인문사회과학의 융합형 플랫폼 구축으로 재난대응시스템을 혁신한다는 것이 목표다.

세월호 사건 이후 '안전' 논의가 봇물을 이루는 가운데서도 어이없는 사고가 꼬리를 물었다. 통계를 보니 지난해까지 50년 사이 사망자 10명 이상의 국내 대형사고는 276건이었다국립재난안전연구원. 분류상 자연재난58%, 육상교통15%, 대형 화재12%가 대부분이고, 붕괴 · 폭발0.7%, 해상사고0.5%, 항공기 사고0.3%는 빈도는 적지만 피해가 큰 것으로 집계됐다.

재난학은 문명사와 맞물려 있다. 찬란한 문명이 재난으로 소멸될 정도니 말이다. 세월 따라 재난의 성격이 어떻게 변화하고 있는지, 어느 정도의 확률과 충격으로 어떤 재난이 닥칠 것인지, 나라마다 상황은 어떻게 다른지, 그럼에도 전 지구적인 보편성은 무엇인지 등을 다루어야 할 것 같다. 우리 현실은 재난사건의 유형이나 대응에 있어 선진국과는 거리가 멀다. 겹겹이 휴먼 에러가 내재해 있고, 대응 자체가 또 다른 사회적 재난을 빚고 있기 때문이다.

그렇다면 글로벌 동향은 어떤가. 세계경제포럼WEF의 2014년 글로벌 리스크 리포트는 경제, 환경, 지정학, 사회, 기술의 5개 부문에서 앞으로 10년 안에 닥칠 것으로 예상되는 리스크 요인 31개를 도출했다. 그리고 우선순위 10개를 매겼다. 그 10개 중 환경과 사회 부문에서는 수자원 위기3위, 기후변화 대응 취약5위, 극한 기상재해6위, 글로벌 거버넌스 실패7위, 식량위기8위의 5개가 꼽혔다. 이들 요소는 서로 얽혀 상승작용을 한다.

10개 순위 밖의 환경 리스크로는 자연재난, 인공적 환경재해, 생물다양성 · 생태계 붕괴가 꼽혔다. 해가 갈수록 환경 부문 재난의 순위가 올라가고 있다. 사회 부문에서는 전염병 창궐, 만성질환 가중, 항생제 내성 박테리아, 도시화 관리 실패가 꼽혔다. 질병을 사회적 리스크로 분류한 것은 그로 인한 사회적 혼란 때문일 것이다.

역사를 보면 기상이변으로 촉발된 14세기 중반의 흑사병은 유럽 인구의 3분의

1인 3,000만 명을 희생시켰다. 1918년에 발생한 스페인 독감은 5억 명 감염에 5,000만 명의 생명을 앗아갔다. 이 또한 기상이변과 무관치 않다. 지난 30년간 새롭게 출현한 질병은 30여 종이다. 1976년 서아프리카에서 발생한 에블라ebola, 콩고민주공화국의 강 이름 바이러스는 유독 올 들어 1만여 명 감염에 5,000명의 희생자를 냈다. 앞으로 더 퍼질 것이라니, 속수무책인가 싶어 불안하다. 이미 바이러스의 공포는 영화 속의 픽션이 아닌지도 모른다.

오늘날의 기술위험사회에서 재난을 완전히 차단한다는 것은 가능하지 않다. 첨단기술이 마냥 장밋빛인 것도 아니다. WEF 리포트는 기술 부문에서 나노, 바이오, 사이버, 인공지능 등의 전개 양상에 따라 '착오error 또는 테러terror'의 리스크가 있다고 보았다. 태양 자기폭풍이 정보통신망을 파괴시킬 가능성도 있다. 2013년 유엔 총회는 국제소행성경보그룹International Asteroid Warning Group의 결성을 승인했다.

그러니 재난의 근원은 광우병처럼 유전자도 갖추지 않은 프라이온prion 단백질에 기인하는 분자 수준으로부터 우주에서 날아오는 소행성과 운석 같은 우주적 차원까지 스케일이 종횡무진이다. 기술지상주의技術至上主義 믿음으로 대응할 수 있을지 모르겠다.

21세기 지구촌 재난은 복합적이고 예측 불허다. 시스템의 한 요소에서의 실패가 전체의 실패가 되는 시스템적 위기다. 자연재해가 기술사회 인프라로 불똥이 튀어 파국적인 상황이 초래되기도 한다. 옥스퍼드대의 닉 보스트롬Nick Bostrom 교수는 이들 리스크가 픽션이 아님을 강조, '실체적 리스크existential risks'라 정의했다. 그 대표적 사례가 2011년 3월 쓰나미로 야기된 후쿠시마 원전의 노심용융 사태다.

이런 변화 속에서 최근 '재난 관리disaster management'도 '재난 거버넌스disaster governance'로 바뀌고 있다. 재난 대응에서 중앙기관 주도의 하향식 메커니즘이 한계를 드러냄에 따라 공공-민간 부문의 파트너십이 키워드로 부상한 것이다. 그리하여 현장 중심의 이해당사자의 역량과 수단과 책임을 결집해 집단행동collective action의 매트릭스 모델을 창출하는 것에서 답을 찾고 있다. 재난 대응 기술의 진보도 의식 캠페인, 교육훈련과 연계되지 못하면 무용지물이다. 결국 재난 대응은 재난 거버넌스의 구현에 의해 공공 · 민간의 역량과 의지가 시너지를 낼 수 있도록 프레임을 짜고, 총괄 조정의 리더십을 갖추는 것이 열쇠라 할 것이다.

— **김명자**(전 환경부 장관 · KAIST 과학기술정책대학원 초빙교수)

자료 : 중앙일보 2014. 11. 1.(http://joongang.joins.com/article/195/16292195.html?ctg=2002&cloc=joongang %7Chome%7Copinion

DHC 라이브러리 다가올 세대의 거대한 폭풍 Coming Generational Storm

로렌스 코틀리코프 · 스콧 번즈 지음, 김정혜 · 장환 옮김 | 한언 | 2010년

2003년, 미국의 부동산 거품이 최고조를 향해 치달을 때, 이미 집을 2～3채 갖고 있는 미국의 중년 여성이 다음날 은행 대출을 통해 플로리다에 있는 집을 한 채 더 구입할 예정이라는 인터뷰를 보면서 정말 탐욕스럽구나 라는 생각이 들었었다.

이미 그때 일부 전문가들은 앞으로 부동산 거품이 꺼질 확률이 크고 만약 그렇게 되면 상상을 초월하는 경제적 충격이 올 것이라고 경고를 했으나 사람들의 습성이 으레 그렇듯이 호황기일 때에는 정신 못 차리고 투기와 과열에 너도나도 동참을 하여 그것이 오래 갈 것이라는 맹목적인 믿음으로 배팅한다.

그것의 결과와 대가가 지금 도래하고 있고, 그 원인으로 서브프라임 모기지를 지목하고 있다. 물론 맞지만 그 외에도 근원적인 문제는 또 있다. 이 책은 2004년에 출간되었으며 저자는 미국국립경제조사국 선임연구원으로 거시경제의 거장이라 불리우는 로렌스 코틀리코프 교수이다.

그는 이 책에서 국가기관이 작성한 통계와 출처가 분명한 공식적인 자료를 근거로 제시하고 있기 때문에 신뢰성이 높은 편이며, 앞으로 20여 년 후의 경제와 사회가 어떻게 될 것인가를 서술하고 있는데 전망은 밝지 못하다.

20년 후에는 경제 문제 외에 전 세계적으로 초고령화에 기인한 인구학적 대변동이 같이 맞물리기 때문에 상황은 어느 때보다 심각해지는 속에서 이제 그 시작의 초입에 접어든 것이 아닌가 하는 또 하나의 불편한 진실이 여기에 있다.

파산을 향해 질주하는 세계. 2030년 미국을 비롯한 세계 경제에 대재앙이 다가온다!

근시안적인 재정정책과 정치적 소용돌이 속에서 표류하는 모든 국가들이 직면하고 있는 이 엄청난 재정적 위기상황을 가장 정확하게 진단하고 투명하게 공개하면서, 폭풍 정면을 향해 가는 우리에게 엄중한 경고를 던진다.

베이비붐 세대의 대거 은퇴를 눈앞에 둔 지금, 초고령사회 진입과 저출산율로 인한 생산가능인구 급감으로 전 세계는 진퇴양난에 빠져들고 있다. 현 상황에서 미국경제에 다가오고 있는 51조 달러의 어마어마한 재정적자는 감히 상상하기조차 힘든 수치이다. 파산을 향해 전속력으로 질주하는 미국. 오늘날의 경솔한 재정정책은 훗날 반드시 뼈아픈 결과로 돌아올 것이다.

자료 : http://wpkc.egloos.com/viewer/4423184

시력이 좋지 않은 사람의 고충은 이만저만이 아니다. 눈이 편치 못하여 잃게 되는 기회비용이 무척 크다. 눈이 피곤하니 몸도 쉬 지치기 쉽고, 하고 싶은 운동도 제대로 못하며, 안경이라도 걸쳐 쓰면 외모 가꾸기에 영 도움이 안 된다. 무엇보다도 멀리 또 길게 볼 수가 없으니 눈 나쁜 친구들 중에 답답한 이들이 많다. 해서 걸리 내다 볼 줄 모르고 앞에 닥친 일에 허덕이는 경우에 '근시안적myopic'이라는 표현을 쓴다.

우리 사회의 근시안적인 문제로 으뜸은 노령화 문제일 것이다. 30 ~ 40년 후의 은퇴 계획을 소홀히 하고 있으니 너 나 할 것 없이 안경을 쓸 판이다. 문제는 이 안경이 날이 갈수록 무겁고 두꺼워진다는 것이며, 우리네 안경 값의 적지 않은 부분을 우리 아들딸들이, 또 우리를 알지도 못하는 후손들이 부담하여야 한다는 사실이다.

우리 사회가 노령화 사회에 진입했음은 이미 상식적인 얘기다. 2000년 65세 이상 노인 인구의 비중이 7%를 넘겨 유엔이 정한 '노령화사회'로 진입했던 한국은 2019년에는 노인 인구 14%대의 '고령사회'로 접어들고, 2026년에는 20%를 넘는 '초고령사회'로 진입한다. 노인 인구는 2030년에 23.1%까지 높아지고 80세 이상 인구는 지금보다 5.3배 늘어난다.

사랑하는 할아버지, 할머니가 우리 곁에 오래오래 살아 계심은 축복이 아닐 수 없다. 그런데 …… 그런데 말이다 …… 나이 드신 분들의 생활비용을 포함한 사회적 비용이 날이 갈수록 눈덩이처럼 커지고 있으니 문제다. 당장 먹고 살기 바쁜 마당에 노후대책 하란 얘기는 일종의 사치스러운 말이 되기 십상이고 결국에는 적지 않은 노인부양 비용이 사회 전체에 전가될 수밖에 없을 것이다.

바로 이런 이유 때문에 국민연금이나 건강보험을 포함한 사회보험 개혁에 전 세계 모든 국가들이 노심초사하고 있다. 우리 대한민국도 예외가 아니다. 개혁 자체의 필요성에 대해서는 이의가 없지만 문제는 '어떻게'이다. 부담을 최소화하기 위한 부분적인 처방이냐, 뿌리를 뽑기 위한 구조적인 개혁이냐의 쉽지 않은 선택인 것이다.

장 교수의 생각은 근본적이고 구조적인 개혁이 되어야 하지 않겠냐는 것이다. 안경이 너무 무거워지고 두꺼워지면 걸치기조차 어렵게 될 것이고 얼굴을 포함하여 몸까지 망가질 수 있다. 지금 당장은 돈이 많이 들고 또 아프겠지만 근본적인 라식 수술을 통해서 잃어버린 시력을 되찾는 것이 결국 나에게 좋고, 우리 아들딸의 금전적인 또 정신적인 부담을 줄이는 현명한 처방이 되는 것이 아닐까?

자료 : http://konkuk.ac.kr/~dhchang/

DHC 씨네마

인 타임 In Time

커피 1잔 … 4분, 권총 1정 … 3년, 스포츠카 1대 … 59년!

모든 비용은 시간으로 계산된다!!

근 미래, 모든 인간은 25세가 되면 노화를 멈추고, 팔뚝에 새겨진 '카운트 바디 시계'에 1년의 유예 시간을 제공받는다. 이 시간으로 사람들은 음식을 사고, 버스를 타고, 집세를 내는 등 삶에 필요한 모든 것을 시간으로 계산한다. 하지만 주어진 시간을 모두 소진하고 13자리 시계가 0이 되는 순간, 그 즉시 심장마비로 사망한다. 때문에 부자들은 몇 세대에 걸쳐 시간을 갖고 영생을 누릴 수 있게 된 반면, 가난한 자들은 하루를 겨우 버틸 수 있는 시간을 노동으로 사거나, 누군가에게 빌리거나, 그도 아니면 훔쳐야만 한다.

돈으로 거래되는 인간의 수명!

"살고 싶다면, 시간을 훔쳐라!!"

윌 살라스저스틴 팀버레이크는 매일 아침 자신의 남은 시간을 보며 충분한 양의 시간을 벌지 못하면 더는 살 수 없다는 사실을 절감하며 잠자리에서 일어난다. 그러던 어느 날, 수천 년을 살 수 있는 헤밀턴이란 남자를 위험에서 구해준 윌은 그에게서 소수의 영생을 위해 다수가 죽어야 하는 현 시스템의 비밀을 듣게 된다. 하지만 그 남자가 100년의 시간을 물려주고 시체로 발견되면서 졸지에 살인자의 누명을 쓰고 쫓기게 된다. 사람들의 눈을 피해 부자들만이 모여 사는 '뉴 그리니치'로 잠입한 그는 끈질긴 타임 키퍼 리온킬리언 머피의 추적으로 체포될 위기를 맞지만, 와이스 금융사의 회장 딸인 실비아아만다 사이프리드를 인질로 삼아 간신히 탈출한다. 이때부터 윌은 실비아와 함께 누명을 벗고 전 세계를 통제하는 시스템의 비밀을 파헤치려 하는데……

자료 : http://movie.naver.com/movie/bi/mi/basic.nhn?code=76972

세계 인구는 2013년 6월 기준으로 70억 명에 달한다. 그 중에 중국이 14억, 인도가 12억, 미국이 3억, 일본이 2억 2천만, 남한이 5천만, 북한이 2천 5백만 명 등이다.

넘쳐나는 인구의 폭발력은 중국에 가 보면 잘 느낄 수 있다.

상하이 인구 수가 공식적으로 2천 5백만 명비공식적으론 3천만이란다이라는데 그 넓은 호주의 인구 수와 맞먹는다. 그 많은 인간들이 도대체 어디서 자고, 하루 세끼 뭘 먹고, 어떻게 싸고(?), 무슨 일들을 하고 다니는지 가만히 생각해 보면 머리가 돌 지경이다.

좁은 지구에 인구가 너무 많다고 하는데 이는 전혀 새로운 얘기가 아니다. 18세기 영국의 경제학자 Malthus는 식량은 산술급수적으로 증가하는데 인구는 기하급수적으로 증가한다면서 인류의 멸망까지도 언급했던 것으로 안다.

최근에 Dan Brown의 신작 *Inferno*를 읽었다. 폭발적으로 증가하는 인구로 인한 지구 멸망을 걱정하는 천재 괴짜 갑부가 비밀리에 위협적인 바이러스를 만들어 세상에 몰래 유포한다는 줄거리이다. 피렌체, 베네치아, 이스탄불 등 인류 역사 도시들을 세밀하게 해부하듯이 넘나들면서 Dan Brown 특유의 방식으로 faction을 풀어 나가는데 소설의 주제는 인구 폭발이었다.

엊그제 2011년 개봉작 In Time을 보게 되었는데 시간을 돈으로 치는 황당한 세상에서 죽지 않기 위해 몸부림치는 '시간이 없어' 가난한 주인공의 얘기이다. "소수가 영생하기 위해서는 다수의 가난한 이들이 죽어야 하거든. 왜냐하면 지구의 자원은 한정되어 있잖아." 105년을 살면서 특별히 가치 없는 삶의 연장은 의미가 없음을 깨달은 '시간을 100년이나 가진' 부자의 고백을 듣게 되면 소름이 끼친다.

이렇게 인구 폭발을 걱정하면서도 일각에선 인구 구성의 문제점을 경고한다. 소위 말하는 Aging Risk 고령화 문제이다. 할아버지, 할머니들은 넘쳐나는데 정작 경제력의 원천인 젊은이들은 날이 갈수록 줄어들고 있다는 섬뜩한 경고다. Demography인구통계학에 대한 관심과 연구가 중요한 때이다.

1. 재난 리스크 관리의 중요성

2. 효과적인 재난 리스크 관리의 요건

3. 재난 리스크 관리 시스템

재난 리스크 관리

Disaster Risk Management
ch. four

4

우리 사회의 제반 리스크는 이제 우리에게 피할 수 없는 심각한 문제이고, 앞으로도 과학기술 발달 등 사회 발전과 더불어 리스크 상황은 더욱 심각해질 것이다. 사회 발전과 사회 리스크는 같이 성장하는 셈인데, 문제는 새로운 리스크의 등장과 더불어 그 불확실성이 점점 커진다는 것이다. 이제 리스크는 우리 모두가 현명하게 관리해야 할 대상이 되었다. 각 사회주체, 즉 개인, 가정, 비즈니스, 국가기관이 각자의 리스크 관리에 힘써야 할 것인데, 이를 측면 지원해 주는 리스크 관리 서비스 시스템의 구축이 필요하며, 우리 사회의 전체 리스크를 총괄하여 검토하고 분석하고 관리하는 컨트롤 타워가 마련되어야 하겠다. 각자가 자기 분야에서 자신의 역량을 십분 발휘하여 계속 성장하게끔 해야 한다. 이를 위해선 핵심 전략으로서 리스크 관리가 필수이다. 그것도 우리 사회의 지속 가능 발전을 위해선 통합 리스크 관리가 절대로 필요한 것이다.

현재 우리 사회의 리스크 관리 상황은 어떠한가? 1997년 외환위기를 겪으면서 리스크에 대한 논의가 본격적으로 시작되어 금융기관을 중심으로 한 재무 리스크 관리가 활성화되었다. 이후 공적연금 개혁을 둘러싼 노령화 리스크 논의, 미국발 금융위기와 관련된 신용 리스크 문제, 북핵 위기에 대처하는 외교안보 리스크 등이 우리 사회의 대표적인 리스크들이다. 예전에 비해 리스크 및 리스크 관리에 대한 일반의 인식이 많이 높아지긴 했지만 여전히 리스크 관리는 금융기관을 중심으로 한 특정 집단의 특별한 기술적 기능이라는 생각이 팽배하고, 일반인들의 경우 보험 위주의 리스크 관리에서 크게 벗어나지 못하고 있다. 리스크의 다양화와 보험으로 커버하지 못하는 많은 리스크들을 고려해 볼 때 우리 사회 리스크 관리 인프라의 부족은 사회적 불확실성을 증폭시키는 불안요소인 것이 사실이다. 나름대로 구색을 갖추고는 있지만 구멍이 숭숭 뚫린 스위스 치즈Swiss Cheese형 리스크 관리 인프라라 할 수 있다. 이제는 허점이 많아 큰 사고로 이어질 수 있는 연결고리를 차단하고, 씨줄과 날줄을 더욱 촘촘히 하여 큰 구멍을 메워나가는 리스크 관리 개혁이 필요하다. 우리가 필요로 하는 새로운 패러다임의 리스크 관리가 소위 통합형 리스크 관리Integrated Risk Management이다.

1. 재난 리스크 관리의 중요성

거안사위居安思危라는 말이 있다. 평안할 때에 위기를 준비한다는 말로서 미리미리 위기를 준비해야 실제 위기 상황에서 제대로 대처할 수 있다는 뜻이다. 어떤 큰 위기가 발생해도 당신은 괜찮을 것이라고 생각하는 경우가 많다. 그러나 위기는 당신이 어떤 사람인지를 그대로 드러낸다. 당신은 '위기가 찾아오면 나는 일어날 것입니다' 라고 말하지만 만일 당신이 평소에 위기에 제대로 준비해 오지 않았다면 위기가 찾아올 때 당신은 제대로 일어날 수 없을 것이다. 일상에서 당신 주변의 일들을 제대로 처리하지 못하고 위기가 찾아올 때 준비가 안 된 당신은 우왕좌왕할 뿐 제대로 대처를 못할 것이다.[1]

리스크 관리 수단은 크게 사고 예방risk control과 피해 보상risk financing 수단으로 구분된다. 사고 예방risk control은 손실 방지를 위해 사전에 리

1. Oswald Chambers, *My Utmost for His Highest*, 1992.

스크를 직접 관리하거나 피해의 규모를 줄이기 위해 주위 환경을 관리하는 여러 방법들을 의미하는데 회피, 손실 예방 및 감소, 리스크 격리 등이 포함된다. 피해 보상risk financing은 결국 누가 손실에 대해 보상을 하느냐는 것인데 여기에는 보유, 보험 등이 포함된다.

재난의 경우, 리스크의 심각성을 고려할 때 체계적이고도 통합적인 리스크 관리가 더 더욱 중요하다. 다른 여타 리스크의 경우보다 특히 사고 예방risk control에 있어 그야말로 만전을 기해야 할 것이고, 사고 발생 시 신속하고 효과적인 대처를 통해 피해의 확산을 최소화해야 할 것이며, 피해 보상에 있어 손실을 최소화하고 분산시킬 수 있는 방안 마련 및 개발에 노력해야 하겠다.

일단 재난이 발생하는 경우의 혼란 및 막대한 손실, 사후 보상의 한계를 생각해 볼 때 재난 사고 예방의 중요성은 아무리 강조해도 지나침이 없다. 재난 리스크 관리의 핵심은 사고 예방에 있다. 미국 건국의 아버지 Benjamin Franklin은 다음과 같이 말했다고 한다.

> "적은 돈으로 미리 대비하는 것은 피해 복구를 위해 큰돈을 쓰는 것만큼 가치 있는 일이다. If you fail to prepare, you are prepared to fail."

DHC 뉴스 이 무능한 정부를 어찌할꼬

숭례문이 불타던 날을 기억한다. 초판 마감을 하고 8시 반쯤 저녁을 먹으러 나왔다. 시청 앞 횡단보도를 건너는데 남대문에서 흰 연기가 피어오르는 게 보였다. 국보 1호에 어쩌다 불을 냈나, 혀를 차면서도 금세 진화할 수 있으리라 믿었다. 이른 저녁에, 보는 눈이 저렇게 많은데 큰일 있겠나 싶었다. 한 시간쯤 지났을까, 회사로 돌아가는 길에 본 광경은 그게 아니었다. 연기는 심각할 정도로 짙어졌고 이따금씩 불길이 치솟는 것도 보였다. 그날 밤 숭례문의 2층 누각이 무너져내리는 장면은 무엇으로도 지울 수 없는 트라우마가 됐다.

세월호가 침몰하던 날을 기억한다. 출근길에 사고 소식을 들었다. 회사에 도착해서 보니 기울긴 했어도 선체의 대부분이 물 위에 있었다. 그래도 한밤중에 난 사고가 아니라 다행이라 여겼다. 아주 먼 바다도 아니어서 구조가 크게 어렵지 않겠다 생각했다. 오전 편집회의 중에 '전원 구조'라는 속보가 떴다. '그럼 그렇지' 했다. 그런데 그게 아니었다. 그 뒤 상황이 어떻게 전개됐는지는 대한민국 국민이면 모두가 안다. 그리고 그 일은 온 국민의 트라우마가 됐다.

이제 그 국민들은 또 하나의 트라우마를 가슴에 새겨야 할 참이다. 중동호흡기증후군MERS, 메르스이라는 낯선 이름의 공포보다 그 앞에서 우왕좌왕 쩔쩔매는 무능 정부가 주는 불신이 더 예리한 날을 가졌다. 숭례문과 세월호 때 그랬던 것처럼 말이다. 자기 재산 하나 지킬 줄 모르는 정부는 자기 백성 목숨을 구할 능력도 없을뿐더러 그들의 불안과 두려움을 씻어줄 도량은 더더욱 없었던 거다.

세 가지 사건은 '일어날 수 있는 일'이 정부의 무능 탓에 '일어날 수 없는 일'이 돼버린 대표적 사례들이다. 모두 일어날 수 있는 일이었다. 미치광이 노인의 방화를 어찌 알고 막겠나. '가라앉지 않는 배The Unsinkable'라던 타이타닉호는 침몰선의 상징이 됐다. 낙타가 옮기는 바이러스의 한반도 상륙은 상상하기 쉽지 않았을 터다.

하지만 문제는 그 다음부터다. 이른바 '초동 대처'다. 이 정부가 특히 못 하는 게 그건데, 원래 무능한 사람들이 약한 게 초동 대처다. 일이 터졌는데 상황 판단을 못하니 결단을 못하고, 결단을 못하니 대처가 늦고, 대처가 늦으니 해법이 늘 한 발씩 뒤처지는 거다. 앞의 두 사건은 재론하기 가슴 아프다. 감염자가 크게 늘고 있는

데 "전염력이 약하다", 불안한 국민들이 다 찾아보고 있는데 "병원 공개하면 혼란이 온다", 학교와 학원들이 휴교와 휴강으로 선제적 대응을 하는데 "휴교할 필요 없다"고 뒷북을 친다.

유일하게 뒷북이 아닌 건 "낙타와 밀접한 접촉을 피하라"는 예방법 안내다. 노숙자들이 점거한 지하도에 "노숙은 건강에 해롭다"는 벽보를 붙였던 보건복지부인지라 크게 놀랍지도 않았다. 그래도 정부 얘기가 맞을 것이다낙타도, 노숙도 맞는 얘기다. 대중의 공포를 자극할 수 있는 만큼 신중을 기해야 하지 않겠나. 하지만 행동까지 신중해서는 안 된다. 최악의 상황을 가정해서 대처했어야 했다. 그런데 말보다 행동이 신중하니 별거 아닌 게 괴물이 되고 말았다.

다른 이유가 아니다. 무능해서다. 공무원연금 개혁에 매달린 탓이란 얘기도 들린다. 하지만 멀티태스킹이 불가한 장관이었다면 당초에 쓰지 말든가 아니면 보건과 복지를 나눠 2명의 장관을 썼어야 했다. 그것도 아니라면 대통령이 평론가 아닌 책임자로 직접 나섰어야 했다. 그랬더라면 공포보다 무서운 불신이 이렇게 널리 전염되진 않았을 터다.

이제 와서 무능 정부를 욕한들 무슨 소용이 있으랴마는, 한마디도 안 해서는 재산 잃고 목숨 잃고 믿음마저 잃은 이 땅의 백성들이 가여워서 안 되겠다. 처칠의 말로 대신해도 되겠다. "그들은 결단력을 표방하면서 결정을 내리지 못하고, 용단을 말하면서 우유부단하며, 철석같은 결의가 있다면서 비틀거리지만, 무능한 점에서는 전능하다."

— **이훈범 논설위원**

자료 : 중앙일보 2015. 6. 6.(http://news.joins.com/article/17966821).

2. 효과적인 재난 리스크 관리의 요건

일단 재난 사고가 발생하는 경우에 대비하여 통상적인 리스크 관리의 차원을 넘어서는 위기 관리Crisis Management급의 관리 시스템이 요구되

는데 위기 관리의 내용은 다음 사항들을 필히 포함한다.[2]

- 사고 발생 시 신속하고, 효과적이며, 가시적인 상황 관리
- 가능한 범위 내에서 손실 최소화
- 안전과 안정 복구
- 피해 내역의 파악
- 상황 관리와 피해 보상 수단 확보
- 브랜드 가치 보존
- 책임 소재 규명
- 평상 비즈니스로의 복귀사업의 연속성

위기 관리Crisis Management의 성공 사례로서 미국의 9.11 사태 당시 Morgan Stanley 사례가 자주 인용된다. 당시 WTC에 본사를 두고 있던 투자은행 Morgan Stanley는 3,000여 명의 임직원이 당시 그 건물에서 일하고 있었지만 테러로 목숨을 잃은 Morgan Stanley 직원은 놀랍게도 단 10명이었다.[3]

Morgan Stanley는 평소 다음과 같은 목적을 갖고 위기 관리Crisis Management에 적극적으로 대처해 왔던 것으로 알려지고 있다.

- **전략적 기능** : 비즈니스 목표 달성 지원
- **사전적 예방 기능** : 예상되는 위기를 사전에 파악해 위험을 제거

2. The CII, *Risk Management*(2001).
3. 김민주, 『하인리히 법칙』(2004).

하거나 손실 최소화

- **사후적 대응 기능 :** 사고 발생 시 신속하게 대응할 수 있도록 지침과 절차 마련

Morgan Stanley의 성공 사례가 보여주는 위기 관리의 교훈은 다음과 같다.

첫째, 긴급대책contingency plan을 세우고 평소 모의 안전 훈련에 힘써라.
둘째, 비즈니스 상시 운영체계business continuity planning를 확립하라. 예를 들어 Morgan Stanley와 같은 금융기관의 경우 data back up 시스템 보강에 철저해야 한다.
셋째, 위기 communication 체계를 확립해야 하는데 비상시 대 미디어 communication 창구를 일원화할 필요가 있다.
넷째, 재무 리스크 hedging 및 보험 등 보상방안도 마련해야 한다.
다섯째, 조기경보시스템early warning system을 확보하라.

최근 들어 재난 복원 계획Disaster Recovery Planning ; DRP 차원에서 BCP Business Continuity Planning, 비즈니스 연속성 계획에 대한 관심이 고조되고 있는데 지난 10여 년간 전 세계에서 일어났던 자연재해, 테러, 비상사태, 신종 전염병 등에 대한 반작용으로 이해할 수 있다.[4]

4. Hopkin, *Fundamentals of Risk Management*, Ch.18.

BCP는 한 조직의 존폐를 위협할 정도로 치명적인 미래의 사건 · 사고들에 대해 어떻게 대비하느냐는 것이다. 결국 재난 사고 직후에도 '여전히 가동되는business as usual' 차원의 신속하고 효과적인 비즈니스 복원 장기 계획을 의미하는 것인데, 재난 복원 계획은 BCP의 핵심이라고 하겠다.

이제 조직에 사고가 발생했다고 하자. 우선, 재난 회복 계획에 따라 사고 수습에 노력해야 한다. 사고 수습 과정에서 위기 관리극의 대처를 고려할 필요가 있을 것인데, 이때 조직의 이해당사자들에게 사고의 내용을 신속하게 전달하여 평판 하락의 손실을 최소화해야 한다. 이것이 두 번째 단계인 위기 관리Crisis Management의 실행이다. 사고 수습과 위기 관리 다음의 단계가 바로 보다 광범위한 비즈니스 연속성 계획의 실행이다.

BCP 모델의 다섯 가지 구성요소를 정리해 보자.

1. 조직의 제반 주요 활동에 대한 완벽한 이해
2. 비즈니스 연속성 관리 전략 수립
3. 비즈니스 연속성 관리 방안의 수립과 실행
4. 조직 내에 비즈니스 연속성 관리 문화 형성과 커뮤니케이션
5. 정기적인 훈련과 계획의 점검 및 개선

성공적인 BCP의 첫번째 과정은 조직의 비즈니스를 완벽하게 이해하고 내외부적인 활동들의 상호관계를 파악하는 것인데, 조직의 목표들과 그들의 관계성을 파악하는 것이 중요하다.

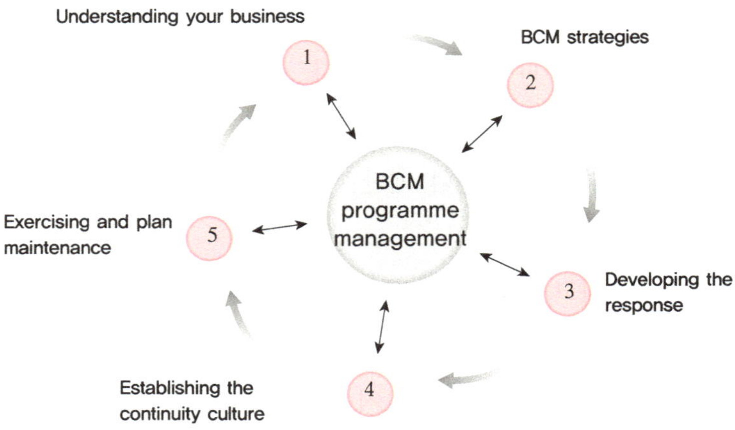

그림 4-1 BCPBusiness Continuity Planning, 비즈니스 연속성 계획 **모델**

조직의 주요 리스크들을 파악하고 그들이 어떤 결과를 가져올지를 분석해야 한다. BCP 계획을 수립하고 집행하는 과정에서 주요 리스크에 대한 대책을 마련해야 하는데 소위 4Tstolerate, treat, transfer, terminate, 감내할지, 관리할지, 전가할지, 회피할지 중에서 선택을 하게 된다.

조직 내에 BCP 문화를 조성하기 위해서는 구성원들 사이에 BCP 필요에 대한 공감대 형성과 커뮤니케이션이 무엇보다 중요하다.

BCP 계획을 수립하는 과정에서 중요한 것은 조직의 주요 활동들을 파악하는 것으로 그들에 대한 임무와 책임 소재를 확실하게 하는 것이다. 이를 명확하게 서술한 지침과 체크리스트가 필요하며, BCP의 훈련과 점검, 정기적으로 또 필요에 따라 개선하는 노력이 절대로 필요하다. 또한 실제 사고가 발생한 뒤에는 시사점과 교훈을 필히 BCP 계획에 반영하여야 한다.

성공적인 BCP 계획에 필히 반영되어야 하는 내용을 살펴보자.

- 비즈니스 운영에 있어 절대적으로 중요한 스탭, 원자재, 절차, 장비를 확실하게 파악할 수 있는 메커니즘
- 일상적으로 접촉하는 주요 공급업자, 운송인, 자원 및 관련 비즈니스 파악
- 주요 빌딩, 공장이나 창고 등에 중대한 하자가 생겨 접근이 불가능할 경우의 비상 대책
- 임금 지급과 같이 비상 상황에서도 지속되어야 하는 주요 활동의 연속성을 위한 필요 조치 확인
- BCP 비상조치를 상시 유지하고 정기적으로 테스트하는 책임자 임명
- 위기 관리 조치를 명확히 수립하고 재난 복원 활동 각각에 있어 책임 소재 규명
- 이웃, 전기 · 가스 · 수도 등 공공서비스, 공급업자, 운송인, 주요 고객 등과의 협력 관계 유지
- 비상대책을 정기적적어도 매년으로 점검해야 하는데 비즈니스의 주요 변화 상황, 신입 직원의 채용과 같은 경우는 필히 재점검

성공적인 BCP 계획을 위한 제반 조치들의 기준은 포괄적 · 효율적 · 실제적이어야 하며, 꾸준히 유지되어야 하고, 실행되어야 하는 것이다. 유념해야 할 바는 조직의 모든 활동과 자원이 BCP 계획 속에 망라되어야 한다는 것인데, 이는 유사시에 비즈니스의 정상적인 재개가

이루어져야 하기 때문이다.

DRP와 BCP의 구체적인 예를 하나 보자. 런던 소재 모 방송국에서 A 시점에 사고가 발생하여 방송시설을 쓸 수 없게 되었다. 재난 복원 계획에 따라 사고 발생 후 B 시점에 즉각 임시 방송을 시작할 수는 있었지만 이는 비상 시설을 이용하는 임시일 뿐이었다. 임시 방송을 시작한 며칠 후인 C 시점에 방송국은 방송장비들을 맨체스터 지사로 옮겨 그 쪽 시설을 이용하여 방송을 전면 재개할 수 있었다. 덕분에 방송 서비스는 크게 향상되긴 했지만 맨체스터 지사 서비스의 중단으로 원래 수준의 서비스엔 미치지 못했다. 사고에 따른 비용을 생각해 보자. 사고 발생 시점부터 운영비용이 증가되고, 재난 복원 비용, 임시방송 비용, 맨체스터 이전 비용, 추가 인건비와 설비 사용 비용 등이 발생했다. 마침내 D 시점에 런던 본사의 시설이 복구되어 비즈니스가 전면 복원되었다.[5]

재난 복원과 BCP 계획의 적절성 여부는 비즈니스 영향력 분석Business Impact Analysis에 달려 있다고 하겠는데, 비즈니스 영향력 분석은 비즈니스의 개별 활동이 여하한 이유로 중단되었을 때 어떤 중대한 문제를 유발하는지를 파악하고 분석하는 것이다. 이런 분석이 선행되어야 유사시에 각각의 활동에 대한 적절한 복구 대책이 마련될 수 있다.

비즈니스 영향력 분석은 통상적인 리스크 관리 절차 중 리스크 평가와 유사하지만, 리스크 평가가 특정 활동을 방해하는 제반 사건들을 파악하는 노력인 반면, 비즈니스 영향력 분석은 개별 활동의 상대적인 중대성을 파악하는 데에 주력한다.

5. Hopkin, *Fundamentals of Risk Management*, Ch.18.

- 비즈니스에 중대한 영향을 미치는 활동들을 파악하고 사고 발생 시 복구를 위해 필요한 시간을 분석
- 사고의 잠재적 영향력을 분석하고 일정 시간 내에 복구를 위해 필요한 자원을 분석
- 비즈니스 연속성 전략 차원에서 사고의 영향력이 조직의 리스크 수용 능력 내에 있는지를 판단하고, 중대한 활동의 복구를 위해 필요한 기술적인 사항들을 파악

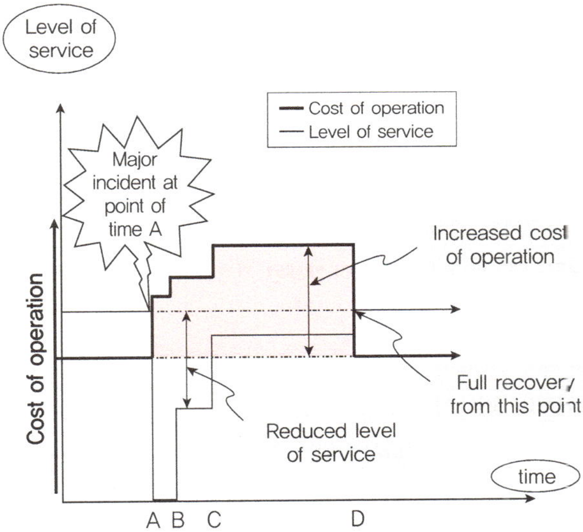

A	Major incident, such as a fire or long-term power cut
B	Limited emergency operations commenced at a back-up site, as planned by the disaster recovery plan
C	Start-up of operations at an alternative emergency site, but the back-up site operations are disrupted
D	Full recovery from this point

그림 4-2 **Disaster recovery timeline and costs**

DHC 뉴스

위기에도 신속하게 경영정상화

#1. 2014년 4월 16일 오전 8시 48분 전남 진도군 조도면 해상에서 침몰한 세월호 탑승자 476명 중 구조된 사람은 172명이었다. 295명이 숨졌고, 9명이 실종된 대형 참사였다. 세월호 선장을 비롯한 승무원들은 승객들을 대피시키지 않고 먼저 탈출하는 등 안전 매뉴얼조차 지키지 않았다. 현장에 출동한 해경은 배가 가라앉는 상황에도 적극적으로 구조에 나서지 않았다. 안전 분야 컨트롤타워 부처인 안전행정부는 사고 발생 세 시간이 지나서까지 구조자 숫자를 파악하지 못하는 등 총체적인 문제점과 한계를 드러냈다.

#2. 2001년 9월 11일 오전 8시 48분 미국 뉴욕 세계무역센터WTC 북쪽 타워에 92명의 승객을 태운 아메리칸 항공 소속 비행기가 충돌했다. WTC 건물 내 50개 층을 소유하고 있던 금융사인 모건스탠리 직원들의 막대한 인명피해가 예상됐다. 하지만 붕괴 직전 모건스탠리 직원 3,000여 명은 평소에 훈련받은 대로 신속히 10분 만에 건물을 빠져나갔다. 임직원들은 사고 발생 한 시간 후 뉴욕 인근 빌딩에 임시 사업장을 열어 백업센터를 가동했다. 금융시장의 패닉이 예상되는 상황에서 모건스탠리는 본사 사업장이 폐쇄된 지 24시간 만에 업무를 재개했다.

지난 4월 발생한 세월호 참사는 국가 재난 관리에 대한 총체적인 부실에서 비롯됐다. 정부 부처의 총괄 지휘 및 구조 등에 대한 적절한 대응이 이뤄지지 않는 등 재난 관리 시스템은 전혀 작동하지 않았다. 9.11 테러 당시 모건스탠리의 신속한 대응처럼 재난 관리 시스템이 제대로 갖춰져 있었다면 피해 규모를 줄일 수 있었다는 지적이 나온다.

업무연속성관리BCM는 모건스탠리가 9.11 테러 당시 하루 만에 영업을 재개하면서부터 주목받기 시작했다. BCM은 기업이 예기치 못한 재난으로 업무가 중단됐을 때 핵심 기능을 조기에 복구, 비즈니스 연속성을 확보하려는 활동을 뜻한다. 각종 사고나 재난으로 사업이 중단됐을 때 핵심 기능을 한정된 시간 내에 재개할 수 있도록 관리체계를 구축 · 운영해 사업경쟁력을 강화하는 이른바 '방재防災 경영' 이다.

BCM은 기업의 선택이 아닌 필수 경영기업으로 자리잡았다는 게 전문가들의 공통된 지적이다. 천재지변이나 해킹, 테러나 화재 등으로 기업의 핵심 데이터나 시설이 파괴됐을 때 기업이 어떻게 피해를 최소화하고, 신속하게 정상적인 업무로 복귀하느냐는 기업 생존에 결정적인 요소다. 재난 발생 시 기업의 체계적인 대응은 명성 및 브랜드에도 큰 영향을 미칠 수밖에 없다.

미국, 유럽, 일본 등 선진국에선 10여 년 전부터 BCM의 중요성을 인식했다. 영국에선 2012년 기준으로 공공 분야의 73%, 민간 기업의 52%가 BCM을 운영하고 있다. 일본에서도 2011년 기준으로 대기업의 45.8%가 BCM을 도입했다. 이와 달리 BCM을 도입한 한국 기업들은 턱없이 부족하다. 그나마 대기업 및 은행 · 보험 등 금융회사에 국한돼 있다. 국내에선 금융당국에서 2006년부터 업무연속성계획BCP에 대한 모범규준을 마련하고, 관련 업체에 업무연속성계획BCP을 구축하도록 규정했다. 하지만 대부분 중소기업에선 재난 상황을 대비한 BCM을 도입한 곳을 찾아보기 힘들다.

이에 따라 정부도 뒤늦게서야 BCP 도입을 위해 2007년 '재해경감을 위한 기업의 자율 활동 지원에 관한 법률'을 제정해 업무연속성계획을 수립 및 이행을 한 우수기업에 각종 인센티브를 부여할 수 있도록 했다. 뿐만 아니라 ISO 22301BCM 인증 제정에 따라 2013년도엔 전문인력을 집중 양성하는 데 박차를 가하고 있다. 재난 관리 시스템이 구축돼 있더라도 평소에 주기적인 교육 및 훈련이 있어야 위기 상황 시 적절한 대응이 필요하다는 이유에서다.

— **강경민 · 홍선표 기자**(kkm1026@hankyung.com)

자료 : 한국경제 2014. 11. 21.(http://www.hankyung.com/news/app/newsview.php?aid=2014112033991).

3. 재난 리스크 관리 시스템

효과적인 재난 리스크 관리를 위해서는 사고 예방, 사고 후 대처, 피해 보상을 아우르는 체계적인 시스템 마련이 절대적으로 필요하다.

무엇보다도 대형 사고 방지를 위한 사고 예방에 만전을 기해야 할 것이고, 일단 사고가 발생하는 경우 우왕좌왕하지 않고 신속하고 효과적으로 대응해야 할 것이며, 피해 보상책 마련과 신속한 보상, 효과적인 예방-대처-보상을 아우르고 집행하는 장치로서 리스크 거버넌스의 확립이 중요하다.

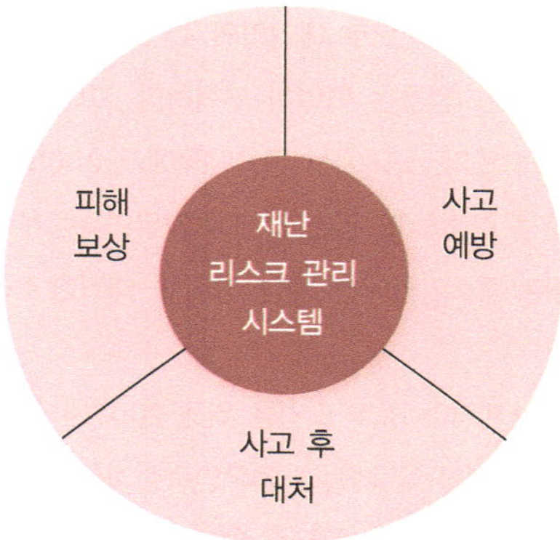

그림 4-3 재난 리스크 관리 시스템

1) 사고 예방 차원에서 리스크 컨트롤risk control의 중요성

리스크 컨트롤risk control은 손실 방지를 위해 사전에 리스크를 직접 관리하거나 피해의 규모를 줄이기 위해 주위 환경을 관리하는 여러 방법들을 의미하는데 회피, 손실 예방 및 감소, 리스크 격리 등이 포함된다.

재난의 경우, 리스크의 심각성을 고려할 때 체계적이고도 통합적인 리스크 관리가 더더욱 중요하다. 다른 여타 리스크의 경우보다 특히 리스크 컨트롤risk control에 있어 그야말로 만전을 기해야 할 것이다. 일단 재난이 발생하는 경우의 혼란 및 막대한 손실, 사후 보상의 한계를 생각해 볼 때 재난 사고 예방의 중요성은 아무리 강조해도 지나침이 없다. 재난 리스크 관리의 핵심은 사고 예방에 있다고 할 수 있다.

관련 법 및 제도의 정비도 중요하다. 산업재해 리스크의 경우를 보자. 산업안전보건법에 의거하여 작업장의 안전 및 보건을 위한 세세한 규정을 마련하고 있다. 또한 산업재해보상보험법에 따라 근로자의 작업 중 사고에 대한 보상 책임을 사용자에게 절대적으로 지우고 있다. 이렇게 산업재해 리스크 관리에 있어 규제와 책임 제도를 결합 · 사용함으로써 산업재해 예방과 보상에 있어 효과적이고 효율적인 리스크 관리가 가능하다.[6]

2) 사고 발생 시 위기 관리Crisis Management 차원의 신속하고 효과적인 대처

일단 재난 사고가 발생하는 경우에 대비하여 통상적인 리스크 관리의 차원을 넘어서는 위기 관리Crisis Management급의 관리 시스템이 필요하다.

- 사고 발생 시 신속하고 효과적이고 가시적인 상황 관리
- 가능한 범위 내에서 손실 최소화
- 안전과 안정 복구

6. 장동한, 「산업재해위험 통제에 있어서 책임과 규제의 결합 사용」, 『사회보장연구』, 1995.

- 피해 내역의 파악
- 상황 관리와 피해 보상 수단 확보
- 책임 소재 규명
- 평상 비즈니스로의 복귀사업의 연속성

3) 피해 보상

1980년대 후반 이후 빈발하고 있는 일련의 대형 재해catastrophe 손실들은 보험시장의 한계를 노정시켰는데, 여기서 말하는 보험시장의 한계라 함은 대형 재해에 대한 보험사 인수능력의 부족, 원하는 담보의 부재, 보험료율의 급변 가능성을 의미한다. 이런 상황에서 대형 재해의 리스크 관리를 위하여 보험·재보험 시장의 틀을 벗어나 대규모 자본조달 능력과 탁월한 리스크 분산 능력을 가진 자본시장에 눈을 돌리게 된 것은 지극히 자연스러운 현상이라 할 수 있다.

오늘날의 기업, 특히 다국적기업들은 경영환경의 급변에 따른 경영리스크의 다변화에 대처하기 위한 새로운 개념의 리스크 관리가 필요함에도 불구하고 보험을 중심으로 하는 전통적인 리스크 관리는 이러한 기업의 니즈에 부응하지 못하고 있다. 기업의 존폐를 좌우할 수 있는 치명적인 리스크, 소위 killer risks 중 전통적인 리스크 관리 수단인 보험을 통해 관리할 수 있는 리스크는 거의 없음을 감안할 때 기업의 리스크 관리 니즈에 대한 보험의 한계는 분명하다고 하겠다.[7]

---

7. The CII, *Risk Management*(2001), Ch.3, Ch.5.

최근의 대형 재해 사고 빈발과 급변하는 경영 리스크 환경에 처하여 기업들에게는 체계적인 리스크 관리가 절실하게 요구되는바, 향후의 리스크 관리는 통합 리스크 관리의 추세가 될 것으로 예상된다. 부보 리스크, 재무 리스크, 신용 리스크, 비상 리스크 등을 포괄적으로 통합 관리하는 노력이 필요한 것이다.

전통적인 보험 이외의 방법으로 기업이 금융 리스크를 전가할 수 있는 수단이 있을 수 있고, 리스크 전가를 위한 통로로서 전문적인 리스크 인수자가 있는바 바로 자본시장이다. 대규모 자본조달 능력과 탁월한 리스크 분산 능력을 가진 자본시장이 새로운 리스크 인수자로 부각되고 있는 것이다.

기업을 둘러싸고 있는 환경이 변화함에 따라 기업 경영에 영향을 미치는 리스크는 계속해서 증가하고 있다. 리스크가 궁극적으로 긍정적인 결과를 가져오느냐, 부정적인 결과를 가져오느냐는 기업이 해당 리스크를 어떻게 다루는가에 달려 있다. 리스크를 적절하게 관리한다면 적지 않은 리스크들은 오히려 이익의 원천으로 바뀔 수 있다. 반면, 리스크를 제대로 관리하지 못하는 경우 중대한 손실을 가져올 수 있을 뿐만 아니라 심지어 기업의 존립 기반을 해칠 수도 있다.

기업은 효율적인 리스크 관리를 위하여 기업의 리스크 부담 능력과 해당 리스크의 손실 발생 빈도 및 손실 규모를 종합적으로 고려하여 구체적인 리스크 관리 방법을 선택하게 된다. 기업은 전통적으로 기업이 보유할 수 없는 리스크를 보험시장에 전가하여 왔으나 1980년 이후로 기존 보험・재보험시장의 한계 및 기업의 다양한 리스크 관리 필요 등으로 인해 다른 리스크 전가 수단에 관심을 갖기 시작하였다.

ART[Alternative Risk Transfer]란 전통적인 리스크 관리 수단인 보험을 대체하는 리스크 전가 수단을 의미하는데, 여기에는 Risk Retention Group, Finite Reinsurance, 대재해채권[Cat Bond], 대재해선물[Catastrophe Futures], 대재해옵션[Cat Options] 등이 포함된다.

4) 재난 리스크 거버넌스

최근의 재난 내용을 분석해 보면 자연재난과 사회적 재난이 결합되어 피해가 커지는 소위 복합성 재난이 일반화되고 있는데, 그에 따른 인적 손실, 경제적 · 사회적 피해가 매우 커지는 경향이 있다.

이와 같이 최근의 재난 리스크는 불확실성, 상호작용성, 복잡성의 특성을 보이고 있는바 재난 리스크에 대한 관리도 다양한 수단들을 결합하는 총체적인 리스크 거버넌스[risk governance] 차원의 접근이 필요하다. 리스크 거버넌스[risk governance]란 리스크 관리에 관한 총체적 접근방식을 의미하는데 정부 구조, 정부 및 비정부 실체와의 협력, 각종 정책을 포함하는 개념이다.

리스크 거버넌스[risk governance]의 향상은 구조적 측면, 과정적 측면, 정책수단 측면을 망라하는 총체적 차원에서 이루어져야 할 것이다. 우선 구조적인 측면에선 중앙정부, 지방자치단체, 공공기관, 시민단체, 기업, 전문가, 언론 등의 협력이 요구된다. 효과적인 리스크 관리 역량의 강화를 위해 리스크 분석과 평가, 학습과 모니터링 기능 향상에 노력해야 한다. 과정적 측면에선 기술적 요인, 공개와 투명성 제고, 접근성과 참여 독려, 협의와 소통의 강화 등이 포함된다. 정책수단 측면에선 사고 예방에 힘쓰면서 민간 협력을 활용하는 등의 비용 효율적인 방안 마련도 요구된다. 안전을 위한 직접적인 규제와 더불어 안전 관련 교육이나 홍보 등 비규제적 수단까지를 포함하는 노력이 필요할 것이다.[8]

마지막으로 재난 발생 시 피해 손실을 최소화하는 방재防災관리에 대해 살펴보자.[9] 재난을 가져오는 자연현상은 일반적으로 그 발생에 있어서 큰 불확정성과 강력한 힘을 갖고 있으나 발생 빈도는 비교적 희박하다는 특성을 갖고 있다.

자연재난은 유인誘因이 소인素因에 작용하는 것에 의해 발생한다. 유인이라는 것은 재난을 불러오는 자연력을 말하는 것이며, 주요한 것으로는 호우, 강풍, 지진, 화산분화, 기후이변 등이 있다. 소인은 지형, 지반 조건 등 지구 표면의 성질에 관계하는 자연소인과 인구, 시설 생활 활동, 등 인간사회와 관계하는 사회소인으로 나눌 수 있다. 이러한 소인의 조합과 상호작용의 상태에 따라 여러 가지 재난이 발생하여 피해를 가져온다.

이런 재난의 발생 과정을 간단히 말하자면 호우, 지진, 등의 재난유인이 발생하여1차적 자연력의 발생, 지형, 지진해일 등의 2차적인 재난현상이 일어나재난의 발생, 이러한 현상이 인간사회에 대하여 직접적 가해력이 되어 인적 · 물적 피해가 발생하며피해 발생, 1차적 피해가 파급 · 확대되어 여러 가지 사회적 · 경제적 영향이 발생재난의 파급, 2차적 재난의 발생한다는 사상연쇄事象連鎖의 관계로 나타낼 수 있다. 강풍과 같은 유인이 직접적으

---

8. 이혜영, 「재난예방 체계의 변화와 시사점」, '재난예방 체계의 진단과 보험의 역할」 세미나, 2014. 9.

9. 전계원, 「대형 재난 발생 증가에 따른 방재관리계획의 중요성」, 『위험과 보험』, Korean Re, 2014. 6.

로 사회소인에 작용하여 피해를 불러일으키는 것도 있으나, 많은 경우 유인과 자연소인과의 상호관계에 의해 발생하는 재난현상이 사회소인에 더해져서 직접적 가해력이 된다. 따라서 주로 자연소인에 근거한 위험성 평가의 필요성이 생긴다.

재난을 사전에 막는 것은 불가능에 가깝다. 재난이 발생하면 재난 발생 연쇄과정에 의해 재난이 진행되며, 피해 손실이 발생하게 된다. 이러한 피해 손실을 최소화하기 위해서는 재난을 발생시키는 기본 원인을 제거해 주면 되지만 이 또한 쉽지 않은 것이 현실이다.

예를 들어 호우로 인해 피해가 발생한다고 가정하고 피해를 최소화하기 위해 방재적 관리 측면에서 어떤 조치를 할 수 있을까를 단계별로 생각해 보자. 먼저 가장 좋은 방법은 ① 호우가 내리지 않도록 하는 것이다자연력의 제어. 그러나 이는 불가능하다. ② 내려도 하상에 집중하여 수위가 올라가지 않도록 한다2차 현상의 제어 · 완화. ③ 수위가 상승해도 범람하지 않도록 한다가해작용의 저지. ④ 범람이 생겨도 피해가 발생하지 않도록 한다피해 발생의 저지. ⑤ 1차적 피해가 발생하여도 확대를 억제해 영향을 최소한으로 한다피해의 파급 확대 저지 라는 방재관리 수단으로 분류할 수 있다.

위 단계 중 ② · ③단계는 구조적인 대책으로 표현될 수 있으며 ④는 범람이 되어도 피해의 발생을 방지 또는 경감시키는 것으로 홍수에 견딜 수 있는 건축이나 토지 이용 규제 등에 의해 저항성을 높여두는 것과 경보 · 피난의 태세나 수방 활동 등에 의해 피해를 막는 방법이 있다. ⑤는 2차적 피해의 발생이나 영향의 파급 확대를 막는 것으로서 구출 · 구호, 자금 · 물자의 원조, 복구활동, 보험, 공제제도 등이 있다.

미래에 발생 가능한 대형 재난을 방어하기 위한 최적의 방법은 재난을 발생시키는 발생력을 제거하는 것이지만 이는 앞에서 언급했듯이 불가능에 가까운 일이다. 따라서 방재관리 측면에서 재난을 관리하는 방법은 예방사업, 재난 위험성 경감 등을 통해 재난 취약성을 감소시키는 것이다. 재난 취약성을 관리할 수 있는 지역 혹은 부문별로 방재관리 역량을 강화할 수만 있다면, 또는 보험 등을 통해 위험이 일정 부분 이전된다면 취약성의 감소가 가능하다. 또한 제도적인 뒷받침과 관련 분야의 지속적인 연구, 자연재난과 사회재난을 함께 관리할 수 있는 방재관리 전문인력 양성이 필요하다.

DHC 뉴스 '실패박물관'에 기업인이 몰리는 이유

영국 시인 T. S. 엘리엇은 만물이 생동하는 4월을 '가장 잔인한 달'이라고 했다. 쓸데없는 기억과 욕망으로 헛된 희망을 품게 하는 새봄이 결코 반갑지 않다는 뜻이리라. 적어도 이 시를 쓸 당시 시인은 지극히 염세적인 세계관을 가졌던 모양이다.

1년 전 4월 우리는 너무나 충격적이어서 그야말로 잔인하기까지 했던 세월호 사고를 겪었다. 어둡고 길었던 사고 수습 기간에 우리 모두는 많은 반성을 하고 이젠 더 이상 이 땅에서 그런 어이없는 인재人災를 근절하자고 입을 모았고, 사고조사 특별위원회 구성 등 가시적인 노력이 진행 중이다. 그럼에도 한국 사회의 리스크 관리 문화는 여전히 답보상태인 듯해 안타깝다.

크고 작은 안전사고가 빈발하고 있고 부실한 사회안전망 탓에 복지 논란이 뜨겁다. 한반도를 둘러싼 외세의 압력은 100년 전 어두웠던 상황과 크게 다르지 않은데 남북까지 긴박하게 대치하고 있다. 10여 년 주기로 반복되는 경제위기, 급속한 고령화에 따른 연금재정 문제와 경제활력 저하, 양극화, 이념 갈등과 세대 간 갈등 등 한국 사회의 리스크는 앞으로 더욱 심각해질 전망이다.

TV 드라마 '징비록'의 배경이 되는 임진왜란도 1592년 4월의 일이었다. 징비懲毖는 시경詩經 소비편小毖篇의 '예기징이비역환豫其懲而毖役患', 즉 '미리 징계해 후환을 경계한다'는 구절에서 따온 것이다. 거안사위居安思危 : 평안할 때도 위기가 닥칠 것을 생각하고 대비하라에 소홀했던 조선은 장장 7년여의 혹독하고 잔인한 전란을 겪게 됐음은 주지의 사실이다.

우리 사회는 '리스크 사회'다. 어찌해야 하나. 우리는 소위 지속 가능 성장을 지향해야 할 것인데, 이는 오랫동안 가급적이면 많은 이가 같이 잘 먹고 잘사는 것을 말한다. 각 사회 주체가 자기의 재능을 십분 발휘해 '안정적인' 성장을 해야 지속 가능하다. 안정 속의 성장을 이루려면 주변의 리스크를 파악하고, 리스크에 따른 예상 손실을 추정하며, 리스크에 맞는 최적의 관리방안을 강구해 실행 · 점검하고, 개선하는 일련의 체계적인 리스크 관리가 필요하다.

기업 경영에서도 리스크 관리는 필수다. 기업이 당면한 많은 리스크를 파악하고 면밀히 분석해 효율적인 대책을 강구하고, 리스크 관리를 실행하며, 지속적으로 점검하고 개선하는 노력이 지속 가능 성장을 비전으로 하는 비즈니스의 핵심 전략이 되는 것이다.

미국의 명문 미시간대가 있는 앤아버시에는 '뉴 프로덕트 웍스'란 이름의 소위 '실패상품 박물관'이 있다. 많은 기업이 힘들여 개발했지만 결국 시장에서 실패한 상품들이 10만점 넘게 전시돼 있다. 1970년대 말 소니사가 개발한 비디오테이프 베타맥스, 펩시의 무색콜라 크리스털 펩시, 치약으로 유명한 콜게이트의 일회용 냉동식품 등 기발한 아이디어로 많은 돈과 공을 들여 개발됐으나 시장의 주목을 끌지 못해 실패로 끝난 상품들이 즐비한데 이런 상품을 보기 위해 명성 있는 기업 상품 개발자들의 방문이 끊이지 않고 있다.

많은 실패 사례를 보면서 실패를 반복하지 않는 지혜를 구하는 동시에 성공 아이디어를 찾으려는 노력이 아닐까. 반면 한국은 실패 공개와 실패 정보 공유에 너무 소극적인 것 같다. 실패와 창조적인 실수는 궁극적인 성공을 위해 소중한 밑거름이 될 수 있다는 사실을 인정하고 실패 정보를 공유하는 열린 자세가 필요하다.

과거의 실패와 실수를 철저히 분석해 비슷한 리스크를 제대로 관리함으로써 국가와 비즈니스의 지속 성장 기반을 다지기를 바란다. 이제 잔인한 4월은 떠나보내고 밝은 미래를 약속하는 찬란한 4월을 다 같이 불러보자.

— **장동한**(건국대 상경대학 교수, dhchang@konkuk.ac.kr)

자료 : 한국경제 2015. 4. 6.(http://www.hankyung.com/news/app/newsview.php?aid=2015040657421).

DHC 라이브러리

토탈 리스크Total Risk

주디스 론슬레이 지음 | 김석동 옮김
길벗 | 1996년

베어링스 은행Barings Bank은 1762년 설립된 영국의 은행이었다. 그런데 이 은행은 1995년에 싱가포르 지점 닉 리슨의 무모한 파생상품 거래로 인한 손실로 파산하였다. 그후 이 은행은 네덜란드의 금융 그룹 ING에 1파운드에 매각되었다. 리슨은 1989년 베어링스 은행에 입사하여 싱가포르 사무실에서 근무하게 되었다. 싱가포르 사무실은 인력이 많지 않아서 리슨은 단순한 트레이딩 업무도 맡게 된다. 그가 하는 주된 거래는 싱가포르와 오사카에서 거래되는 닛케이225 선물계약 사이의 미세한 가격 차를 이용한 차익 거래였다.

리슨은 1993년에 싱가포르 지점 수익의 20%를 혼자 벌어들여 베어링스 최고경영진의 신임을 받았다. 1994년 말 그는 2억 8,500만 달러의 손실을 안게 되는데, 손실을 감추기 위해 1994년 12월 일본 주식에 대해 수만 건의 콜 및 풋옵션을 매도한다. 그는 일본 증시가 크게 움직이지 않을 것이라는 데 많은 돈을 건 것이다. 하지만 1995년 1월 진도 7.0이 넘는 지진이 일본 고베 지역을 강타했고 주가는 폭락한다. 리슨의 옵션 가치는 급락했다. 그는 원금을 찾아야 된다는 생각에 다시 일본 증시가 반등할 것이라는 믿음을 갖고 닛케이255 지수 선물을 매입했다. 그러나 일본 주식시장은 리슨의 기대대로 움직이지 않았고 결국 14억 달러의 손실로 마감하게 된다.

자료 : http://2627042.blog.me/130165633418

싱가포르 창이 교도소에 수감 중이었던 리슨은 'Rogue Trader'란 타이틀의 자서전적인 책을 출간했는데, 이 책에서 그는 다음과 같이 말하고 있다. "그래 내가 잘못한 건 인정합니다. 그런데 그 많은 제 상관들은 뭘 하셨나요? 싱가도르 사무소의 제 직속 상관, 아시아 본부장, 런던 본점 이사님 … 그 분들은 전혀 잘돗이 없나요?"

베어링스 파산은 Total Risk Management의 실패라고 볼 수밖에 없다.

DHC 씨네마

가타카

유전자 조작이 낳은 계급사회

영화 가타카GATTACA, 1997는 유전자로 인해 사람의 운명이 결정되고, 그 유전자를 평가 기준으로 삼아버리는 사회에 대한 비판 의식을 담고 있다. 주인공 '빈센트'는 바로 그런 외부로부터 주어진 운명을 극복하는 한 인간의 표상으로 나타난다. 유전자로 한 인간의 모든 것을 평가하는 사회. 그렇다면 유전자란 무엇인가?

우리 몸 속 세포에는 핵이라는 기관이 있다. 그리고 그 핵 속에는 DNA라고 하는 유전물질이 있다. DNA는 한마디로 우리 몸에 대한 설계도라고 보면 된다. DNA는 아데닌[A], 구아닌[G], 사이토신[C], 타이민[T]이라는 네 가지 물질로 구성되어 있는데, 이 네 가지 물질이 3개씩 조합을 이루어 일종의 암호를 이룬다. 그리고 이 특정한 암호가 바로 인간의 형질키, 질병, 피부 색, 눈 색깔, 혈액형, 체력, 수명 등에 대한 유전정보를 담고 있다. 이 암호를 통해 DNA는 RNA라는 물질을 통해 단백질을 만들어낸다. 단백질은 바로 우리 몸을 구성하는 물질이다. 즉, DNA는 우리 몸의 형질을 결정하는 설계도인 것이다.

그럼 가타카의 배경은 어떤 세상인가? 바로 이 유전자를 인간이 마음대로 조작할 수 있을 정도로 과학기술이 발달된 사회다. 부모는 아이가 태어나기 전에 아이가 어떤 유전자를 갖고 있는지 알고 있다. 따라서 아이의 유전자 중 좋은 유전자강한 체력, 큰 키, 좋은 시력 등만 남겨두고 나쁜 유전자비만, 암, 질병 유전자 등는 모두 제거해 버릴 수 있다.

그래서 가타카 속 세상에는 두 가지 계급의 인간이 있다. 인공적으로 출생한 자와 자연적으로 출생한 자, 영화 속에서는 '적격자'와 '부적격자'로 불린다. 선천적인 유전자로 한 인간의 모든 것이 결정되고, 적격자와 비적격자 두 종류의 인간으로 구분되는 세상. 이것이 가타카 속의 미래 사회다.

가타카의 주인공인 '빈센트'는 자연적으로 출생한 아이, 즉 '부적격자'이다. 반면 빈센트의 동생인 '안톤'은 유전공학 기술을 이용해 좋은 유전자만을 가진 채 태어난다. 당연히 좋은 유전자와 나쁜 유전자를 모두 가진 빈센트에 비해 좋은 유전자만을 가진 안톤은 모든 점에서 형보다 뛰어나다. 때문에 빈센트는 어렸을 때부터 동생에 대한 열등감을 갖고 자란다.

주인공 빈센트는 후천적인 노력으로 선천적 불리함을 극복해 보려 하지만 모두 허사였다. 이미 사회는 한 사람의 유전자를 검사함으로써 그 사람의 모든 것을 판별하기 때문이다. 노력 같은 것은 필요 없다. 오로지 유전자 검사를 할 수 있는 혈액만 갖고 있으면 된다. 자연출생자인 빈센트는 그 후천적 노력에도 불구하고 유전자라는 선천적 제한요인에 의해 꿈에 다가가지 못하는 것이다. 결국 빈센트는 자신의 정체를 숨기고 적격자인 '제롬 머로우'라는 사람으로 가장하여 우주 비행의 꿈을 향해 도전한다.

'빈센트'는 '제롬 머로우'의 혈액과 소변 등을 갖고 다니며 유전자 검사를 속임으로써 자신을 '제롬'으로 위장한다. 영화 속에서는 엄지만 갖다 대면 그 속에 있는 혈액을 통해 유전자 검사를 한다. 그리고 이 유전자를 통해 이 사람이 누구인지를 바로 판별할 수 있다. 물론 영화 속 수준까지 과학이 발달하지는 못했지만 유전자 검사는 지금도 어느 정도 유용하게 쓰이고 있다.

혈액을 통한 유전자 검사의 원리는 무엇일까? 혈액 속에는 적혈구, 백혈구 같은 다양한 세포들이 있다. 백혈구의 핵 속에는 그 사람의 DNA가 들어 있다. 이 DNA를 검사해 보면 그 사람이 얼마나 강한 심장을 갖고 있는지, 시력과 지능은 얼마인지, 수명이 얼마인지를 영화 속에서는 알 수 있다. 실제로 DNA 분석법은 지금도 친자분석법이나 범죄 수사 등에 유용하게 이용되고 있다.

DNA는 쌍둥이를 제외하면 모든 사람이 다르다. 이를 통해 PCR Polymerase Chain Reaction 기법과 전기영동 Gel Electrophoresis 기술이라는 것을 이용하여 'DNA 지문'이라는 것을 얻을 수 있다. 이 DNA 지문은 모든 사람이 다르기 때문에 범죄 수사 등에 유용하게 쓰인다. 또, 우리 몸 속 DNA는 부모로부터 각각 절반씩을 물려받는다 그래서 우리는 부모를 닮는 것이다. 때문에 부모의 DNA 지문과 나의 DNA 지문을 비교해 보면 친자 확인이 가능하다.

이런 유전공학기술은 앞으로도 한없이 발전할 것이고, 어쩌면 가타카 속 미래 사회 같은 세상이 실제로 도래할지도 모른다. 그러나 가타카가 전하고자 하는 근본 메시지는 과학이 아니다. 영화는 유전자 하나로 그 사람의 모든 것을 판별하는 세상 속에서 한 인간이 이를 극복해 가는 의지를 그리고 있다.

유전자로 모든 것이 결정되는 사회에서, 자신의 정체를 속이고 꿈을 이루어가던 빈센트. 그러나 불운한 사건으로 자신의 정체를 애인 '아이린'에게 들키고 만다. 그때 빈센트와 아이린은 이런 말을 주고받는다.

> "내 이름은 빈센트, 빈센트 안톤 프리먼이야. 난 자연출생자야. '부적격자'라고 불리지만 … 그렇지만 난 살인자가 아냐."
>
> "자연출생자라고요?"
>
> "의사는 내가 30년밖에 못 산다고 했어. 그렇지만 벌써 지났어."
>
> "불가능해요!"
>
> "가능한지 아닌지 자신의 운명을 결정하는 건 결국 자신의 몫이잖아? 그렇지 않아? 세상은 당신에게 정해진 운명을 따르라고 했고 당신도 자연스럽게 그에 길들여져 온 것일 뿐이야. 무슨 소용이 있을지 모르지만 이 말을 하고 싶었어. 가능해. 모든 것이 가능해."

빈센트는 자신에게 주어진 운명을 거부한 것이다. 아니, 애초에 주어진 운명이란 것은 존재하지도 않았다. 유전자는 말 그대로 유전자일 뿐, 유전자가 한 인간의 모든 것을 결정했다면 애초에 신은 인간에게 인생이란 시간을 주지도 않았을 것이다. 인생은 인간 스스로 개척해 나가는 것이 아닌가. 이건 단지 영화 속 이야기도, 있을지 없을지도 모를 먼 훗날의 이야기도 아니다. 우리 스스로 생각해 봐야 한다.

자료 : http://if-blog.tistory.com/722

Disaster Risk Management
part three

재난 리스크 관리와 보험의 역할

1. 재난과 보험

2. 재난 리스크 관리와 보험

재난 리스크 관리와 보험

Disaster Risk Management
ch. five

5

N Rental Car였던 것으로 기억된다. 오래 전 미국 유학 중이던 장군은 주말을 맞아 렌트카를 빌려 가전제품도 사러 가고, New Jersey에 있는 쇼핑몰에도 가고, 하루 종일 쏘다니다가 급기야 밤 11시를 넘겨 Atlantic City에 있는 카지노까지 방문하기로 했는데 … 하루 종일 운전하느라 지친 몸에 파리 새끼가 미끌어질 정도로 완벽하게 닦아 놓은 Phila-AC 고속도로를 달리면서 졸음운전을 하게 되었고 … 여러분이 쉽게 짐작하듯이 사고를 치고 말았다. 천만 다행으로 고속도로 중간지대에 펜스가 설치되어 있었는데 차가 펜스를 들이받고 뱅글뱅글 수차례 돌다가 180도 거꾸로 서고 말았다.

만약 고속도로 중간지대에 펜스가 없었다면, 만약 옆에나 뒤에 다른 차들이 있었다면, 만약 충돌로 차가 뒤집혔다면 엄청 큰 화를 입었을 것이다. 지금도 그때만 생각하면 등허리에 식은땀이 난다.

겨우 정신을 차리고 상황을 파악한 후에 몸을 살펴보니 이상이 없었다. 겨우 움직이기는 하는 차를 갓길로 옮기고 상태를 보니 본네트가 쑤~욱 들어간 게 엉망이었다. 당시 가난한 유학생의 처지였는지라 불현듯 사고 피해 액수를 짐작해 보게 되었는데 모르긴 해도 생돈 몇천 달러는 충분히 들지 싶었다. 망했다 … $40 내고 아까운 생각에 하루 종일 렌트카를 몰던 탓에 사고를 내버렸으니 … 어이가 없고 한심하기 짝이 없었다. 담배 냄새로 찌든 Atlantic City의 싸구려 모텔 방에서 밤새 잠도 못 자고 고민을 했다.

다음날 일찌감치 필라로 돌아가게 되었는데 사고 때문에 달~달~거리는 차로 거의 3시간 가까이 걸려빠르면 1시간 거리임 N Rental Car에 도착했다. 한껏 자세를 낮추고 최대한 겸손한 태도로 사고 경위를 조심조심 설명하게 되었는데, 내 얘기를 듣고 난 직원은 별반 특별한 반응을 보이지 않았고, 몸 다친 덴 없느냐, 사고 당한 사람이나 물건 피해는 없느냐 등을 묻더니 다 됐으니 돌아가란다. 세상에 … 내 잘못으로 4천 달러 가까운 피해를 입은 차가 밖에 주차되어 있었는데 그 친구는 볼 생각도 하질 않았다. 도대체 이게 웬 일인가?

직원에게 그 경위를 물었더니 차를 빌리면서 자차보험 CDW Collision Damage Waiver에 가입했었기 때문에 사고에 따른 렌트카 자차 피해에 대해 나는 전혀 책임이 없단다. 세상에~ 이런 훌륭한 제도가 있다니 … 입이 다물어지지 않았다. 그제야 렌트카 비용이 예상보다 $10 높았던 이유를 알게 되었다. 원래 렌트 비용은 $30인데 CDW 보험료 $10가 추가되어 $40가 된 것이었다. 만약 … 만약에 말이다. 내가 그 사정을 알았다면, 즉 CDW가 보험이고 추가로 $10를 더 지불해야 한다는 사실을 알았다면 난 아마 보험에 가입하지 않았을 것이다. 당시엔 CDW가 뭔지도 몰랐고 직원이 이것저것 옵션 가입 여부를 물어보는 게 귀찮아서 죄다 OK, Yes, OK 하다 보니 의도하지 않았던 CDW에 가입하게 된 것이고 천우신조로 사고 보상을 받게 된 것 아닌가. 세상에 이런 일이 … 장군은 놀란 가슴을 엄청 쓸어내릴 수 있었다.

사고의 후유증은 컸다. 사고 이후 장군은 무리한 운전을 삼가게 되었고물론 몇 달 못 가긴 했지만, U Penn 경제학과 박사과정에 있었던 장군은 같은 대학교 경영대학인 Wharton School로 적을 옮겨 전공도 '리스크 관리/보험'으로 바꾸게 된다.

이런저런 이유로 보험에 대한 세간의 인식은 썩 좋은 편은 아닌 듯하다. 다소 과하다 싶은 세일즈 열정에 비해 보험 가입 후의 서비스가 기대에 미치지 못하기 때문이 아닐까 싶다. 그런데 이렇게 말도 많고 탈도 많은 보험이 우리 일상생활에서 사라진다면 어떨까? 자동차보험이 없다? 건강보험이 없다? 국민연금이나 개인연금 없이 100세 인생을 살 수 있을까? 상상하기 어렵고, 만약 그런 상황이 된다면 우리 생활은 그야말로 끔찍할 것이다.

예로부터 각종 재난에 대한 대응책으로 보험이 개발되었다. 어떤 재난이 있었고, 어떤 보험들이 생겨났을까? 재난 리스크 관리 수단으로서 보험의 한계는?

1. 재난과 보험

(1) 해상보험

국제무역에 있어 해상보험은 필수이다. 원격지 간의 교역에 있어서는 예상할 수 있는, 또 전혀 예상치 못한 많은 위험들이 있고, 적지 않은 경우에 있어 운송인이 그 사고에 대해 책임을 지지 않아 그대로 화주의 손해로 연결되는 경우가 많기 때문에 해상보험 가입은 마땅하다.

옛날의 교역은 어땠을까? 원격지 간에 교역을 하는 상인들은 지금보다 상대적으로 더 큰 위험에 처했지 싶다. 미지의 먼 땅과 미지의 상인들을 대상으로 상거래를 하는 것 자체가 모험이 아닐 수 없었다. 실제로 적지 않은 경우 물건을 가득 실은 배가 침몰하거나 난파되는 경우가 많았던바 원격지 교역은 말 그대로 도박과 다름이 없었고 당시에 해상

사고만큼 큰 재해는 없었지 싶다.

이런 재해에 당면하여 우리 조상들은 과연 어떻게 이 위험을 관리했을지 여간 궁금하지 않다. 이런 배경에서 발달하기 시작한 것이 해상보험 제도이다. 처음엔 위험을 분담하는 방법이 쓰였는데, 고대 중국에서는 여러 상인들이 각자의 선박에 화물을 골고루 나눠 실었다. 이렇게 함으로써 한 배가 사고를 당해 상품을 잃어도 다른 배들이 무사하면 손해를 줄일 수 있었던 것이다.

중국과 달리 고대 유럽에서는 상인의 금전적 손실을 방지해 주는 방식이 발달했는데 통상 모험대차冒險貸借, bottomry라고 하는 방식이다. 무역에 앞서 자금을 가진 금융가가 상인에게 해상교역에 필요한 돈을 빌려주었다. 상인은 금융가에게서 받은 돈으로 물건을 구매하고 선박을 수배하는 등 교역을 준비했다. 그렇게 항해를 떠난 배가 무사히 돌아오면 상인은 교역에서 얻은 큰 이익을 바탕으로 금융가에게서 빌린 돈을 20~30%의 높은 이자와 함께 상환했다. 그러나 교역이 실패하게 되면 상인은 금융가에게 원금을 상환할 의무를 면제받게 되는 방식이었다. 모험대차는 해상교역에서 발생할 수 있는 위험을 관리하기 위해 시행되었다는 점에서 현재의 해상보험과 유사한 개념이라고 하겠지만 실제로는 금융가가 유능한 상인에게 투자하고 이익금을 받는 투자 내지 투기라고 할 수 있다.

Tips 대항해시대와 경도법經度法

영국을 대표하는 화가 윌리엄 터너는 1800년대 초부터 폭풍우에 휩싸인 바다 모습에 푹 빠졌다. 네덜란드에 가서 이 주제의 그림들을 자세히 공부하고 돌아온 그는 1805년에 그림을 그리기 시작해 5년 후인 1810년에 마무리 작업을 하고 있었다. 그 해 영국 군함 미노타우르호가 네덜란드 연안에서 좌초해 선원 500명이 사망하는 사고가 발생했다. 나쁜 날씨와 위치 측정의 오류가 빚은 참사였다. 이 사고에 세간의 관심이 집중되자 터너는 그림의 제목을 '미노타우르의 난파'라고 붙여 발표했다. 애초의 소재는 난파한 상선이었지만 대중의 이목을 받는 게 우선이었다.

영국과 네덜란드의 화가들은 난파선 그림을 많이 남겼다. 그 이유는 무엇일까? 무엇보다 중상주의 시대에 대양을 주름잡은 국가들이니 난파의 사례가 많았다. 또한 철도와 공장이 등장하기 전에는 해상 조난사고만한 대규모의 재해가 드물었다. 대자연의 위력 앞에 속절없이 희생되는 인간이라는 비극적 주제에 화가들이 주목한 것은 당연했으리라. 사실 미노타우르 호 참사는 영국이 경험한 최악의 난파사고가 아니었다.

약 1세기 전인 1707년 여름, 유럽 국가들이 스페인 계승전쟁에서 편을 갈라 해전을 치르고 있었다. 영국 해군은 프랑스 남동부의 군항 툴롱을 공격한 후 귀환명령을 받았다. 영국 함대는 지중해를 벗어나 군항 포츠머스로 돌아오는 길에 예상치 못한 악천후를 만나 위치를 잃었다. 결정적인 문제는 경도를 제대로 파악하지 못했다는 점이었다. 안전한 해로를 따라가고 있다고 생각한 함대가 실은 험한 바위들로 악명 높은 실리 제도를 향하고 있었던 것이다. 네 척의 함선이 좌초되었고 2,000명에 육박하는 승조원들이 아까운 목숨을 잃었다. 영국 사회는 발칵 뒤집혔다.

경도를 정확히 파악하는 작업은 단순히 안전 확보와 과학적 성취만을 의미하는 게 아니었다. 콜럼버스의 역사적 항해 이후 유럽 국가들은 앞다투어 새 항로를 개척하고 식민지를 건설했다. 이렇게 막이 오른 중상주의 시대를 선도하려면 무역에서 앞서야 했고, 대양을 누빌 수 있는 강력한 해군력을 갖춰야 했다. 상선이든 군함이든 항해 중에 자신의 위치를 정확히 파악하는 게 필수임은 당연했다. 위도는 측정하기가 어렵지 않았다. 정오에 태양이 위치한 각도를 측량함으로써 정확히 알 수 있었다. 밤에 특정한 별의 위치를 재는 방법도 가능했다. 이와 달리 경도는 효과적인 측량 방법을 찾기 어려웠다. 목성 주위를 도는 네 위성인 '갈릴레이 달들'의 움직임을 망원경으로 관측해 시간 경과를 파악함으로써 경도를 추정하는 방법이 제시됐지만, 바다에서는 이 방법의 실용성이 크게 떨어졌다. 낮이나 흐린 밤에는 관측이 불가능했기 때문이다.

……

— **송병건**(성균관대 경제학과 교수)

자료 : 중앙SUNDAY 2016. 1. 3.(http://sunday.joins.com/archives/119131).

(2) 화재보험[1]

런던이 정의의 피를 요구하리니

6이 세 번 반복되는 해에 불벼락이 내리리라.

고대의 여인이 높은 곳에서 떨어지고

그와 같은 많은 전당들이 소실되리라.

— **노스트라다무스의 예언서**

밀레니엄 종말론으로 1999년 세계를 떠들썩하게 했던 예언서로 유명한 노스트라다무스는 1666년에 발생한 런던 대화재에 대해서도 위와 같은 예언을 했었다. 실제로 1666년 9월 2일 새벽 2시경 토머스 패티너의 빵 공장에서 일어난 불이 삽시간에 런던 시내를 잿더미로 만든 사건

1. http://www.lifentalk.com/913

이 발생했다. 당시 건물들은 대부분 목재로 지어졌고 때마침 강풍이 연일 부는 바람에 불길은 급속도로 퍼졌다. 게다가 소방담당자의 무책임한 대처로 인해 불길이 조기에 진화되지 않아 약 5일간 87채의 교회, 1만 3천여채의 건물이 불에 탔고 이로 인해 런던 대화재는 런던 시내 가옥의 약 80%를 태워 수많은 이재민이 생겼다.

영국 정부는 불타버린 런던 시내를 재건하는 과정에서 또다시 대화재가 일어날 것을 염려하여 목조 건축에 제한을 두게 되었는데, 이후 런던은 석조와 벽돌 건축물들을 위주로 재건되어 현재에 이르고 있다. 런던 대화재가 이렇게나 막대한 피해를 낸 데에는 당시 영국의 도시화 현상이 한몫을 했다. 17세기 런던은 유럽에서 가장 큰 규모를 자랑하는 도시 중 하나였고, 이때는 지방에서 런던으로 옮기는 이촌향도 현상이 시작되던 시기였다. 지방에서 올라온 가난한 사람들이 좁은 런던에 몰리면서 자연스럽게 목재로 급하게 지은 거주 밀집 지역이 늘어나게 되었고 결국 대화재 당시의 런던은 도시 곳곳에 거대한 나무더미들이 잔뜩 쌓여 이것들이 불길을 더욱 치솟게 하는 충실한 도우미 역할을 했던 것이다.

살고 있던 도시 전체가 불타 없어져 버린 당시 런던 시민들의 충격은 도저히 말로는 형용할 수 없었다. 더군다나 지난 수십 년 동안 계속되었던 내란과 역병으로 가뜩이나 흉흉해져 있던 런던 시민들에게 이 화재는 그들의 앞날을 더욱 불안하게 만드는 하나의 계시와 같이 받아들여졌을 것이다. 이러한 불안 속에서 런던 시민들은 앞으로 혹시 또 다가올지 모르는 재앙에 대비하기 위한 자구책을 마련하기 위해 고심하였고 많은 사람들이 화재보험의 필요성을 깨닫게 된다.

런던 대화재를 겪고 1680년 마침내 니콜라스 바본Nicholas Barbon이

국왕의 명을 받아 11명의 직원들과 영국 최초의 화재보험 회사를 설립했다. 혹시나 화재가 발생하여도 그 피해 금액을 보상해 준다는 제안은 한창 도시 재건 공사에 열을 올리던 런던 시민들에겐 그야말로 솔깃한 소식이었다. 니콜라스의 회사는 런던에서만 5,000건이 넘는 보험을 판매하게 되었고 이와 유사한 기능을 하는 화재보험회사들이 생겨났다.

런던 대화재에 따른 화재보험의 등장은 사람들에게 중요한 인식의 변화가 생겼음을 보여주는데 바로 재난에 대한 대비이다. 불가항력적인 재난을 신께서 내린 운명으로 수긍하고 받아들이는 것이 아니라 이에 대비하고 혹시 사고가 일어나도 그에 대한 보상을 받는 방법을 강구해내기 시작한 것이다.

이런 화재보험의 성공에 힘입어 17세기 말 영국에서는 다양한 종류의 수많은 보험이 생겨났다. 해상보험은 물론이고 질병이나 장애의 구제를 위한 보험, 빚을 변제할 능력이 되지 않는 이들을 위한 보험, 친구의 죽음으로 보증이나 채무로 어려움에 빠진 사람들을 위한 배상보험, 자녀가 많은 이들의 양육을 위한 보험 등 다양한 보험들이 등장했다.

(3) 산업재해보상보험과 사회보험[2]

세계 최초로 사회보험제도를 광범위하게 도입 시행한 비스마르크 Otto von Bismarck, 1815~1898는 "근로자 계층의 지지를 얻기 위해서, 바꾸어 말하면, 국민들을 행복하게 만드는 것을 존재 이유로 하는 국가 스스로

2. http://blog.daum.net/wegedesgeist/111

의 의무를 다하면서 국가 자체의 존립마저 위태롭게 할 수 있는 치안상태의 불안정을 방지하기 위해서" 였다고 훗날 그 정책적 취지를 설명한 바 있다.

1850년대부터 독일 산업이 비약적인 발전을 시작한 이래 1880년대에는 최저생계비 수준의 임금으로 연명하는 근로자 계층이 무려 1백만 명 정도 생겨났는데, 질병과 사고와 실업, 그리고 죽음이 항상 근로자 계층의 생계를 위협하고 있었다. 근로여건이 적정히 보장되지 않으면 근로자들의 인간다운 삶은 기대할 수 없었고 한계상황으로 내몰린 근로자들을 방치해 두는 사회는 치안상태의 불안정으로 직결된다.

그래서 독일제국 수상이었던 비스마르크가 1883～1889년 기간 동안 의료보험부터 시작하여 뒤이어 산재보험을 도입하고 나중에는 연금보험까지 시행한 것은 현명한 조치였다. 당시 근로자들에게 지급된 보험급여액은 오늘날의 기준으로 볼 때, 특히 노령연금보험의 경우 매우 적은 금액이었다. 70세가 넘어야 연금을 청구할 수 있었고 기본 생활비의 일부만이 지급되었다.

독일의 사회보험제도는 독일 특유의 것이라 할 수는 없고 19세기 산업노동자들이 처했던 현실에서 도출된 논리적인 귀결이었다고 보아야 한다. 다른 나라에서도, 단지 시기와 형태가 달랐을 뿐, 일정 시기 또는 영구적으로 근로능력을 상실하게 되는 근로자들을 보호하는 사회보험제도를 시행하였다. 사회보험제도가 마련되지 않았더라면 19세기 중반까지 그랬듯이 다수의 극빈층이 반복하여 발생함으로써 걷잡을 수 없는 경제적 · 정치적 혼란을 초래했을 것이다. 엥겔스Friedrich Engels, 1820～1895가 기술한 '영국 노동계급의 상태' 는 너무도 열악해서 1850년 이후 유럽대륙에서 체제 전복을 목표로 하는 급진적 노동자운동을 차츰 확산시켰다. 그러므로 사회보험제도는 자본주의의 불가피한 선택이었고 사회보험제도의 도입에 의해 자본주의는 존속될 수 있었다. 사회보험제도는 또한 근로자들의 상품구매력을 증가시켜 급격한 경기침체를 완화하는 역할을 하기도 했다.

Tips 산업재해보상보험의 탄생

석탄과 기계가 낳은 산업재해 … 선진국이 고안한 해결책은?

19세기 초 영국에서 삽화가로 명성이 높았던 토머스 롤런드슨이 그린 오른쪽 그림은 굴뚝 청소부들이 거리를 돌며 "굴뚝 뚫어"를 외치고 있는 모습이다.

이 그림은 19세기 초반 영국에서 삽화가로 명성이 높았던 토머스 롤런드슨Thomas Rowlandson의 작품이다. 그는 하층민의 생활상을 해학과 풍자를 곁들여 묘사하는 데 탁월한 능력을 보였다. 등장인물들의 정체를 알려주는 직접적인 힌트는 그림의 왼편 윗부분에 있다. 솔과 부삽을 든 채 굴뚝 위로 상체를 내밀고 있는 사람이다. 그림 속의 주인공들은 바로 굴뚝청소부이다. 이들은 지금 거리를 돌아다니며 독소리를 맞추어 "뚫어!"를 외치는 중이다.

굴뚝을 정기적으로 청소해야 하는 이유는 연료로 석탄을 사용하기 때문이었다. 런던의 경우 1666년 대화재로 1만 3,000여 채의 가옥이 잿더미가 된 후 벽돌을 주재료로 재건축하는 과정에서 땔나무 대신에 석탄을 쓰는 가구가 크게 늘어났다. 속도가 더뎠을 뿐 다른 도시들에서도 석탄을 쓰는 가구가 점차 많아졌다. 석탄 연기가 잘 빠져나가게 하려면 굴뚝 내부를 좁게 만들어야 했다. 따라서 몸집이 작은 아이에게 일을 시킬 필요가 있었다. 당시 영국에서는 각 마을교구이 가난한 아이들에게 기술을 익힐 자리를 알선해 주는 '교구도제' 제도가 널리 퍼져 있었다. 돈 없고 기댈 곳 없는 빈민 아동은 굴뚝청소 도제로 받기에 딱 좋았다.

굴뚝 청소는 사고 위험이 큰 작업이었다. 아이들은 좁디좁은 굴뚝을 오르내리며 검댕을 떼어내고 가루를 쓸어담아 밖으로 끄집어냈는데, 공기가 통하지 않아 질식하기도 하고, 옷가지가 엉켜 목이 조이기도 했다. 굴뚝이 뜨거운 상태에서 작업하다 화상을 입기도 했고, 굴뚝이 약해 무너지는 경우도 있었다.

굴뚝 청소 아이들은 사고뿐만이 아니라 직업병의 위험에도 노출되어 있었다. 팔꿈치와 무릎에 난 상처가 감염되어 악화하는 것은 물론이고, 검댕과 늘 접촉하였던 탓에 각종 암의 발병도 많았다. 아이들은 더러운 주거환경, 휴식할 시간의 부족, 불량한 영양 상태 탓에 건강 악화를 피하기 어려웠다.

더욱 본격적으로 사고와 직업병의 문제가 불거진 것은 산업혁명 시기를 거치면서였다. 노동자들은 공장이라는 낯선 환경에서 장시간에 걸쳐 고된 일을 했다. 환기시설이 형편없고 조명이 불량한 공장 안에서 수많은 동력 기계와 공작 기계가 아무런 안전설비 없이 굉음을 내며 엄청난 속도로 돌아갔다. 순간의 실수로 손발이나 머리카락이 기계에 빨려들어가는 일이 비일비재했다. 오히려 사고가 나지 않는다면 이상할 지경이었다.

산업혁명을 대표하는 면 공장의 경우 기계화가 진전되면서 남성의 근육보다 섬세한 여성의 손놀림, 기계 사이로 오가면서 끊어진 실을 잇는 아동의 민첩함이 필요했다. 여성과 아이들은 성인 남성에 비해 임금이 낮고 규율을 강제하기도 쉬웠다. 이들은 폐질환, 근골격계 질환, 감염성 질환에 시달렸는데, 모두 열악한 노동조건과 관계가 깊은 질병들이었다.

광산도 마찬가지였다. 석탄과 각종 광물을 캐기 위해 수많은 광부들이 칠흑같이 어둡고, 비좁고, 무덥고, 습한 갱도 안에서 분진이 가득한 공기를 들이마시며 일했다. 채굴량이 증가하면서 갱도가 점점 깊고 복잡해지자 몸집이 작은 아이들이 더 많이 고용되었다. 당시 여성과 아동 광부들의 노동 실태를 조사한 의회보고서에는 이들이 얼마나 많은 위험에 노출되었는지를 보여주는 사례로 가득하다. 광부들은 석탄덩이 운반차량에 치이고, 무너지는 갱도 천정에 깔리고, 수직갱도에서 추락하는 사고를 겪었다. 시력을 손상하기도 하고, 폭발사고로 인해 수백 명의 광부가 한꺼번에 목숨을 잃기도 했다. 석탄 분진을 호흡해 생긴 진폐증은 일을 그만둔 이후까지도 이들을 괴롭혔다.

석탄과 기계를 사용하기 이전에도 재해는 존재했다. 농장, 가내 수공업장, 마차와 배에서 재해는 끊임없이 발생해 왔다. 그러나 공업화는 재해의 성격을 근본적으로 뒤바꿔 놓았다. 작업이 소수에 의해 이루어지던 시절에는 함께 일하는 사람들이 작업의 성격과 잠재적 위험에 대해 잘 알고 있었다. 따라서 사고가 발생하면 개인의 잘못 혹은 운명의 소관이라고 여기곤 했다. 그런데 공장과 광산의 규모가 커지고 철도와 같은 운송수단이 도입되면서, 많은 사람의 작업이 서로 밀접하게 연계되고 작업 공간이 중첩되는 현상이 발생하였다. 따라서 자신이 아무런 잘못을 하지 않았는데도 타인의 잘못이나 시스템의 오류로 인해 재해를 입는 사례가 많아졌다. 이것이 본격적인 '산업재해'가 탄생한 계기였다.

이제 업무상 발생한 사고와 직업병에 대해 과거처럼 노동자 개인에게 책임을 묻기 어려워졌다. 대규모 재해가 발생할 때마다 피해자에 대한 동정심과 사고 방지에 대한 요구로 여론이 들끓었다. 예전에는 재해를 당한 노동자가 고용주의 개인적 선의와 자선단체의 빈민구호에 의지하거나 심지어 운이 없으면 아무런 실질적 도움을 받지 못하곤 했지만, 이제 고용주에게 정식으로 피해 보상을 요구할 수 있다는 관념이 확산하였다. 법정에서의 판결도 점차 고용주의 책임을 인정하는 방향으로 변해갔다. 19세기를 거치면서 결집력이 커진 노동조합에서는 돈 없는 피해자에게 소송에 필요한 비용과 정보를 제공하였다. 여러 정치가, 사회운동가, 종교 지도자들이 산업재해의 실상에 대한 실태조사를 하고, 안전장치의 의무화와 보상의 강화를 입법화하기에 힘썼다. 인기 소설가 찰스 디킨스와 같은 이는 대중 강연을 통해 이런 움직임에 힘을 보탰다.

산업재해에 대한 대응책을 마련하려는 노력은 공업화된 국가들에게서 공통으로 나타났다. 그중에서도 출발이 늦었지만 철강 · 기계 · 화학 · 전기 등 중화학공업을 중심으로 급속한 공업화에 성공한 독일이 가장 적극적이었다. 노동자 수가 급증하면서 노동조합의 규모와 활동력이 증가하고 사회주의 운동이 대두하자, 비스마르크 총리는 1871년 고용주 보상책임법을 제정하고 이어서 1884년에 산재보험 제도를 마련하는 등 적극적인 산재정책을 폈다. 재해를 줄이고 피해구제를 보장하는 제도는 이렇듯 노동자의 과실 여부와 상관없이 재해의 책임을 개인으로부터 고용주 및 사회로 전환함으로써 이루어졌다.

한편 영국은 자유방임주의와 개인적 자선의 전통이 강했던 탓에 공적 제도의 마련이 독일보다 늦었다. 영국이 오늘날 세계적으로 사고율이 가장 낮은 산재 선진국이 된 것은 느리지만 지속적인 노력 덕분이었다.

산업재해에 대한 독일식 대응체제는 곧 다른 국가들에게 전파되었다. 1910년까지 서구 20개국이 산재보험 제도를 갖추게 되었고, 일본 · 태국 · 싱가포르 등 아시아 국가들도 1940년 이전에 이 제도를 도입하였다. 제2차 세계대전 이후 독립을 쟁취하고 공업화를 추진한 국가들도 순차적으로 산업재해 관련 입법들을 정비하였다.

안전은 인간이 인간다운 삶을 영위하는 데 가장 기본적인 요소이다. 특히 일생의 많은 시간을 보내는 일터에서의 안전이 행복의 필수조건임은 말할 필요도 없다. 서구 산업사회는 공업화의 과정에서 수많은 산업재해를 입었던 경험을 교훈 삼아 내실 있는 대응책을 마련해 왔다. 오늘날에도 크고 작은 산업재해가 끊이지 않고 발생하고 있는 우리 현실을 되돌아보지 않을 수 없다, 과연 우리 사회는 사람들이 일터에서 안전하게 일하며 행복을 추구할 수 있는 기반을 제대로 갖추고 있는가?

— **송병건**(성균관대 경제학과 교수)

자료 : 중앙SUNDAY 2014. 9. 28.(http://sunday.joins.com/archives/23096).

Tips 산재보험의 무無과실책임주의No Fault liability 법리法理

산재보험은 산업화의 진전과 더불어 발생하는 산업재해 근로자를 보호하기 위하여 1964년에 도입된 우리나라 최초의 사회보험제도이다. 산업재해로부터 근로자를 보호하기 위해서는 산업재해 자체를 예방하는 것이 가장 바람직하겠으나 이미 발생한 산업재해로 부상을 당하거나 사망한 경우는 피해근로자나 가족을 보호 내지 보상해 주는 시스템 또한 중요하다. 산재보험은 산재근로자와 그 가족의 생활을 보장하기 위하여 국가가 책임지는 의무보험으로 원래 사용자의 근로기준법상 재해보상책임을 보장하기 위하여 국가가 사업주에게서 소정의 보험료를 징수하여 그 기금으로 사업주를 대신하여 산재근로자에게 보상을 해주는 제도이다.

근로자의 업무상 재해는 사용자의 고의 · 과실 유무를 불문하고 무無과실책임주의 No Fault liability에 따라 보상하며, 보험 사업에 소요되는 재원인 보험료는 원칙적으로 사업주가 전액 부담한다. 산재보험급여는 재해 발생에 따른 손해 전체를 보상하는 방식이 아니라 평균임금을 기초로 정률보상방식으로 지급된다.

(4) 샌프란시스코 대지진과 재보험[3]

대지진이 1906년 4월 18일 새벽 5시 12분 북부 캘리포니아 해안을 강타하여 샌프란시스코에서는 큰 지진과 더불어 며칠 동안 화재가 지속되었다. 최소 3,000여 명이 희생되었고, 샌프란시스코의 80%가 파괴되었으며, 30만 명에 가까운 사람들이 집을 잃었다. 피해액은 4억 달러 2005년 가치로 50억 달러 정도로 추산되었다.

어마어마한 보험금 지급 요청에 대해 보험사들은 2억 3.500만~2억 6,500만 달러를 지급했다. 대부분 화재로 인한 손해였는데 지진과 같은 천재지변에 따른 손실은 대부분의 약관에서 보상이 배제되었기 때문이다. 137개 이상의 보험사가 직격탄을 맞았는데, 이 중에는 17개 재보험사가 포함되었고 20개 회사가 파산했다. 그 와중에도 Lloyds of London은 5천만 달러 이상이 되는 청구를 100% 가까이 지급했으며, Hartford 화재보험이 천백만 달러를, Aetna 보험이 3백만 달러를 지급했다.

샌프란시스코 대지진은 2005년 8월 허리케인 카트리나 이전에 보험업계가 경험한 최악의 사건이었다. 샌프란시스코 대지진 이후 재보험사들의 주도 하에 화재보험 약관상에 지진 피해 보상을 배제하는 것에 대한 세계적인 논의가 이루어졌다. 1910년까지 유럽 각국에서는 모든 보험 약관에 지진 위험에 대한 보상 배제를 따랐지만 미국에서는 전혀 다르게 논의되었다. 이미 큰 피해를 당한 일반 대중은 격렬하게 반

---

3. https://ko.wikipedia.org/wiki/1906%EB%85%84_%EC%83%8C%ED%94%84%EB%9E%80%EC%8B%9C%EC%8A%A4%EC%BD%94_%EC%A7%80%EC%A7%84

발했고, 1909년 8월 캘리포니아 상원은 캘리포니아 화재보험 표준 약관을 법제화하면서 지진 조항을 포함시키지 않았다. 결국 지진에 동반한 화재가 발생한다면 보험사가 보상해야 한다고 결정한 것인데, 그 이후 지진으로 위협을 받는 다른 여러 나라들도 캘리포니아의 사례를 뒤따랐다.

2. 재난 리스크 관리와 보험

보험이 우리 생활의 각종 리스크를 효과적으로 관리하는 것은 사실이지만 우리가 당면하는 모든 리스크를 부보附保 대상으로 할 수는 없는 바 분명히 보험에는 한계가 있다. 특히 영리를 추구하는 민영보험의 경우 수익을 내기 어려운 리스크를 인수할 이유는 없겠다.

시대의 흐름에 따라, 또 상황의 변화에 따라 부보 대상 리스크의 영역은 넓어지기도 하고 좁아지기도 한다. 지난 세기에 걸쳐 보험자는 부보 가능성을 넓히는 여러 가지 수단과 테크닉을 개발해 왔고 보험이 많은 리스크를 대상으로 불확실성을 줄여주고는 있지만, 예를 들어 테러와 같은 리스크는 여전히 민영 보험자가 커버하기 어려운 리스크이다.

부보 가능한Insurable 리스크에 대하여 정확한 기준을 제시하는 것은 어렵지만 1982년 Berliner는 〈표 5-1〉과 같은 부보 가능성 체크리스트를 제시한 바 있다.

부보 가능성은 항상 명확한 것이 아니기 때문에 한 보험자가 부보 불가능하다고 판단한 리스크라도 다른 보험자는 부보 가능하다고 생각할 수도 있는데 관련 요인은 다음과 같다.

표 5-1 **부보 가능성 체크 리스트**

	Category	Criterion	Characteristic
1	보험 계리 관련	리스크와 불확실성	측정 가능함
2		손해 발생	독립적임
3		최대 손실	감당 가능함
4		평균 손실	보통임
5		손실 빈도	높음
6		도덕적 해이와 역선택	심하지 않음
7	시장 결정성 관련	보험료	적당함
8		보상 범위	수용 가능함
9		보험자 인수능력	충분함
10	사회 관련	정부 정책	하자 없음
11		관련 규제	해당 보험상품 개발 가능

출처 : Baruch Berliner, *Limits of Insurability of Risks*, Prentice-Hall, 1982 ; Swiss Re, *Economic Research & Consulting*.

- 회사의 인수능력에 따라 다를 수 있음
- 보험자의 포트폴리오 구성에 해당 리스크가 얼마나 부합하는지의 여부
- 각국의 사법체계, 정치적 · 사회적 시스템의 차이가 영향을 줄 수 있음

한편, 산업 발전의 변화와 함께 비즈니스 관련 리스크의 부보를 어렵게 하는 요인들이 있는데, 서비스 산업의 급성장과 배상책임 리스크의 부각이 대표적이다. 서비스 산업의 성장세가 제조업을 능가하면서 지적재산의 중요성이 커졌는데 손실을 가늠하기 어려운 지적재산 리스크의 언더라이팅은 결코 쉽지 않다.[4]

4. *Innovating to insure the uninsurable*, Swiss Re, 2005.

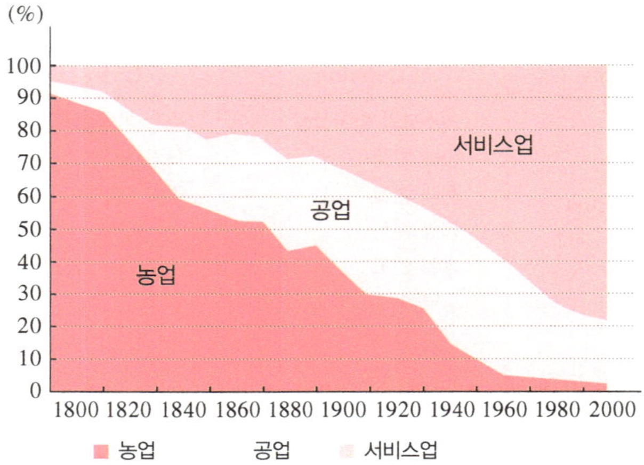

출처 : Federal Reserve Bank of Dallas 2003 Annual Report.

그림 5-1 미국의 산업 부문별 근로자 비중 추이

한편, 대표적인 long tail 리스크[5]인 배상책임 리스크는 보험사의 언더라이팅, 준비금 적립, 손해 보상, 적정 보험료율 산정 차원에서 다루기 어려운 리스크인데, 1980년 이후 미국을 포함한 선진국에서 소송 급증과 천문학적인 배상액 판결에 따라 배상책임보험 위기가 큰 사회적 문제가 된 바 있다.

부보 가능성은 시대의 흐름에 따라 함께 변화했는데 한때 부보가 어려웠던 리스크가 보험 적용이 된 사례는 다음과 같다.

- **기계 보험 :** 산업혁명 이후 19세기 초반에 스팀 엔진이 개발되었는데, 이전 사례가 없어 언더라이팅이 어려웠음.

5. 손실 발생과 클레임 완료까지의 시간, 즉 손실 발전의 추이가 긴 리스크.

- **스팀 보일러 보험** : 1858년 영국에서 처음으로 엔지니어링 보험이 생겼고, 처음에는 보일러만 다뤘으나 나중에는 압력용기로 범위를 넓혔는데, 이런 기계 보험은 새로운 테크놀로지 개발에 아주 중요한 역할을 했음.
- **산재보험** : 산업혁명 이후 노동 현장에서 새로운 리스크가 계속 생겨났고, 사고를 당한 노동자들이 관습법에 따라 보상 받는 것에 격렬하게 저항하면서 결국 각국에서 산재보험이 생겨남.
- **원자력 보험** : 1954년 미국에서 민간에게 원자력 사용을 허용하였지만 원자력 피해 규모가 너무 커서 적당한 보험을 만들 수 없었는데, 결국 정부 차원에서 보상을 지원함으로써 원자력 리스크 보험이 생겨남.
- **폭동 보험** : 1960년대 미국에서 폭동이 잦아지고 보험사들의 사업이 어려울 지경으로 피해가 커짐에 따라 정부가 재보험자 차원으로 참여함.
- **자연재해 보험** : 자연재해의 사고 빈도나 손실 규모를 측정하는 것이 매우 어렵기 때문에 많은 보험사들은 자연재해 리스크 인수를 거부한다. 사실 자연재해의 손실 규모 측정은 지리학적, 기술적, 그리고 경제적 요인이 모두 섞여 있어 측정이 매우 어려울 수밖에 없다. 그러나 최근 들어 자연재해 분석Cat modelling 회사에서 보험사에 분석 노하우를 전수하고, 신용평가회사는 해당 모델을 사용하여 재해 손실과 결합된 보험연계증권Insurance-Linked Securities ; ILS의 리스크 정도를 분석하여 시장에 제공하는 노력이 활성화되고 있는데, 이런 노력들이 자연재해의 과학적인 분석과 자연재해

보험의 성장에 큰 기여를 하고 있다.

반대로, 한때 부보가 가능했던 리스크가 부보 불가능해진 경우도 있는데, 석면 중독 관련한 소송이 급증하면서 부보가 불가능해진 석면 리스크가 대표적이고, 최근의 경우는 테러 리스크를 들 수 있다.

부보 가능성 영역 확장[6]

보험산업은 그동안 여러 수단과 기술을 이용하여 부보 가능한 범위를 넓혀 왔는데, 그 방법과 내용은 다음과 같다.

- **보험 조건 수정 :** 도덕적 해이를 방지하기 위한 부보 조건 추가, 예상 손실의 측정이 어려운 리스크의 경우 보상 한도를 확정하여 인수
- **리스크 선택 및 가격 조정 :** 언더라이팅 과정을 더 세밀하게 진행하여 역선택 관리
- **혁신 :** 고객의 니즈에 부응하여 신종 리스크 인수 방법 개발
- **재보험 :** 재보험을 통한 인수능력 확대, 언더라이팅 실적 안정, 잉여금 보전 효과, 특별한 리스크 인수 가능
- **증권화 :** 증권화를 통해 보험산업의 인수능력을 확대해 부보가 어려운 리스크의 인수가 가능해짐

---

6. *Innovating to insure the uninsurable*, Swiss Re, 2005.

- **민관**民官 **파트너십**Public Private Partnership ; PPP : 민영보험의 입장에서 자체적으로 특정 리스크 부보가 불가능한 경우 정부의 개입으로 부보가 가능해짐

보상 한도를 수정하여 손해 발생 비용의 일부만 보험사에서 부담하고 나머지는 피보험자가 부담하게 하여 도덕적 해이 발생 가능성을 줄일 수 있다. 보상 한도가 불투명한 리스크는 이전에 발생한 사고를 바탕으로 최대 보상 한도를 정하는 경우가 일반적이다.

역선택 문제와 도덕적 해이를 방지하기 위해 생명보험에서는 나이, 성별, 병력, 흡연 여부 등에 따라 리스크 선택에 중점을 둔다. 또한 생명보험은 시간이 지남에 따라 다시 보험료를 조정할 수 있다.

부보가 어려운 리스크에 대해서 시장은 ARTAlternative Risk Transfer, 대체 리스크 전가 등의 혁신적인 접근을 통하여 문제 해결을 시도하고 있다.

- Captive 같은 보험자회사 설립
- 금융재보험과 같은 책임 제한 재보험Finite Reinsurance 개발
- 보험연계증권Insurance-Linked Securities ; ILS 개발

테러나 대형 재난과 같이 민영보험사의 부보가 불가능하지만 사회적으로 중대한 리스크의 경우는 정부가 개입하는 경우가 많다. 테러 리스크는 다음과 같은 이유로 부보 가능한 리스크로 분류되기 어렵다.

- 과거 기록으로 미래 사고 확률을 측정하기 어려움

- 전체 손실 규모가 너무 큼
- 테러의 경우 한 번에 여러 지역에 많은 공격을 가하기도 하므로 막대한 피해가 동시에 발생 가능함
- 테러로 인해 여러 분야의 비즈니스가 동시에 영향을 받을 수 있음

테러의 경우가 민관 파트너십PPP 프로그램이 성공적으로 가동될 수 있는 대표적인 예인데, 민영보험사와 재보험사들은 정부와 협력하여 테러 리스크를 부보할 수 있다.

- 2001년 9.11 테러 이후 민영보험 시장은 피해 규모가 너무 큰 사고에 보험을 제공하기 어려워졌는데, 미국의 경우 정부가 재보험 형식으로 보상에 참여하겠다는 약속을 함으로써 테러 리스크의 부보가 가능해짐
- 최대 보상 금액을 한정할 수 있음
- 언더라이팅 과정에서 보험자는 고객이 어떻게 테러 피해를 최소화시킬 수 있는지에 대한 의무교육 실시
- 특정 비즈니스의 경우 테러 보험 가입을 의무화하고, 정부는 테러 보험 재정 관리에 있어 세금을 활용할 수 있을 것임

이상과 같이 보험 비즈니스는 지속 성장을 위하여 끊임없이 개혁하고 있는데, 향후에도 혁신적인 방법의 도입을 계속하여 고객의 니즈에 부합하는 새로운 상품의 개발과 새로운 시장의 개척에 더욱 노력해야 할 것이다.

DHC 라이브러리 블랙 스완 The Black Swan

나심 니콜라스 탈레브 지음
차익종 옮김 | 동녘사이언스 | 2008년

이 책은 현재 전 세계 금융위기의 진원지인 월스트리트의 허상을 통렬히 파헤쳤다. 백조는 흰색이라는 일반적 논리를 깬 검은 백조 발견 이야기에서 착안되었다. 검은 백조는 매우 개연성이 희박한 사건이며, 엄청난 충격을 동반한다. 현실로 나타나면 뒤늦게 설명을 시도하여 검은 백조가 설명 가능하고 예견 가능했던 일인 것처럼 여기게 만든다.

구글의 성공, 9 · 11테러 등이 대표적인 검은 백조다. 저자는 이런 내용과 함께 종교의 발생부터 개인의 삶까지 우리 세계의 모든 영역에 검은 백조가 잠복해 있다는 것을 밝힌다. 이전에는 미미한 영향을 미쳤던 것들이 이제는 큰 충격을 몰고 온다고 주장하며, 오늘날 더욱 자주 출몰하는 검은 백조 현상을 심각하게 소개한다.

무작위성에 대해 우리 인간이 갖고 있는 맹목성을 살펴본다. 그리고 검은 백조가 출현하기 전까지 이를 감지하지 못하는 이유는 무엇인지, 느닷없이 검은 백조가 출현하는 극단의 왕국에서 우리는 어떻게 살아남을 수 있는지를 설명한다. 또한 검은 백조와 공존하고 이익을 취할 수 있는 방법을 간결하게 제시한다.

'블랙 스완검은 백조' 이란? 서구인들이 18세기에 오스트레일리아 대륙에 진출했을 때 검은색 백조를 처음 발견한 사건에서 가져온 은유다. 그 전까지는 무조건 백조는 흰색이라고 생각했다. 인류에게 발견된 백조가 모두 흰색이었기 때문이다. 하지만 검은색 고니가 발견되면서 이런 생각은 완전히 무너졌다. 이 생물사적 발견은 인류에게 새로운 교훈을 제시했다. 바로 과거의 경험에 의존한 판단이 행동의 근거가 되어서는 안 된다는 것을 알려준 것이다.

자료 : http://book.naver.com/bookdb/book_detail.nhn?bid=4934131

오늘날의 기업, 특히 다국적기업들은 경영환경의 급변에 따른 경영 리스크의 다변화에 대처하기 위한 새로운 개념의 리스크 관리가 필요하다. 그럼에도 불구하고 보험을 중심으로 하는 전통적인 리스크 관리는 이러한 기업의 니즈에 부응하지 못하고 있다.

기업의 존폐를 좌우할 수 있는 치명적인 리스크를 소위 killer risks라고 하는데 그 대표적인 예는 다음과 같다.

- 영업 라이센스 상실
- 상표가치 또는 소비자신용 상실
- 고객 기반 상실
- 사업 위기 및 지불능력 상실
- 기업 전체에 서비스를 제공하는 IT 관련 시설의 마비
- 인적 자원 및 기술 기반 상실
- 산업 경쟁력 상실

상기한 killer risk 중 전통적인 리스크 관리 수단인 보험을 통해 관리할 수 있는 리스크는 거의 없음을 감안할 때 기업의 리스크 관리 니즈에 대한 보험의 한계는 분명하다고 하겠다.

Fat-tail risk란 개념도 있다. 통계학에서는 자연 · 사회 · 정치 · 경제 현상들을 대개 특정한 평균치를 중심으로 대칭을 이루고 평균치에서 멀어질수록 발생 확률이 낮아지는 종 모양의 정규분포normal distribution로 설명한다. 하지만 발생 확률이 적은 현상이 나타나면서 빈도가 정규분포가 예측하는 것보다 훨씬 커져 꼬리가 굵어지면 테일 리스크가 발생한다.

최근에는 정규분포의 꼬리가 너무 두터워져 평균에 집중되는 확률이 낮아 예측력이 떨어지는 팻 테일 리스크fat tail risk가 대두되고 있다. 꼬리 부분이 두껍지 않아야 평균값의 의미가 강해지고 통계학적 예측력이 높아지는데 꼬리가 두꺼워지면 평균값의 의미가 떨어져 예측이 어려워진다.

DHC 씨네마

인사이드 잡 Inside Job

1929년의 경제 대공황에 버금가는 세계적 수준의 경제적 혼란으로 평가되는 2008년 세계 금융위기는 2000년대 말 미국의 금융시장에서 시작되어 전 세계로 파급된 대규모의 금융위기 사태다. 3대 금융영화 중 하나로 우수하게 꼽히는 '인사이드 잡'은 경제 관련 영화 중 유일한 다큐멘터리 작품으로 2011년 아카데미 다큐멘터리 작품상을 수상하기도 했다. '인사이드 잡'은 사전적 의미로 내부인에 의한 범죄를 지칭하는 것으로, 이 영화에서 '피해자'는 전 세계의 선량한 사람들을 의미하며, '범죄자'는 월가와 금융로비스트, 미국 정치인들을 지칭하고 있다. 이 영화는 거대해진 은행의 금융로비, 정치계와 월가의 결탁, 금융인과 월스트리트 투자은행의 모럴해저드, 리먼 브라더스 파산으로 촉발된 미국발 글로벌 금융위기의 원인과 현재에 대한 이야기이다.

살기 좋은 나라, 아이슬란드의 몰락

영화 도입은 북유럽의 강소국이라 불리며 전 세계의 주목을 받았던 아이슬란드의 이야기에서부터 시작된다. 2008년 미국발 금융위기로 인해 주가는 하루만에 90% 폭락, 화폐가치 반토막, 은행 손실 1,000억 달러, 1인당 국민 부채는 40만 달러[한화 약 5억 원]이 된 나라. 인터뷰 출연자 아이슬란드대학 경제학 교수 길피 조게가는 정부의 경제규제 완화, 은행의 민영화와 거품경제, 금융회사와 재계의 도덕적 해이 등을 비판하며 "이런 현상은 여기뿐만이 아니다. 뉴욕도 마찬가지 아닌가?"라고 말하며, 장면은 미국 금융계의 심장인 월스트리트가로 이어진다.

영화는 1930년대 대공황 이후부터 2008년 경기 불황을 거쳐 오늘날에 이르기까지의 각 시대별 경제 · 사회 이슈와 미국, 아이슬란드, 영국, 프랑스, 싱가포르, 중국 등지의 국가별 현실, 기업가와 정치인, 저널리스트, 학자들의 입장과 시각을 폭넓게 오가며 감춰졌던 진짜 진실을 말해주고 있다. 어느 인터뷰 대상자의 말처럼 사기극의 전모는 카메라를 끄고 얘기해야 하는 저편에 감춰져 있을 수도 있겠지만, '인사이드 잡'에서 보여주고 있는 진실의 충격과 단상은 공포영화보다 섬뜩하면서도, 스릴러보다 긴장감 넘친다.

금융위기, 세계는 어떻게 몰락했는가?

미국발 글로벌 금융위기는 앞서 얘기한 원인 외에도 금융 관리감독과 정부 규제가 대거 완화되면서 위기의 발단이 되었으며, 이에 대한 얘기는 1980년도 레이건 행정부 시절까지 거슬러 올라간다.

클린턴 행정부 시절 투자은행과 상업은행을 분리하는 법안이 폐기되면서 월가는 어떠한 제약도 없이 복잡한 '파생상품'으로 손쉽게 시장의 거품을 만들었으며, 그들 스스로가 말하는 '쓰레기 채권'을 우량 채권AAA등급으로 둔갑시켜 돈을 벌어들인다.

시장의 거품이 꺼지고 쓰레기 채권의 정체가 드러나는 순간 수천 · 수백만 명의 무고한 시민들이 직장과 집을 잃게 되고 그러한 피해는 미국 국민뿐 아니라 경제 · 금융이 연결되어 있는 중국, 유럽, 아시아 시민들까지 고스란히 피해를 당할 수밖에 없었다. 오로지 '상위 1%의, 그들만의, 가진 자들의 축제'를 즐기고는 오히려 그들은 그러한 기회들로 인해 더욱더 많은 돈과 사회적 지위를 얻게 되는 부조리함.

금융위기의 책임선상에 있는 금융 로비스트들과 월가의 CEO들, 정치인, 그리고 가진 자들의 입맛에 맞게 원하는 대로 글과 인터뷰를 써주며 서민들을 부추겼던 저명한 경제학자들은 오히려 이러한 기회들로 막대한 보너스와 연봉까지 챙겼지만, 이러한 사태들에 대해선 정작 어느 누구 한 명 책임지는 사람은 없다. 대통령이 바뀌고 현재의 오바마 행정부로 바뀌었지만 금융위기 촉발의 원인 장본인들은 오히려 다시 행정부의 멘토로 주축을 이루고 있다.

불편한 진실 속에 드러난 불편한 현실

2008년 9월, 미국의 거대 투자은행 리먼 브라더스의 파산 신청과 최대 보험사 AIG의 몰락은 미국 경제를 흔들었으며, 월스트리트 쇼크로 세계적인 경기침체가 시작됐다. 3천만 명이 해고됐으며 5천만 명이 극빈자로 몰락했다. 거품이 꺼지면서 집값과 자산은 대폭락했고, 전 세계는 수십 조 달러의 빚더미에 앉았다. 1980년대부터 시작된 미국 금융계의 무분별한 팽창은 심각하고 연속적인 금융위기로 이어졌다. 그때마다 피해 규모는 커졌지만 월스트리트는 더 많은 돈을 벌어들였다.

찰스 퍼거슨 감독은 영화 제작의 이유에 대해 "금융위기는 피할 수 있었던 재난이었다. 게다가 20조 달러 이상의 손실을 입힌 거대한 사기극이었다. 그럼에도 불구하고 3년이 지난 지금까지 아무도 감옥에 가지 않았다. 책임을 져야 할 사람들이 있다는 것, 그리고 사태 복구가 더욱 중요하다는 사실에 모두가 동의할 수 있기를 희망한다. 이것이 우리가 이 영화를 만든 이유다"라고 밝혔다.

심각한 것은 이러한 상황이 단지 미국 금융계만의 문제가 아니라는 점이다. 금융계가 자신들이 유리한 쪽의 법안 처리를 위해 정치계에 로비를 하고, 각종 마약과 매춘을 법인카드로 이용하고, 그러한 금액은 단순한 컴퓨터 수리비용 등으로 청구되어 고객의 돈을 합법적으로 유용하는 이 불편한 진실들이 우리 주변에서도 비일비재하게 일어나고 있다는 것. 이러한 도덕적 해이와 부조리한 이익 구조, 시스템이 개선되지 않으면 언제 또 금융위기가 재발할지 모른다.

세계 각국은 경제위기의 재발을 막기 위해서 규제와 감독을 강화하고 여러 가지 제도개혁을 추진하고 있지만, 시장의 자동조절 기능을 무시하고 이론적 · 실증적 근거가 뚜렷하지 않은 거대 재정지출을 통해 경기부양을 시도하는 것이 더 큰 위기를 초래하지는 않을지 숙고할 필요가 있다.

— **김인희 기자**(suputer@naver.com)

자료 : http://www.theceo.co.kr/news/articleView.html?idxno=558

1. 보험

2. 재보험

3. 공사公私 연계 보험 개발

4. ART

5. 재난 리스크 관리의 진화

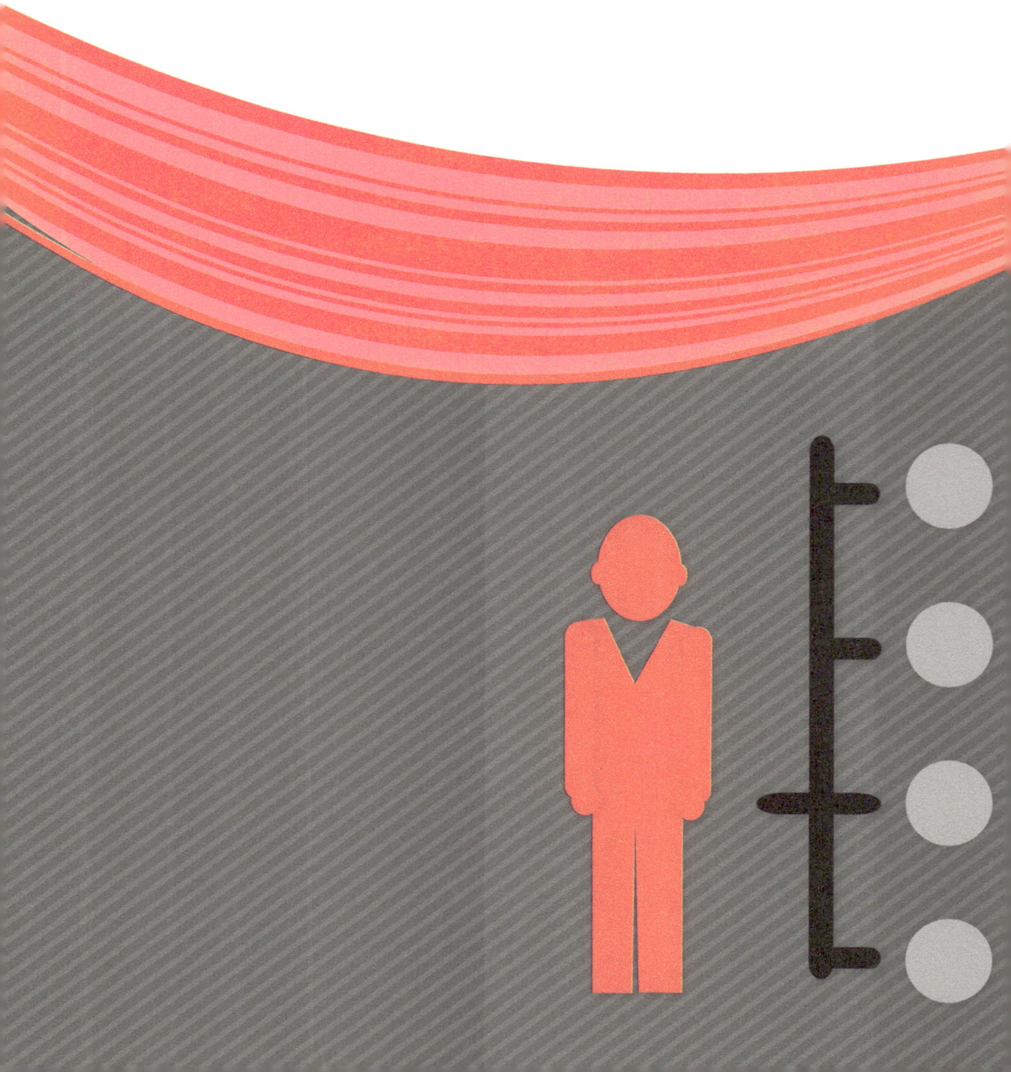

재난 리스크 관리의 진화

Disaster Risk Management
ch. six

6

『주역周易』의 '계사전繫辭傳 : 주역의 괘(卦)를 설명하여 상세하게 풀어 놓은 주석' 에는 "궁즉변 변즉통 통즉구窮則變 變則通 通則久 : 다하면 변하고, 변하면 통하며, 통하면 지속된다" 라는 말이 나온다. 원래 『주역』이란 책은 '변화의 책' 이다. 하지만 '변화' 는 역설적으로 수천년을 이어오면서도 변하지 않는 지고지선의 이치다. 공자가 책을 묶은 가죽끈이 일곱 번이나 끊어질 정도로 열심히 읽었다는 주역의 근본 이치는 '어떤 일이 막히면뜻대로 되지 않거나 그것이 한계에 이르면 변화하고, 변화하면 통하게 되며, 통함으로써 영원하다' 라는 궁즉변의 이치를 설명하는 통변론通變論이다.[1] 『주역』에서는 이것을 이렇게 설명한다. "달이 차면 이지러지고, 해가 중천에 이르면 기울게 되는데 사물의 이치야 말해 무엇하겠는가! 그것이 다함에도 변하지 않으면 소멸할 것이요, 막혔다고 여겨지면 변화하여 그것이 서로 통하게 하면 영원할 것이다."

인류는 많은 재난을 겪으면서 발전해 왔고 지금도 여전히 많은 불확실성 속에서 살고 있다. 재난과 같은 killer risk는 부보附保가 지극히 어렵기 때문에 영리를 추구하는 민영보험사의 입장에선 재난 리스크를 액면 그대로 인수할 이유가 없다. 그래서 보상이나 보험료 차원의 조건을 붙여 조건부로 혹은 제한적으로 재난 리스크를 인수하는 경우가 생겨났고, 특별한 재보험을 개발하기도 하고, 자본시장에 재난 리스크를 전가하는 등 리스크 전가의 진화는 날로 발전하고 있다. 미래의 리스크 관리 시장은 어떨지 정말로 궁금하지 않을 수 없다.

우리는 2장에서 여러 리스크 관리 수단을 크게 리스크 회피, 손실

1. http://hogi2271.blogspot.kr/2012/08/blog-post.html

통제, 리스크 보유, 리스크 전가의 네 가지 수단으로 분류한 바 있다. 여기서는 리스크 관리의 진화 차원에서 보다 세분화된 리스크 관리 수단의 확장을 검토해 본다.

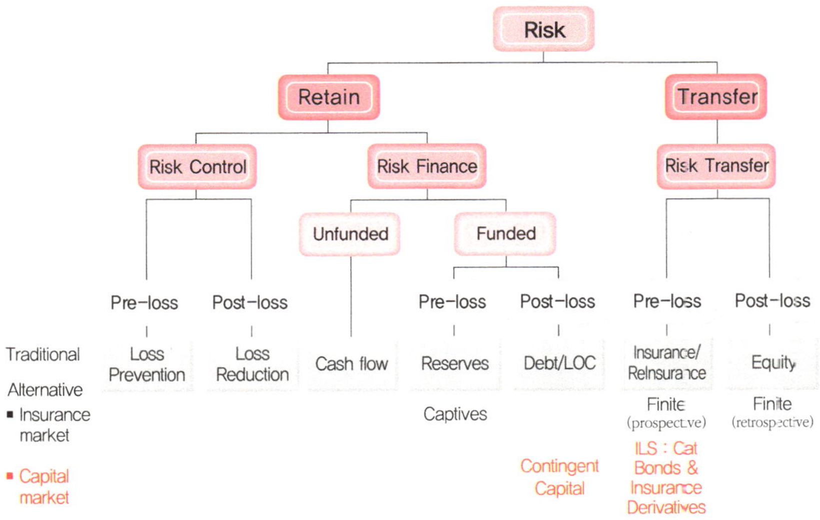

자료 : Alan Punter's ART 강의 자료.

그림 6-1 리스크 관리 수단

1. 보험

보험은 여러 리스크 관리 수단 중의 하나이다. 그러나 그 어떤 리스크 관리 수단보다 과학적이고 경제적인 수단이다. 보험은 우리에게 이미 더없이 소중한 제도이며, 앞으로도 우리 사회의 지속 가능한 성장을 위하여 보험제도의 발전이 필요하다. 또한 선진 경제에 있어 보험 비즈니스의 영향력은 지대하다. 우리나라를 포함한 선진국들의 경우에 있어 보험 비즈니스의 총 자산은 해당 국가 GDP의 $\frac{1}{3}$을 넘어선다.

리스크 관리 차원에서의 보험은 다음과 같이 정의된다. 보험이란 피被보험자insured에게 우연한 손실이 발생하는 경우 이러한 손실에 대한 보상을 약속하는 보험자insurer에게 리스크를 전가risk transfer하고, 보험자는 다수의 동질적인 리스크들을 Pooling하는 것이다.

보험의 기본적인 기능은 손실 발생의 가능성에 따라 야기되는 불확실성을 감소시키는 것이다. 즉, 리스크를 감소시키는 것이다. 보험은 리스크를 감소시키며 바로 이점이 보험을 수요하는 이유이다. 리스크 회피risk averse 성향을 가진 개인은 리스크, 즉 어떤 손실과 관련한 불확실성을 선호하지 않는다.

Tips 리스크에 대한 개인의 태도는 각자 다를 수 있다. 동일한 리스크에 대해서 어떤 이는 가급적 피하려 할 것이지만 다른 사람은 무관심하거나 심지어 리스크를 선호하는 경우도 있다. 이에 따라 사람들을 리스크 회피risk averse 형, 리스크 중립risk neutral 형, 리스크 선호risk loving 형으로 구분하기도 하는데 카지노에서 쉽게 만날 수 있는 전문 도박꾼들은 결코 리스크 회피 형은 아니며 차라리 낮은 확률의 대박을 노리는 리스크 선호 형이라 하겠다.

리스크 회피 형 노위험은 그의 유일한 재산으로 시가 10억 원의 주택을 소유하고 있다고 하자. 10년 안에 화재로 인해 주택이 전소됨으로써 10억 원 모두를 잃게 될 확률이 25%라고 가정하면 예상 손실은 다음과 같이 계산할 수 있다.

예상 손실Expected Loss = 0.25 × 10억 = 2.5억 원

동 주택에 대하여 순보험료즉, 예상 손실 상당의 보험료 2.5억 원으로 10년 만기 일시납인 화재보험 가입이 가능하다고 하자. 이런 상황에서 노위험은 동 화재보험에 가입하는 게 좋을까, 아닐까?

Tips 우리들의 삶은 의사결정의 연속이다. 학교를 선택하고, 자기에게 맞는 전공을 찾고, 직장을 고르고, 배우자를 선택한다. 식당을 고르고, 음식을 주문하고, 영화를 선택할 때에도 적지 않은 고민을 한다. 이렇게 우리는 나름대로의 기준에 따라 의사결정을 계속하고 있는데 객관적인 데이터와 확률이 주어진 경우에 있어 경제적인 의사결정 기준으로는 기댓값Expected Value 기준과 기대효용Expected Utility 기준이 일반적이다.
그런데 의사결정 기준으로 우리에게 매우 익숙한 기댓값 기준은 때로 엉뚱한 결과를 보여주는데 그 대표적인 예가 St. Petersburg Paradox이다.

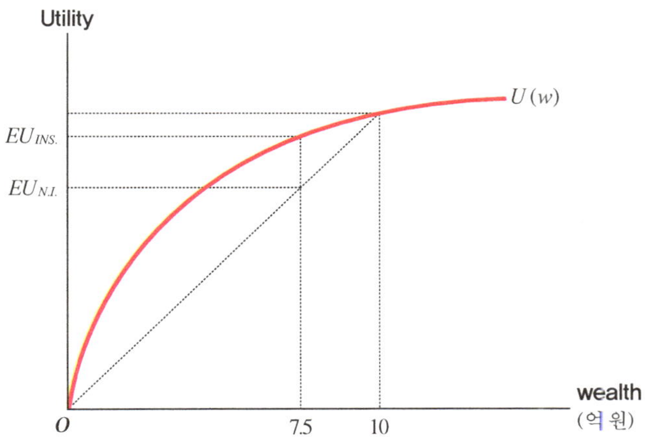

그림 6-2 INSURANCE VS. NO INSURANCE

보험에 가입하지 않는 경우의 기대효용은 $EU_{N.I.} = (0.25)U(0원) + (0.75)U(10억원)$, 보험에 가입할 경우의 기대효용은 $EU_{INS.} = (1.0)U$

(7.5억원)이다. 이때 리스크 회피 형인 개인은 $EU_{N.I.} > EU_{INS.}$라면 보험에 가입할 이유가 없을 것이고, $EU_{N.I.} < EU_{INS.}$라면 보험에 가입할 것이다.

$$EU_{INS.} = (1.0)U(7.5\text{억원})$$

$$EU_{N.I.} = (0.25)U(0\text{원}) + (0.75)U(10\text{억원})$$

[그림 6-2]에서와 같이 리스크 회피 형 개인의 경우에 해당되는 일반적인 효용곡선을 분석해 볼 때 우리는 보험에 가입하는 경우의 기대효용이 보험에 가입하지 않는 경우의 기대효용보다 높은 $EU_{INS.} > EU_{No\ INS.}$라는 사실을 확인할 수 있다. 따라서 리스크 회피 형 노위험은 보험료 2.5억 원을 지불하고 동 화재보험에 가입하는 것이 경제적으로 유리하다.

> **Tips** 순보험료, 즉 원가만 받고 화재보험에 가입할 수 있다는 전제 하에 노위험은 당연히 동 보험에 가입했다. 그런데 실제로는 원가만 받고 비즈니스를 하는 보험사는 찾기 힘들고, 우리가 내는 보험료엔 원가 외에 영업비용과 일정 마진 등이 붙는다. 순보험료를 훨씬 초과하는 많은 보험료를 내야 한다면 노위험은 여전히 보험에 가입하는 것이 유리할까?

> **Tips** St. Petersburg Paradox
>
> 동전 던지기 게임을 생각해 보자. A가 동전을 던져서 앞면이 나오면 B는 A에게 2달러를 주고 게임은 끝나고, 뒷면이 나오면 A는 다시 동전을 던진다. 만약 두 번째 던지기에서 앞면이 나오면 B는 A에게 2^2달러를 지불하고 게임은 끝나는데, 뒷면이 나오면 A는 다시 동전을 던지게 된다. 이런 식으로 동전의 앞면이 나올 때까

지 게임은 계속되는데, 만약 n번째 던지기에서 앞면이 나오면 B는 A에게 2^n달러를 지불하게 되는 것이다. 오랫동안 계속 뒷면이 나오다가 결국 언젠가 앞면이 나오면 A는 큰돈을 받게 될 것이다.

그렇다면 이 게임에 참여하기 위해서 A는 B에게 얼마만큼의 참가비를 지불하겠는가? 물론 개인에 따라 차이는 있겠지만 10달러 이상의 참가비를 내고 이 게임에 참여하는 사람은 드물 것이다. 왜? 왜 사람들은 큰돈을 벌수도 있는 이 동전 던지기 게임에 10달러 이상을 지불하려 하지 않는 걸까?

18C 스위스의 수학자 Daniel Bernoulii가 러시아의 St. Petersburg에서 강의를 하며 착안했다고 해서 'St. Petersburg 역설'이라고 불리는 이 문제를 분석하기 위해 이 게임의 기댓값을 구해보자. 던졌을 때 앞과 뒤가 나올 예상 확률이 정확히 50–50인 동전의 앞면을 H[Head], 뒷면을 T[Tail]라고 하자.

	Outcome	Probability	Sequence required to produce outcome
St. Petersburg Paradox	\$2	1/2	H
	2^2	$(1/2)^2$	TH
	2^3	$(1/2)^3$	TTH
	.	.	.
	.	.	.
	.	.	.
	2^n	$(1/2)^n$	TT… [(n – 1 times)] … H

이 게임의 기댓값은 다음과 같다.

$$\begin{aligned}\Sigma P_i X_i &= 2(1/2) + 2^2(1/2)^2 + 2^3(1/2)^3 + \cdots + 2^n(1/2)^n + \cdots \\ &= 1 + 1 + 1 + \cdots \\ &= \infty\end{aligned}$$

이와 같이 무한대의 기댓값을 갖는 이 게임에 사람들은 어째서 10달러 이상의 참가비를 내려 하지 않는 걸까? 우리가 의사결정에 많이 사용하고 있는 기댓값 기준이 전혀 도움이 되지 않는 좋은 예이다.

(1) 보험의 특성

보험의 특성은 피보험자로부터 보험자로의 리스크 전가risk transfer, 즉 보험자가 피보험자로부터 리스크를 인수하는 것이다. 이때 금전적 책임의 전가가 발생하게 되는데, 생명보험life insurance의 경우 피보험자가 사망할 경우 약정된 보험금을 보험수익자에게 지급한다. 재산보험property insurance에선 재물의 피해에 대한 보상을, 배상책임보험liability insurance에선 제3자에 대한 배상책임에 대해 보상을, 건강보험health insurance에서는 피보험자의 질병 또는 상해에 대해 의료비 등을 지급한다.

보험의 또 다른 특성은 Pooling을 통해 리스크를 감소시키는 것이다. Pooling은 다수의large number 동질적인homogeneous 리스크들의 모집을 의미한다. Pooling과 그에 따른 보험자의 손실 예측의 정확성은 리스크 전가를 용이하게 한다.

리스크의 Pooling이라 함은 소수가 입은 손실을 그룹 전체에 분산시키는 것으로, 이러한 손실의 분산과정에서 실제 손실은 평균 손실로 대체된다. Pooling은 다수의 동질적인 리스크들의 모집이며, Pooling은 미래에 발생 가능한 손실을 정확하게 예측하기 위하여 필수적이다.

대수의 법칙Law of Large Number에 따르면 표본의 크기 혹은 실험 횟수를 늘리면 늘릴수록 실제 결과가 예상 결과에 가까워진다. 예를 들어, 동전을 던져서 앞면 혹은 뒷면이 나올 확률은 0.5지만, 실제로 동전을 열 번 던질 때 반드시 앞면과 뒷면이 정확하게 다섯 번씩 나오는 것은 아니다. 그러나 시행 횟수를 증가시키면 실제 결과가 예상 결과에 근접하게 된다.

Pooling 메커니즘에 따라 다수의 동질적인 리스크들을 모집함으로써 보험자는 미래의 손실에 대한 예측을 보다 정확하게 할 수 있고, 결국 리스크를 감소시킬 수 있게 된다. 다시 말해, Pooling과 그에 따른 보험자의 손실 예측의 정확성은 리스크 전가를 용이하게 하는 것이다.

Pooling을 통한 리스크 감소 효과를 자동차사고 리스크와 자동차보험의 예를 들어 살펴보도록 한다.

분석에 쓰이는 부호들은 다음과 같다.

F = 자동차사고 리스크 한 단위의 손실 발생 빈도

S = 자동차사고 발생 시 손실 규모원

L_i = 자동차사고 리스크 한 단위의 총 손실원

L = 자동차사고 리스크 전체 그룹의 총 손실원

$L = \sum_{i=1}^{n} L_i$, 여기서 n = 그룹의 크기즉, 리스크의 수

자동차사고에 따른 손실을 생각해 보자. 각 손실의 발생은 독립적이며, 동질적즉, 같은 평균값과 같은 분산이라고 가정한다.

$L_i \sim (\mu, \sigma^2)$, 여기서 i = 자동차 사고 i

이제 표본의 크기가 n인 자동차사고 손실의 표본을 생각해 보자.

L_1 = 자동차사고 1에 따른 손실 $L_1 \sim (\mu, \sigma^2)$

L_2 = 자동차사고 2에 따른 손실 $L_2 \sim (\mu, \sigma^2)$

$\vdots$

L_n = 자동차사고 n에 따른 손실 $L_n \sim (\mu, \sigma^2)$

L = 자동차사고 전체 그룹의 총 손실 $L \sim (n\mu, n\sigma^2)$

상기한 자동차 n대가 모두 특정 자동차보험에 가입했다고 가정하는데, 여기서 Pooling이 이루어지게 되는 것이다. 보험을 통한 Pooling 후 자동차 한 대당 평균 손실, 즉 L/n의 평균값과 분산은 다음과 같이 정리된다.

$$E(L/n) = (1/n) \times n\mu = \mu$$

$$Var(L/n) = (1/n^2) \times Var(L) = (1/n^2) \times n\sigma^2 = \sigma^2/n$$

$$\therefore L/n \sim (\mu, \sigma^2/n)$$

Pooling 전의 개별 리스크^{L_i}와 Pooling 후의 평균리스크$^{L/n}$를 비교해 볼 때, Pooling 후에 리스크 한 단위당 평균리스크가 크게 감소됨을 확인할 수 있다.

$$L_i \sim (\mu, \sigma^2) \ \ vs \ \ L/n \sim (\mu, \sigma^2/n)$$

결론적으로, Pooling과 그에 따른 보험자의 손실 예측의 정확성은 피보험자로부터 보험자로의 리스크 전가를 용이하게 한다.

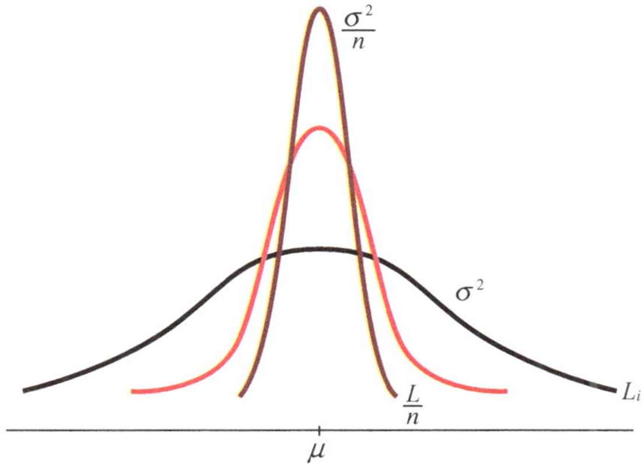

(2) 보험의 한계

보험에 의해서 모든 위험을 해결할 수 있는 것은 아니다. 보험제도화가 가능한 리스크는 제한되어 있으며, 더욱이 이론적으로는 보험으로 대처할 수 있는 리스크일지라도 실제로는 한계가 있는 경우가 많다.

보험이 보상의 대상으로 하는 것은 경제적 불안, 즉 손해의 가능성뿐이다. 따라서 이익의 가능성도 병존하는 리스크, 즉 투기적 리스크는 보험의 대상이 될 수 없다. 그 이유는 투기적 리스크의 경우엔 도덕적 위험이 높아 이득은 자기가 취하고 손해는 보험에서 보상받으려 할 것이기 때문이다. 또한 보험은 손해의 가능성, 즉 손해 발생의 확률을 필요로 하지만 투기적 리스크는 객관적인 확률을 구하기 어려워 보험에서 담보하기는 불가능하다.

보험으로 담보할 수 있는 리스크, 즉 부보附保 리스크의 성질을 살펴보자. 첫째, 동질적인 성격의 리스크들이 많이 있어야large number of homogeneous risks 한다. 둘째, 고의성이 없는 우연한 손실accidental and unintentional loss이어야 한다. 셋째, 금전적으로 측정 가능한 손실determinable and measurable loss이어야 한다. 넷째, 지진이나 태풍 피해와 같은 초대형 손실이 아니어야no catastrophic loss 한다. 다섯째, 손실 발생 가능성을 어느 정도 예측할 수 있어야calculable chance of loss 한다. 여섯째, 보험료 부담이 너무 크지 않아야economically feasible premium 한다.

이상의 부보 리스크의 성질을 기초로 우리가 잘 알고 있는 화재 리스크를 분석해 보자. 여기서 한 가지 유념해야 할 것은 화재보험 비즈니스의 운영자가 영리를 추구하는 민영보험사라는 점으로서 보험사가 동 리스크를 담보하여 사업의 수익성을 꾀할 수 있느냐가 중요하다.

표 6-1 The Risk of Fire as an Insurable Risk

	Q. Does risk of fire qualify as insurable?
1. Large number of homogeneous exposure units	Yes. A large number of homogeneous exposure units are present.
2. Accidental and unintentional loss	Yes. With the exception of arson, most fire losses are accidental and unintentional.
3. Determinable and measurable loss	Yes. If there is disagreement over the amount paid, a property insurance policy has provisions for resolving disputes.
4. No catastrophic loss	Yes. Although catastrophic fires have occurred, all exposure units normally do not burn at the same time.
5. Calculable chance of loss	Yes. Chance of fire can be calculated, and the average severity of a fire loss can be estimated in advance.
6. Economically feasible premium	Yes. Premium rate per $100 of fire insurance is relatively low.

출처 : Rejda, *Principles of Insurance*, 1989.

> **Tips** 경제위기로 인해 많은 사람들이 실직하는 경우가 있다. 이런 실직 리스크는 본인에게나 그의 가정에, 또 그가 속해 있는 사회에 큰 부담이 될 수밖에 없는데, 실직 리스크는 민영보험의 입장에서 부보 가능할까?

원칙적으로 부보 가능한 순수 리스크라고 해서 모두 보험 상품화가 가능한 것은 아니다. 즉, 보험에는 일정의 한계가 있다. 첫째는 기술적 한계인데, 이는 사고 발생 확률의 측정이 불가능하거나 곤란한 경우이다. 지진이나 폭풍우, 전쟁, 원자력 사고와 같이 발생이 희귀한 리스크들이 이에 해당한다. 그러나 실제로는 사고 발생 확률의 측정이 곤란한 리스크일지라도 재보험이나 보험료 할증을 통해서, 또는 산업정책의 일환으로 정부 지원에 의해 부보 가능해진 리스크도 있다. 수출 진흥을 위해 정부가 운영하는 수출보험이 좋은 예라 할 수 있다.

둘째는 경제적 한계로서 보험의 필요성이 적거나 보험료 부담이 지나치게 과중한 경우에 해당된다. 보험의 필요성이 적은 상황은 사고 발생에 따른 경제적 불이익이 크지 않은 경우이다. 한편, 사고 발생 확률이 높아 예상 손실이 매우 커짐으로써 보험계약자가 지불해야 할 보험료가 아주 비싸질 수 있는데 이런 경우 역시 보험 상품화가 어렵다.

2. 재보험

재보험이란 한 보험사가 인수한 계약의 일부나 전부를 다른 보험사에 인수시키는 것으로 보험을 위한 보험이라고 할 수 있다. 즉, 보험이 개인이나 기업이 불의의 사고로 입게 되는 경제적 손실을 보상해

주는 제도라면 재보험은 보험사의 보상책임을 분담해 주는 제도인 것이다.

보험은 이론상으로 다수의 동질적인 위험을 대상으로 보험사고의 발생을 예측하는 대수의 법칙에 기반을 두고 있다. 그러나 보험사가 통상 인수하는 보험계약은 담보위험의 성격과 규모가 다른 이질적인 리스크들을 담보하므로 실제로 보험사고가 발생할 경우 보험사의 보상책임에는 큰 차이가 있다. 보험사 입장에서는 인수가 가능한 규모가 비슷한 리스크들을 인수하는 것이 영업의 안정성 차원에서 바람직할 수 있으나 담보력 부족으로 대형 리스크의 인수를 거절한다면 지속 성장하기 위한 영업활동이 힘들어진다.

이러한 문제점을 보완하기 위해 보험사는 대형 리스크도 일단은 인수하되 리스크의 종류에 따라 자기가 부담할 수 있는 책임한도를 정하고 그 한도를 초과하는 리스크는 다른 보험사에 전가할 수 있다. 이와 같이 보험계약상 책임의 일부를 재보험계약을 통하여 다른 보험사에게 인수시키는 것을 출재出再라고 하며, 반대로 다른 회사의 보상책임을 인수하는 재보험거래를 수재受再라고 한다. 이때 재보험을 출재하는 원래의 보험사를 원수사原受社, Primary Insurer라 하고, 재보험을 수재하는 회사를 재보험사Reinsurer라고 한다. 재보험 중개사Reinsurance Broker/Intermediary는 출재회사와 재보험자 사이에서 재보험 중개 업무를 수행하는 역할을 한다. 위험도가 특히 높거나 예상 손실 규모가 매우 커서 단독적인 재보험 처리가 곤란한 특수 리스크에 대해서는 다수의 보험사가 공동으로 재보험을 운영하는 경우가 있는데 이를 재보험 풀Pool이라고 한다.

이와 같이 재보험은 보험사의 인수 능력을 증대시키고 보험사의 위험을 분산시켜 경영 안정성을 도모한다. 또한 만약의 경우 보험사가 지급 불능 상태에 빠지더라도 보험사고 발생 시 보험계약자는 재보험을 통하여 보험금을 지급받을 수 있으므로 보험계약자를 보호하는 순기능도 있다.

재보험은 피보험이익의 손해에 대한 일종의 책임보험이며, 보험을 위한 보험, 위험분산의 국제성 · 전문성의 특성을 갖고 있다. 또한 원보험계약의 조건을 그대로 준용한다는 점에서 재보험은 원보험계약과 공동운명 관계에 있지만 상법상 별도의 독립된 계약이다. 그러나 원보험사는 재보험 계약 시 최대선의의 원칙을 준수하여 리스크 인수에 있어서의 중요한 사실을 재보험사에 사전에 알릴 의무가 있다.

보험사가 많은 비용과 노력을 들여 기껏 인수한 리스크를 재보험사에 넘겨준다는 것이 일견 엉뚱하게 보일 수도 있으나 지속 성장을 추구하는 보험사의 입장에선 다음과 같은 재보험의 순기능을 십분 활용할 수 있다.

- 손실 안정
- 대형 리스크 인수 능력 제고
- 대형 손실로부터의 보호
- 잉여금 보전 효과
- 언더라이팅 가이드라인 제공

재보험의 가장 주된 기능은 손실 발생 시 보험 비즈니스를 안정시키는 것이다. 보험사는 보험을 유치하고 자본을 유지해야 하며 이를 바탕으로 성장 동력이 되어줄 지속적인 이익의 창출이 있어야 하기 때문에 손실 발생 시 그 역효과를 안정시키는 것이 매우 중요한데 이는 재보험을 통해 상당 부분 가능하다.

재보험은 자연재해나 인재人災로 인한 대형 손실로부터 보험사를 보호해 준다. 재보험이 없다면 보험사는 심각한 금융 손해나 보험사고로 인하여 재정적인 어려움을 겪을 수 있다. 재보험은 보험사의 필요에 맞게 적절히 구비되었을 때 보험사가 받을 수 있는 치명적인 손실의 영향을 최소화하는 데 도움을 준다.

보험사가 공격적으로 영업을 하게 되면 원수原受보험료Direct Written Premium가 증가하고 취득비용 등 영업비용이 증가하면서 잉여금은 줄어드는데 이런 현상을 잉여금 감소surplus drain라고 한다. 자본에 해당하는 잉여금이 줄고 부채에 해당하는 보험료가 증가하면서 부채비율이 증가하게 되는 셈인데 이게 보험사 영업 신장의 딜레마이다. 리스크 인수를 확대하면서 공격적인 영업을 하게 될수록 보험료-잉여금 비율보유보험료/계약자잉여금이 높아져 규제 대상이 될 수 있는데, 이는 발생 비용은 즉시 감안하고 발생 수익은 점진적으로 처리하는 보험회계의 보수성 기준에 따라 생기는 현상이다. 이와 같은 잉여금 감소surplus drain 문제도 재보험을 통해 완화할 수 있는데 원수사가 재보험 처리를 하게 되면 출재보험료만큼 보유保有보험료Net Written Premium가 줄게 되고 출재의 대가로 받는 출재수수료ceding commission만큼 잉여금이 늘어나면서 부채비율이 줄게 되고 원수사는 그만큼 영업 확대에 나설 수 있게 되는 것이다. 이를 재보험의 잉여금 보전Surplus Relief 효과라고 한다.

또한 보험사는 재보험을 통해 리스크 인수 능력을 높일 수 있으며, 국제적인 영업망과 정보력을 자랑하는 재보험 비즈니스와의 연계를 통해 언더라이팅 가이드라인 제공 등의 서비스도 받을 수 있다.

출재사가 인수한 책임을 재보험사에 전가하는 방법은 재보험거래 유형과 책임분담 방법의 차이에 따라 차이가 있다. 재보험은 거래 유형에 따라 임의재보험과 특약재보험으로 분류되고, 출재사와 재보험사 간의 책임분담 방법에 따라 비례比例재보험과 非비례재보험으로 분류된다.

임의재보험Facultative Reinsurance은 가장 오래된 재보험 형식으로 출재사가 재보험을 필요로 하는 개별 계약마다 재보험사에 청약을 하고, 재보험사는 각각의 청약에 대하여 인수 여부를 결정한다. 임의재보험은 출재사가 계약별로 자기 보유 규모와 계약조건을 임의로 조정할 수 있어 보다 자유롭게 재보험사에 위험을 분산시킬 수 있다는 장점이 있으나 사무 처리에 있어 번잡함이 많고 많은 시간이 소요되는 것이 단점이다. 또한 자동적이고 동시적인 재보험 담보가 이루어지지 않으므로 재보험 처리가 완료되기 전에는 출재사가 담보능력을 초과하는 위험까지 책임지게 되는 문제가 있다. 따라서 임의 재보험은 특약재보험의 출재 한도액을 초과하는 대형 리스크를 출재할 때나 특약재보험에서 제외되는 리스크 또는 신규 리스크를 출재하는 경우에 주로 이용된다.

특약재보험Treaty Reinsurance은 출재사와 재보험사 간에 사전에 출재 대상 계약의 범위, 책임한도액, 재보험 처리방법 등 기본적인 재보험 거래조건을 정하여 일정 기간 동안 양측의 재보험 청약과 인수가 자동적으로 이루어지는 재보험이다. 따라서 특약재보험의 경우 재보험사의 입장에서는 출재사의 재무상태, 신용도, 언더라이팅 정책이 매우 중요하며, 한 번 계약이 체결되면 일반적으로 장기간 거래가 이루어지므로 재보험사에게 적정한 이익이 실현될 수 있도록 특약이 운영되어야 한다. 특약재보험은 임의재보험에 비하여 재보험 처리에 따르는 사무비용 및 시간이 절감되고 자동적인 재보험 처리가 보장되는 장점이 있으나 양측 모두 비즈니스에 있어 재량권이 적다는 단점이 있다.

비례재보험Prorata Reinsurance에서는 보험금액에 대한 출재회사의 보유액과 재보험자의 인수비율에 따라 보험료가 배분되고, 보험사고 발생 시 보험금에 대해서도 동일한 비율로 각자의 부담액이 산출된다. 비례재보험은 출재방법에 따라 비례재보험특약과 초과액재보험특약으로 구분된다.

비례재보험특약Quota Share Treaty 방법은 원보험회사가 인수한 계약 중 미리 정한 조건에 부합되는 모든 계약의 일정 비율이 재보험으로 처리되는 방법이다. 대상이 되는 원보험 계약 전부에 대하여 보험금액 기준으로 일정 비율로 정하고 보험료와 손실 부담을 동 비율에 따라 배분한다. 따라서 비례재보험특약은 약정된 비율에 따라 자동 출재되므로 원수사는 사무처리가 매우 간편하여 시간을 절감할 수 있는 장점이 있으며, 재보험사 측면에서도 리스크에 대한 원수사의 역선택 가능성이 적다. 한편 원수사는 비교적 유리한 조건으로 용이하게 재보험사를 찾을 수 있으므로 신규 판매하는 보험종목이나 영업 경험이 적은 신설 보험사의 재보험 대상으로 많이 활용되고 있다. 그러나 위험도가 양호한 계약까지를 포함하여 전체 계약을 출재하여야 하기 때문에 원수사 입장에서는 보험료 수입이 감소하는 문제도 있다.

초과액재보험특약Surplus Share Treaty에서 원수사는 일정 금액을 보유하고 보유액을 초과하는 부분에 대해서만 재보험사에 출재한다. 따라서 원수사가 보유하는 금액 이내의 보험금액에 대해서는 출재가 이루어지지 않아 원수사가 손해액 전부를 부담하고, 보유액을 초과하여 재보험사의 담보를 받는 경우에는 보험금액의 출재비율에 따라 손해액을 회수한다. 통상적으로는 보유에 대한 출재배수와 출재한도액을 미리 정하고 출재비율에 따라 출재보험금을 회수하는데, 10배 출재특약으로 보유액이 1억이면 출재한도액이 10억 원으로 원수사는 11억 원까지 소화할 수 있다.

예) 원수사가 보험가입금액 100억 원을 인수하고 10억 원 보유, 나머지 90억 원을 재보험사에 출재한 계약에서 보험사고 50억 원이 발생하였다고 가정하면, 초과액비율은 보유초과비율인 90%가 되므로 원보험금에 대하여 원수사가 재보험사로부터 회수 받을 수 있는 금액은 보험사고 손실액인 원보험금 50억 원에 대해 초과액비율인 90%를 곱한 45억 원이 된다.

이 방법은 원수사에게 유리한 재보험의 형태로 원수사는 리스크의 종류와 성질에 따라 자신의 보유한도 범위 내에서 인수금액을 신축성 있게 조절할 수 있다. 반면에 재보험사 측면에서는 잔존 금액을 재보험사가 인수함에 따라 불량물건만을 인수하게 될 가능성이 높아 위험의 평준화를 기하기 어려운 점이 있다. 또한 사무처리상으로 건별로 보유금액을 결정해야 하는 등 비례재보험특약보다 다소 복잡하고 전문적인 언더라이팅 기술이 필요하다.

비비례재보험Excess of Loss Reinsurance은 보험사고 발생 시 손해액을 기준으로 출재사와 재보험사의 책임을 분담하는 재보험이다. 일정 손해액을 초과하는 금액만을 재보험사가 책임지게 되고 재보험료도 초과손해액의 발생 가능성과 손해액의 규모를 감안하여 별도로 정해지므로 출재사와 재보험사의 책임에 있어서 어떠한 비례성도 존재하지 않는다. 초과손해액재보험특약은 손해액을 기준으로 원수사와 재보험사 간의 책임을 분할하여 미리 일정 보상액과 재보험자의 책임한도액을 약정해 두는 방법인데 XOL Cover라고도 한다.

초과손해액재보험특약에 있어 원수사는 특약에 포함된 모든 원보험계약에서 발생한 사고의 손해액이 일정 금액을 초과할 때마다 재보험금을 청구한다. 예를 들어, 일정 보상액이 20억 원인 경우 50억 원의 손해액이 발생하면 재보험사로부터 회수 받는 금액은 30억 원이 된다.

초과손해율재보험특약은 특약기간 중 발생하는 모든 손해액의 총합이 보험료의 일정 비율을 초과할 경우 재보험사가 보상한다. 이 방법은 출재사의 연간 보험인수 영업 실적을 안정화하기 위한 재보험 담보이다.

비비례재보험은 보험 물건별로 보유액과 출재액을 계산하지 않으므로 사무처리 비용이 적게 들고, 거대 위험이나 대형 손해의 발생 가능성이 있는 누적위험을 담보하는 데 적절하며, 보유보험료를 증대시킬 수 있는 이점이 있다. 하지만 적정 수준의 보유 결정에는 상당히 전문적인 기술이 요구된다.

표 6-2 비례재보험 vs 비비례재보험

	손해율 안정	안정과 성장 (잉여금 보전)	대규모 손실 방지
비례재보험		○	
비비례재보험	○		○

표 6-3 재보험의 종류와 기능

Functions of Specific Types of Treaty Reinsurance

Type of Reinsurance	Stabilize Loss Experience	Improve Large-Line Capacity	Provide Catastrophe Protection	Provide Surplus Relief	Main Purpose
Pro rata quota share	No	Yes	No	Yes	
Pro rata surplus share	No	Yes	No	Yes	To provide surplus relief
Excess of loss per risk or per policy	Yes	Yes	Yes, to some extent, but not purchased for this purpose	No	To provide large-line capacity while providing some surplus relief
Excess of loss per occurrence	Yes, to the extent losses fluctuate because of an accumulation of loss from a single occurrence	No	Yes	No	To protect against catastrophic losses from one event
Aggregate excess of loss	Yes	Yes, but not purchased for this purpose	Yes	No	To stabilize loss experience

자료 : Myhr and Markham, *Insurance Operations, Regulation, and Statutory Accounting*, 2004.

재난과 재보험의 역할[2]

재보험이라는 안정장치를 통해 기업들은 수익성이 보이는 글로벌 비즈니스에서 리스크 테이킹risk taking을 할 수 있다. 재보험의 보호 속에 비즈니스는 될 성싶은 사업에 자본을 투자하는데 재보험자는 이런 보호를 상대적으로 저렴한 비용에 제공하고 있다. 이것이 가능한 이유는 재보험자가 글로벌한 차원에서 비즈니스 리스크를 분산하고 있기 때문이다. [그림 6-3]에서 보는 바와 같이 재보험 비즈니스는 독립적인 리스크들의 Pooling, 부보 대상 비즈니스의 다변화, 전 세계 각 지역에서의 사업을 통해 고도로 분산되어 있다.

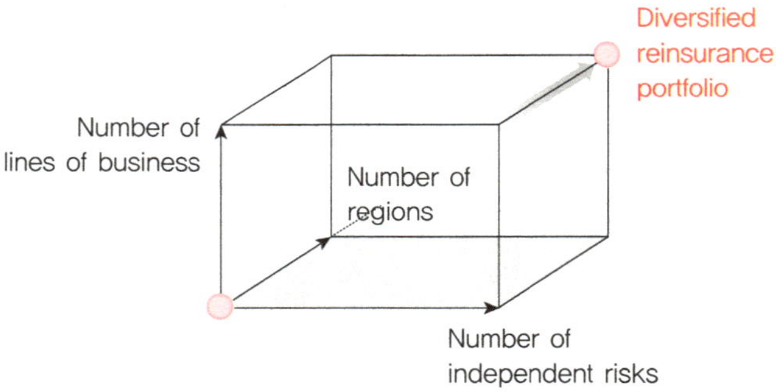

그림 6-3 재보험을 통한 리스크 분산 효과

보험과 재보험은 재난 리스크 관리와 재난 손실 감소에 있어 매우 중요한 역할을 담당하는데, 전문적으로 위험 노출을 줄이고 피해 보상

2. Global Reinsurance Forum, Global Reinsurance : strengthening disaster risk resilience, 2014.

을 통해 회복력을 제고한다. 특히 재보험은 종합 재난 리스크 관리 전략에 의거해 예측 가능한 금융 구제를 제공하여 재난 충격을 흡수한다. 신속한 보상을 통해 재건과 회복을 가능하게 함으로써 간접 손실을 줄일 수 있다.

보험과 재보험은 재난을 당한 사회를 빠르게 회복시키고, 비즈니스 연속성을 유지하며, 개인의 고통을 감소시킨다. 구체적으로, UNISDRUN International Disaster Reduction의 효고행동계획Hyogo Framework for Action ; HFA 2005이나 센다이행동계획Sendai Framework for Disaster Risk Reduction 2015의 재난 손실 감소 요구에 따르면 사회 운영의 지속성과 형평성이 강조되는데, 이를 가능하게 하는 차원에서 보험과 재보험은 핵심적인 역할을 한다. 사실 보험과 재보험 비즈니스는 세계 최대 기관투자자 중의 하나로 2012년 현재 전 세계 총 자산의 12%에 해당하는 U$27조의 자산을 운용하고 있다. 이는 전 세계 국부펀드 총액의 6배에 해당한다.

오늘날 전 세계적으로 자연재해와 인재가 끊이지 않고 발생하고 있다. 건강한 사회를 만들기 위해 우리는 대형 재난으로부터의 회복력을 강화해야 하는데 이를 위해서는 통찰력과 유연성이 중요하다. 재난 대비 리스크 관리는 그것이 상황변화에 적절히 부응하고 정부와 민간이 공히 협력할 때 가장 효과적이라 하겠다.

만약 재난에 대비한 보험, 보상 등의 준비가 적절치 못했을 때 재난이 발생하면 사회구성원들이나 정부는 큰 부담을 안게 되며, 결국 세금 폭탄을 맞게 될 것이다. 정부 예산이 충분치 못한 상황을 고려하여 재난 피해에 따른 재원 마련을 위해 새로운 방법을 강구해야 하는데, 일부 개발도상국 정부가 운영 중인 농작물재해보험이 좋은 예이다. 미리 적정 재원을 마련하는 리스크 파이낸싱이 사고 후에 허겁지겁 자금을 조달하는 것보다 재정의 안정성 면이나 재난 리스크 관리 차원에서 효과적일 것이다.

이런 준비는 재난 대비 통합 리스크 관리 차원에서 이루어지는 것으로 일부 국가들은 사회가 당면한 다양한게다가 서로 긴밀하게 얽혀 있는 리스크를 대상으로 국가 CRO가 주도적으로 통합 관리하는 움직임을 보이고 있다. 이런 상황에서 재보험은 민관 파트너십PPP을 통해 재난에 따른 총손실과 보험 손실의 갭을 줄이고 재난에 따른 경제적인 충격을 흡수하는 중요한 역할을 하게 된다. 민간과 정부의 파트너십은 보험의 부보 가능성을 높이는 데에 있어 매우 중요한데 원자력 사고나 테러와 같은 재난급 리스크의 경우가 좋은 예이다. 사회적 약자를 대상으로 하는 micro-insurance의 개발이나 민관 파트너십을 통해 정부 자산이나 인프라 리스크의 인수가 가능해지는 것이다.

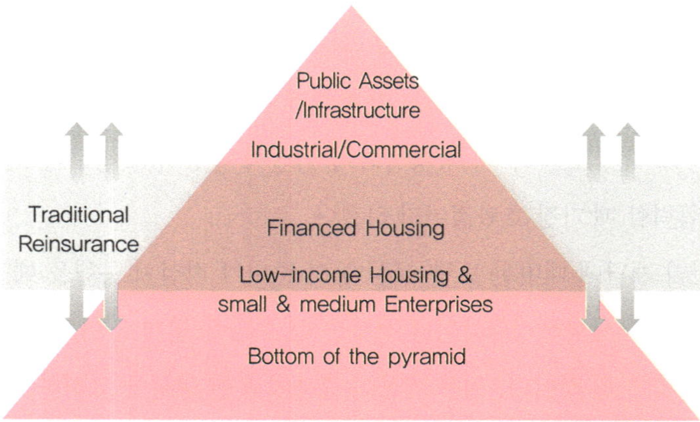

자료 : Munich Re(interal study).

그림 6-4 전통적인 보험과 재보험의 확장

3. 공사公私 연계 보험 개발[3]

날이 갈수록 자연재해로 인한 손실 규모가 커지고 있다. 1980년대에 재해로 인한 평균 손실은 연평균 U$250억였는데 1990년대에 들어와서 950억 달러로 늘어났고, 최근 10년 동안의 평균 손실은 1,300억 달러를 기록하고 있다. 이렇게 재해 손실이 급증한 주된 원인은 경제발전, 인구 증가, 특정 취약지역에의 자산 집중, 기후변화 등이다.

한편, 개발도상국에 비해 선진국의 경우가 재해로 인한 손실이 더 크다는 사실이 확인되었는데, 비록 절대적인 손실은 크더라도 선진국의 경제 형편과 사회안전망을 고려할 때 재해에 따른 실질적인 충격은 개발도상국의 경우가 더 심각하다고 하겠다.

표 6-4 세계적인 재난

Year	Event	Country	Economic losses in USD millions	% of GDP	Insured losses in USD millions
Big countries (GDP)					
2005	Hurricane Katrina	USA	140,000	1.1%	64,745
2008	Earthquake	China	124,578	2.8%	366
1995	Hanshin earthquake	Japan	82,399	1.6%	2,472
2008	Hurricane Wilma	USA	20,000	0.2%	12,563
Small countries (GDP)					
1988	Hurricane Gilbert	St Lucia	1,000	386%	n.a.
2004	Hurricane Ivan	Grenada	889	203%	n.a.
2010	Earthquake	Haiti	8,000	114%	n.a
1990	Cyclone Ofa	Samoa	200	178%	n.a.

자료 : World Bank, Swiss Re 보고서 일부 수정.

3. Swiss Re, *Closing the Financial Gap*, 2011.

〈표 6-4〉에서 알 수 있듯이 재난에 따른 막대한 손실 중 보험으로 커버되는 것은 20~40% 수준에 지나지 않는다. 즉, 부보 손실과 총 경제적 손실 간에 막대한 갭이 있는 것이다. 자연재해의 발생 자체는 실질적으로 막을 수 없으므로 재해가 발생한 후 재건에 필요한 자금조달 문제를 해결하기 위한 방법 모색이 필요하다.

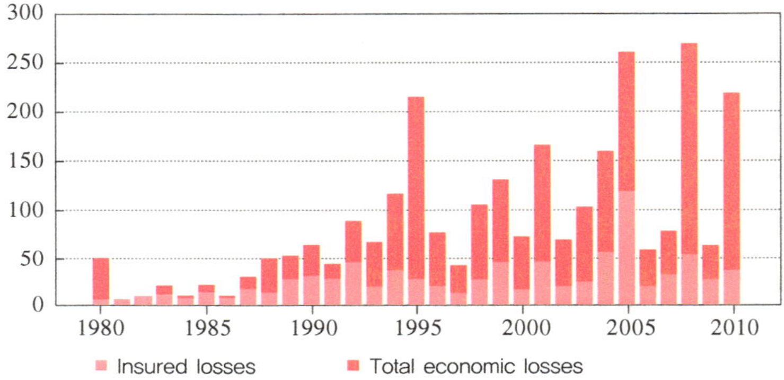

자료 : Swiss Re, *Economic Research & Consulting*.

그림 6-5 부보 손실과 총 경제적 손실의 갭

재해 자체의 심각성도 중요하지만 재해를 당한 사회가 원래의 상태로 얼마나 잘 회복하는지를 보여주는 사회의 재건능력도 중요하다. 재건을 위해서는 막대한 자금이 필요한데 재해 손실의 일부만 부보附保되고 있으므로 나머지 필요한 자금은 주로 정부 재정으로 충당되어야 한다. 따라서 정부는 재해 발생 시에 막대한 재정압력에 직면하게 되는데, 일반적으로 이런 경우 정부는 재정압박을 해소하기 위해서 세금이나 국채 발행을 통해 재원을 확보한다. 그러나 세금징수는 민간경제의 회복에 치명적이고 국채 발행 역시 미래 시점의 재정압력을 심하게 하는 것이다. 이런 문제를 해결하기 위해서 정부와 민간은 서로 협력해서 새로운 방법을 적극적으로 모색해야 한다.

포괄적 재난 리스크 전가 시스템은 어느 한 부문이 추진하는 리스크 관리 방식이 아니라 한 국가 내에서 다양한 재난 리스크 전가 수단을 강구해서 리스크를 여러 차원에서 커버해 주는 것이다. 대표적인 리스크 전가 수단으로서 민영보험은 많은 리스크를 체계적으로 관리해 줄 뿐만 아니라 정부의 재정압력을 완화시켜 준다. 사후적post-event 자금조달보다 사전적pre-event 자금조달이 보다 바람직하다고 하겠는데, 보험과 재보험을 이용하면 정부는 재해 발생 이후 재정 유연성을 확보하여 예산 변동성을 줄일 수 있다.

그러나 일부 리스크의 경우는 그 내용이 매우 복잡하기 때문에 이를 해결하기 위해서 민관 파트너십이나 새로운 방안이 필요하다. 민관 파트너십의 리스크 전가 솔루션은 리스크 관리 차원에서 정부에 도움을 줄 수 있는데, 기존의 보험시장을 보완해 주거나 민영보험 시장이 성숙하지 않은 경우 실제 손실과 보험 손실의 갭을 줄일 수 있다.

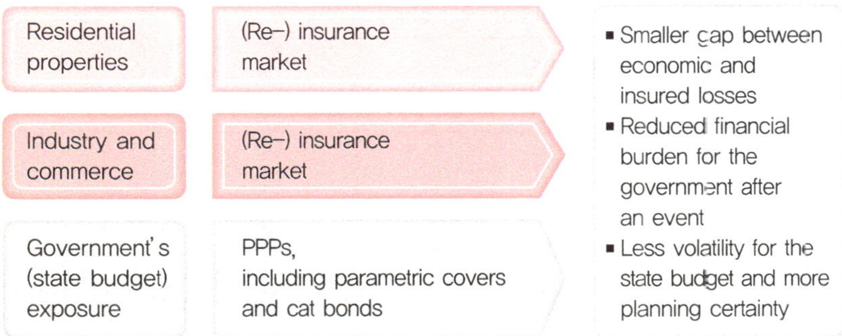

자료 : Swiss Re.

그림 6–6 포괄적 재난 리스크 전가 시스템의 장점

[그림 6-6]에서 'parametric cover'란 보험 보상이 실제 손실에 기준하는 것이 아니라 부보기간 중 '트리거' 이벤트trigger event : 관찰기간 내에 정해진 지표가 나타나는 사건을 의미가 발생하면 특정 지표예를 들어 풍속이나 지진 강도에 기초하여 보상하는 보험이다.

재난 대비 민관 파트너십의 국제적인 예를 검토해 보자. 2007년에 Caribbean 공동체 16개 회원국들은 전 세계 최초로 지역 파라메트릭 보험 본드를 만들었다. 이 본드는 Caribbean 국가 정부에 저렴한 가격으로 지진 및 허리케인 리스크를 부보하는 기회를 제공했다.

표 6-5 CCRIF Caribbean Catastrophe Risk Insurance Facility

설치 시기	2007년
부보 리스크	지진, 허리케인
보험기구	보험과 재보험
커버 범위	각 국가에 리스크 한 번 발생 시 최대 1억 달러 보상
지수	지진과 허리케인의 모델화된 손실
트리거	기평가된 기준에 따라 보험금 지급(실손과 관계 없음)
수혜자	15년 (이상)의 재난을 당한 가입회원국
피보험자	16개 Caribbean 국가 정부
지원자	World Bank
재보험자	Swiss Re(리더 재보험자)와 기타 해외재보험자

CANDIF는 재보험시장과 자본시장의 지원 하에 중미 국가 정부에 캡티브 보험사captive insurance company를 설립해 주었다. 정부가 보험료를 내고 재난이 발생하는 경우 리스크 전가 시스템을 통해 20~30배의 자금을 받을 수 있다. CANDIF 프로그램의 혁신적인 점은 재난 영향을 받

는 인구 수를 지수로 썼다는 것인데, 이로 인해서 정부는 더 명확하고 효율적으로 재난 지출을 관리할 수 있다.

표 6-6 CANDIF Central America Natural Disaster Insurance Facility

설치 시기	2010년
부보 리스크	지진, 허리케인으로 인한 손실(예 : 산사태)
보험기구	보험과 재보험
커버 범위	특정 국가
지수	지진과 허리케인 리스크의 파라메트릭 지수
트리거	재난으로 영향을 받는 인구 사이즈
수혜자	지진 또는 허리케인의 영향을 받는 정부
피보험자	각 정부의 전속보험사
지원자	미주개발은행
재보험자	Swiss Re

Tips 캡티브 보험회사 Captive Insurance Company

기업이 자체적인 보험 수요의 전부 또는 일부를 커버하기 위해 만든 보험 자회사로서 이는 정교한 자가보험自家保險의 형태이다. 캡티브는 기업 또는 공통의 리스크 관리 문제를 갖고 있는 그룹에 의해 운영되는 자회사이다. 통상 캡티브는 조세피난처tax haven에 설립 등기되는 경우가 많은데 캡티브 설립을 통해 다른 형태의 자가보험으로는 누릴 수 없는 세무상의 이익을 얻을 수 있다. 더욱이 보험료는 소액의 보험금 지급을 위해 보유되는 경우 외에는 보험금 지급이 생길 때까지 투자에 활용할 수 있다.

MultiCat Mexico가 멕시코 정부의 재정 고민을 해소하는 솔루션은 파라메트릭 보험이다. 파라메트릭 보험은 전통적 보험과 달리 재난 이후의 구체적인 손실을 측정할 필요가 없다. 어떤 재난은 몇 달 혹은 몇 년간 지속적으로 진행될 수 있고 재난이 완전히 끝난 후에야 실제 손실을 조사할 수 있는데 이렇게 되면 보상의 최적 시점을 잃게 된다. 파라메트릭 보험은 피보험자와 투자자 모두에게 현금흐름이 명확하다는 이점이 있는데 재난이 발생할 때 구체적인 지수를 이용해서 보험금을 산정하므로 보상이 신속히 이루어진다.

표 6-7 MultiCat Mexico

설치 시기	2009년
부보 리스크	지진, 허리케인
보험기구	보험연계증권(Cat Bond)
커버 범위	미화 2억 9천만 달러
지수	지진과 허리케인 리스크의 파라메트릭 지수
트리거	지진계급(지진), 기압(허리케인)
수혜자	지진 또는 허리케인의 영향을 받는 멕시코 단체
피보험자	FONDEN
지원자	World Bank
재보험자	Swiss Re

미국 동남부 연해 지역은 허리케인의 영향을 많이 받아 왔다. 특히 앨라배마 주가 받는 영향이 크다. 이에 따라 1923년부터 앨라배마 주는 보험기금을 조성하여 재난 손실을 보상하고 있다. 경제발전과 기후변화로 인해서 앞으로 20년 동안 손실이 약 65% 더 증가할 것이란 예상이

다. 물론 보험으로 대부분의 손실이 커버되고 있지만 커버되지 않는 손실도 많고 보험금 지급 부담도 크다. 이런 문제에 대응하여 앨라배마 주 정부는 새로운 방법을 모색했고 2010년 지수에 의거한 트리거 형식의 파라메트릭 보험을 도입했다.

표 6-8 ASIF Alabama State Insurance Fund

설치 시기	2010년
부보 리스크	허리케인
보험기구	재보험
지수	지진과 허리케인 리스크의 파라메트릭 지수
트리거	특정 지역에 3급 이상의 폭풍 발생
수혜자	앨라배마 주 연안지역
피보험자	앨라배마 주 보험기금(ASIF)
재보험자	Swiss Re

중국은 인구 증가에 따라 식량에 대한 수요가 계속 증가하고 있고 식량 부족은 식량 자급자족을 위협하고 있는데 이런 리스크는 농지 감소와 자연재해에 따라 심해지고 있다. 해마다 각종 재난으로 인해서 식량은 약 10% 덜 수확되고 일부 지역에서는 80% 이상의 수확량 감소를 기록했다. 중국 보험감독위원회는 2008년 베이징시 정부 및 Swiss Re와 협력하여 농업보험협정을 체결하고 40만 농가에 보험서비스를 제공하기로 했다. 협정에 따르면 손실이 연간 보험료의 160% 이하면 보험회사가 보상을 하고, 160~300%의 손실이 발생하는 경우 Swiss Re와 중국의 국유 재보험사인 China Re가 보상을 하고, 300%를 초과하면 베이징시의 정부 재난보험이 보상하기로 했다. 이는 중국 최초의 민관

파트너십 보험 프로그램이다.

표 6-9 Chinese agriculture risk insurance

설치 시기	2009년
부보 리스크	농업에 관련된 모든 리스크
보험기구	보험과 재보험
커버 범위	연간 보험료 160% 이하의 손실은 보험사가 보상하고, 160~300% 손실이 발생할 때는 Swiss Re와 China Re가 커버해 주고, 300%를 초과하면 베이징시 정부가 커버해 줌
지수	실손 보상
트리거	실질적 손실 발생 시
수혜자	베이징의 40만 농가
피보험자	현지 보험사
지원자	베이징시 정부, 중국보감회
재보험자	Swiss Re, China Re

우리 정부도 보험업계와 함께 재난위험을 포괄적으로 보상하는 '재난보험' 상품 개발에 나서고 있다. 정부는 민영보험사, 손해보험협회, 화재보험협회, 보험개발원, 보험연구원과 이 같은 내용의 재난보험 상품개발을 구상 중이다. 민영보험사의 참여를 견인할 수 있는 비즈니스 여건을 조성하는 방식으로 업계의 재난보험 상품 개발을 독려한다는 게 정부의 복안인데, 이를 위해 '재난 및 안전관리 기본법'을 개정해 포괄적 재난보험을 도입하는 법적 근거를 마련하기로 했다. 법이 개정되면 일정 규모 이상의 건물이나 시설물의 이용자가 화재 · 폭발 · 붕괴 등 재난으로 입은 피해를 보상받을 수 있도록 관리주체가 의무적으로 재난보험에 가입해야만 한다.

재난은 자동차사고와 달리 자주 발생하지 않아 보험료나 보험금 산정을 위한 수리적 통계 산출이 쉽지 않은데다 대형 재난 발생 시 민영보험사에 심각한 경영상 타격이 올 수 있다는 점을 감안, 업계 측의 의견을 적극 수렴해 재난보험 제도를 개선해 나간다는 계획이다. 보험료율 · 위험률 산출 및 통계 관리, 보험 대상물건의 안전 진단, 위험분산 연구 등이 필요하다. 정부는 또 업계가 보유 중인 보험 정보를 공유 · 분석해 보험의 사각지대를 발굴한 뒤 재난보험 정책 대상을 구체화해야 할 것이다.

4. ART

ART^{Alternative Risk Transfer, 대체 리스크 전가} 시장은 혁신적인 보험시장-자본시장 연계 솔루션을 제공하는 통합 리스크 관리 서비스 시장을 말한다. 따라서 ART란 특정 리스크 관리 목표를 달성하기 위해 보험시장과 자본시장 간에 리스크를 전가하는 상품, 채널, 또는 솔루션을 의미한다. ART의 구체적인 예는 다음과 같다.

- 금융재보험(Financial Reinsurance 또는 Finite Risk Reinsurance)
- CAT Bond와 같은 ILS(Insurance Linked Securities, 보험연계증권)
- 재난 리스크 파생상품
- 긴급대출(Contingent Capital)

각종 리스크에 대한 적절한 리스크 관리 수단의 선택은 손실 발생 빈도와 손실 크기에 따라 달라진다. [그림 6-7]에서 볼 수 있듯이 보험은 작은 크기의 손실의 경우에 부적절하고, 거대한 손실의 경우에도 민영보험 혼자만으로는 적절하지 않다.[4] 그림의 우측 하단에 해당하는 거대한 손실의 경우자연재해, 원자력 리스크, 테러 리스크 등 정부가 최종 보험자 역할을 맡는 경우가 많은데 때로는 민관 파트너십Public-Private Partnership ; PPP이 효과를 발하기도 한다. 보험과 재보험에 더하여 긴급 대출선 확보나 자본시장에의 전가 등이 활용되는데 CAT Bond와 같은 ILSInsurance Linked Securities가 대표적이다. 시장에서 많이 거래되는 ILS의 경우 손실 발생빈도 0.5~2%50~200년에 한 번가 일반적이다.

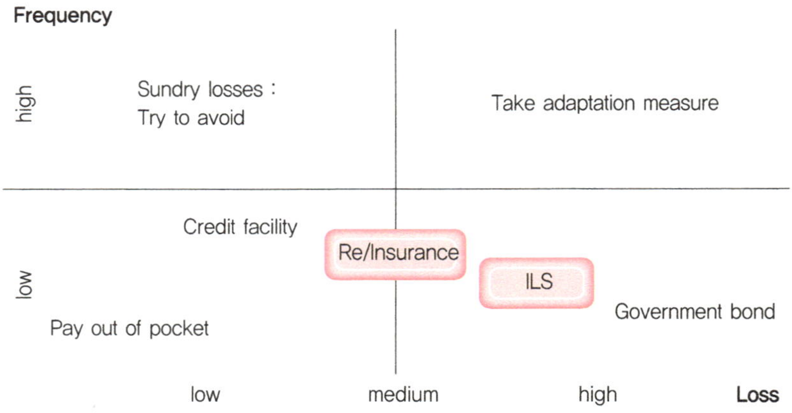

그림 6-7 리스크별 관리 수단

4. *State Involvement in Insurance Markets*, Swiss Re(2011).

(1) 금융재보험[5]

금융재보험Financial Reinsurance or Finite Risk Reinsurance은 국가별 규제제도 등에 따라 다양하게 정의되고 있으나 통상 '언더라이팅 위험에 관련된 위험의 전가'와 '보험료 수입과 보험금 지급 간의 시간차이로 인한 현금가치 차이를 해소하기 위한 리스크 재무'를 결합한 형태의 재보험이라 할 수 있다. 즉, 전통적인 재보험이 갖고 있는 보험 리스크의 전가 기능에 금융 요소를 가미한 새로운 형태의 재보험인 것이다.

금융재보험은 통상 기발생 또는 미발생 보험사고에 대해 통상 3년에서 10년을 보험기간으로 하고 장래 재보험금 지급 의무에서 재보혐료의 투자수익을 할인한 금액을 재보험료로 산출하며, 특히 전통적 재보험과는 달리 재보험사업자의 책임을 사전에 제한하므로 책임 제한 재보험Finite Reinsurance이라고 불리기도 한다.

금융재보험은 1960년대 중반 런던에서 로이즈 신디케이트 중 일부가 높은 세율을 피하기 위해 보험료를 다음 연도로 이연시키는 방법을 사용하면서 시작되었다. 그리고 1980년대 중반 배상책임보험 분야에서 누적손해의 급증과 거대 자연재해의 빈번한 발생에 대응하여 보험산업의 담보력을 확대하고 인수한 리스크를 헤지하기 위한 수단으로 금융재보험에 대한 수요가 급증했다. 특히 전통적인 재산보험에 비해 상대적으로 손해의 진전기간이 긴 배상책임에 대해 안정적인 담보를 제공하는 금융재보험에 대한 수요가 크게 증가했다.

5. https://www.kidi.or.kr/pds/km/K2009714_Financial_Reinsurance.pdf

금융재보험은 재보험료를 산정할 때 투자수익을 명시적으로 반영한다. 재보험료의 수수시점과 재보험금의 지급시점 간의 시차를 전제로 재보험료를 할인하거나, 재보험자가 인수하는 보험계약에 대한 미래의 투자수익 발생 정도를 보험료 산정 시 주요 요소로 고려한다.

재보험자의 리스크 인수가 제한적으로 이루어진다. 재보험자가 원수보험자에게 지급할 재보험금의 총액한도를 설정하여 인수하는 리스크를 제한할 수 있다. 즉, 재보험자가 지급한 보험금이 원수보험자로부터 받은 보험료를 초과할 경우 원수보험자는 일정 부분 재보험자의 손실을 보전하여 재보험자의 실적 악화를 방지하는 것이다. 그러나 리스크 인수가 제한적으로 이루어지는 대신 재보험자의 수익도 일반적으로 낮게 설정된다.

장기의 계약기간을 통해 활용된다. 통상 1년 단위로 재보험계약을 체결하는 일반 재보험과는 달리 금융재보험은 3～10년의 장기로 운영된다. 이를 통해 보험계약 실적이 장기간에 걸쳐 평가될 수 있으며 재보험시장 상황과 관계없이 안정된 계약조건을 유지할 수 있다.

보험계약에서 발생한 영업이익을 원수보험자와 재보험자가 공유한다. 재보험자는 이익이 발생한 경우 상당 부분을 원수보험자에게 환급함으로써 재보험자와 원수보험자가 보험계약에서 발생한 영업손익을 공유한다. 즉, 원수보험자는 재보험자가 인수하는 책임을 제한한 데 따른 보상으로 재보험계약에서 발생한 이익을 공유하는 것이다.

리스크 전가 특성이 전통 재보험과 다르다. 전통적 재보험의 기능인 언더라이팅 리스크의 전가 이외에 시차위험 리스크, 투자 리스크, 비용 리스크 등을 전가하는 기능을 포함한다. 여기서 언더라이팅 리스크는 미래의 사고 발생 가능성이나 사고 발생액의 불확실한 위험을 의미한다. 시차위험 리스크는 보험금 지급이 예상보다 빨리 이루어지는 경우 발생하는 위험으로 재보험자는 예상시점에서 조기 지급된 기간만큼 이자 손실을 입게 된다. 투자 리스크는 주로 금융재보험 계약의 장기성으로 인해 발생하게 되는데 재보험료 산정 시 감안한 투자수익률에 계약체결 후 금리변동 등으로 당초 예상한 투자수익을 얻을수 없을 경우에 생기는 재보험자의 손실 위험을 말한다. 비용 리스크는 당초 재보험료 산정 시에 예산을 초과하여 운영비용 등이 발생했을 때 재보험자가 입을 손실 위험을 말한다.

금융재보험은 소급형과 장래형으로 구분된다. 소급형 금융재보험은 이미 발생한 사고를 대상으로 하는 금융재보험으로 손실극이전 재보험Loss Portfolio Transfer ; LPT이 대표적이다. 장래형 금융재보험은 장래에 발생할 사고를 대상으로 하는 금융재보험으로 금융비례재보험Finite Quota Shares ; FQS과 보험금분산특약재보험Spread Loss Treaties ; SLT이 있다.

금융재보험의 장점은 다음과 같다.

- 재보험료의 안정을 도모할 수 있다.
- 계약기간이 장기이므로 계약 갱신에 따른 거래비용을 절감할 수 있다.
- 재보험사업자 이익 발생 시 이를 출재사와 공유하게 되며, 출재된 보험료에 투자수익 요소를 감안하므로 출재사 영업수지를 개선할 수 있다.
- 특정 종목 인수 중단 및 M&A 시 유용하다.

- 지급준비금 적립의무를 재보험사업자에 전가하여 경영의 안정성 확보가 가능하다.
- 절세 및 과세시기 이연이 가능하다.

반면 금융재보험의 단점은 다음과 같다.

- 지급능력 및 손익 구조 왜곡 가능성이 있다.
- 재보험사업자의 지급 불능 위험이 증가한다.
- 자금차입 수단으로 변질될 가능성이 있다.
- 손해율 악화 시 출재사의 부담위험이 증가한다.

여기서 대표적인 금융재보험으로서 손실금이전 재보험Loss Portfolio Transfer ; LPT의 순기능을 보여주는 예를 들어 본다.[6]

보험사 A는 long tail 비즈니스 보상에 대비하여 올해 책임준비금을 600만큼 확충하기로 했는데, 금년도 대차대조표상의 성과 개선을 위해 동 준비금 중 50%에 해당하는 300을 재보험사에 전가하고자 한다. 마침 재보험료 200을 대가로 준비금 300을 출재할 수 있는 LPT 금융재보험을 찾게 되었는바 LPT를 통한 영업 개선 효과는 다음과 같다.

- 재보험료 200 지급과 준비금 300 출재에 따른 순이익 +100,

6. *Risk Financing and Management*(Alan Punter), Ch. 6 참조.

- 지급여력solvency margin 개선 효과 :

  출재 전 300/1,000$^{30\%}$ → 출재 후 400/800$^{50\%}$

	Before LPT	LPT	After LPT		
Profit & Loss					
원수보험료	1,000		1,000		A
LPT 재보험료 지급	0	−200	−200		B
보유보험료	1,000		800		$C = A + B$
지급손해	−100		−100		D
준비금 증가	−600	300	−300		E
사업비	−350		−350		F
언더라이팅 결과	−50		50		$G = C + D + E + F$
투자수입	50		50		H
순익	0	100	100		I
B/S					
자산	2,000		2,000		J
지급 재보험료	0		−200		B
준비금	−600		−300		E
기타 부채	−1,100		−1,100		K
계약자잉여금	300		400		$L = J + B + E + K$
Key Ratios					
손해율	70%		50%		$M = (D + E)/C$
시업비율	35%		43.75%		$N = F/C$
합산비율	105%		93.75%		$P = M + N$
지급여력마진	30%		50%		$Q = L/C$

(2) ILS Insurance Linked Securities, 보험연계증권

보험연계증권Insurance Linked Securities ; ILS은 보험 리스크를 자본시장에 전가하는 다양한 유가증권을 의미한다. ILS는 일반적으로 대재해채권Cat Bond을 지칭하지만, 이 외에도 Sidecar, Industry Loss Warranty, 대재해파생상품 등을 포함한다. 1994년 Hanover Re가 처음 Cat Bond를 발행한 이후 ILS 는 세계 재보험 담보의 약 17%를 차지하는 등 괄목할 만한 성장을 보이고 있으며, 전통적 재보험을 대체 내지 보완하고 있다.

ILS는 재보험시장에 추가 담보력을 제공함으로써 대재해 발생 이후 재보험요율을 안정시키고, 원수보험사에 전통적 재보험 이외의 위험전가 수단을 제공함으로써 재보험사와의 협상력을 강화하며, 재보험사의 파산으로 인한 지급 불능 리스크를 줄여준다. 반면 ILS는 재보험시장에 충분한 자본을 제공함으로써 재보험요율 인상 모멘텀을 약화시키고 재보험시장에 경쟁을 촉진함으로써 기존 재보험사를 위협하는 문제가 있다.[7]

여기서는 가장 대표적인 ILS인 대재해채권Cat Bond을 살펴본다.[8] 1980년대 이후 허리케인, 태풍, 폭풍우, 홍수, 지진 등 자연재해가 급속도로 증가하고 있는데 이와 같은 자연재해는 그 발생 빈도는 매우 낮은 편이나 그로 인한 손실 규모는 막대하다. 미국의 경우 1992년 허리케인 앤드류Hurricane Andrew의 영향으로 약 170억 달러의 보험 손실이 발생하

---

7. http://www.kiri.or.kr/pdf/%EC%A0%84%EB%AC%B8%EC%9E%90%EB%A3%8C/KIRI_20131227_142116.pdf
8. 신영수, 「자연재해보험과 Cat Bond의 활용 가능성」, 『손해보험』(2015/3).

였고, 이로 인하여 약 12개의 보험회사가 지급 불능에 처하는 등 보험업계의 충격이 극심하였다. 이와 같은 자연재해로 인한 전통적 보험시장의 위험을 자본시장으로 전가하기 위한 대체위험전가Alternative Risk Transfer의 하나로 대재해채권Catastrophe Bond 이하 'Cat Bond'이 발행되기 시작하였는데, 1994년 독일 Hannover Re가 발행한 Cat Bond가 최초라고 한다. 그후 Cat Bond의 발행은 꾸준히 증가하여 2013년까지의 누적발행 총액은 약 507억 달러에 달했다.

Cat Bond 발행에 의하여 자연재해로 인한 보험시장의 위험을 자본시장에 전가할 수 있게 되었으며, 이에 따라 전통적 보험시장의 자연재해 위험 인수 능력은 크게 증가하였다. 한편 자본시장의 투자자들은 투자 포트폴리오에 경기변동, 환율, 인플레이션과 같은 자본시장 리스크와 상관관계가 거의 없는 Cat Bond를 편입시킴으로써 보다 안정적인 최적 포트폴리오를 구성할 수 있게 되었다.

그동안 발행된 Cat Bond들이 담보하는 자연재해의 종류를 살펴보면, 미국의 경우는 주로 허리케인 및 지진이며, 유럽의 경우는 주로 폭풍우, 그리고 일본의 경우는 지진 및 태풍이다. 하나의 위험을 하나의 Cat Bond에 의하여 담보하는 경우뿐만 아니라 여러 위험을 합쳐서, 예컨대 미국의 허리케인, 유럽의 폭풍우, 일본의 지진 위험을 포괄적으로 한 개의 Cat Bond가 담보하는 경우도 있다.

개별 Cat Bond의 신용등급은 보통 BB 또는 투자부적격 등급Non-Investment Grade으로 평가되지만 Cat Bond Index의 경우를 보면 장기투자 수익률이 다른 투자들에 비해 안정적으로 높게 나타난다. 2002년 이후의 연평균수익률을 보면, 〈표 6-10〉에서 보는 바와 같이 다른 금융

투자지수들에 비해 Cat Bond가 상대적으로 높은 수익률과 낮은 변동성을 보이고 있다. 이에 따라 향후 자본시장 투자자들의 Cat Bond에 대한 관심은 더욱 커질 것으로 예상된다.

표 6-10 Cat Bond의 연평균 수익률 및 변동성2002~2012년

지수	연평균 수익률	연평균 변동성
Swiss Re Cat Bond Total Return Index	7.98%	2.97%
Dow Jones Credit Suisse Hedge Fund Index	6.38%	5.91%
S&P 500 Index	1.06%	16.24%
Dow Jones Corporate Bond Index	1.19%	6.70%
Private Equity Total Return Index	-2.26%	30.23%

출처 : RMS, 2012, "Cat Bonds Demystified"

원수보험사는 대재해위험을 인수한 다음 인수한 위험 중에서 일부는 자신이 직접 보유하고 나머지는 재보험사 또는 특수목적회사Special Purpose Vehicle, 이하 'SPV'와 재보험계약을 체결하여 출재한다. 재보험사는 원수보험사로부터 인수한 위험 중에서 일부는 자신이 직접 보유하고 그 나머지는 SPV와 재재보험계약을 체결하여 출재retrocession한다.

SPV는 자본시장의 투자자에게 Cat Bond를 발행하고, 재보험사로부터 받은 재재보험료와 자본시장의 투자자로부터 받은 Cat Bond 발행 원금을 자본시장에 투자한다. 보험사고인 대재해가 발생하지 않을 경우 SPV는 재보험사에 보험금을 지급할 의무가 없으며, 자신이 보유하고 있는 자금Cat Bond 원금, 재보험료 및 투자수익으로 투자자에 대한 Cat Bond 원금 및 이자를 지급한다. 보험사고인 대재해가 발생할 경우 SPV는 자신이 보유하고 있는 자금으로 재보험사에 보험금을 지급한다.

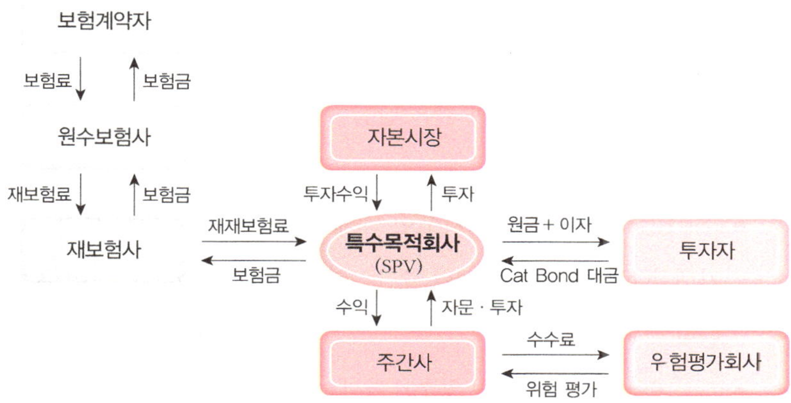

그림 6-8 Cat Bond의 기본 구조

Cat Bond는 재보험이나 다른 금융 투자상품과 비교할 때 다음과 같은 장점이 있다.

- 재보험은 재보험회사의 파산이라는 신용 위험에 노출되어 있으나 Cat Bond의 경우 발행대금이 SPV의 별도계정separate account에 예치되어 있기 때문에 신용 위험이 낮다.
- 재보험의 만기는 통상 1년의 단기이므로 재보험시장이 공급자 중심의 경성시장hard market일 때에는 재보험 인수를 거부당하거나 높은 재보험료로 인하여 위험 전가가 어렵게 될 수 있다. Cat Bond의 만기는 3～10년의 장기이므로 그와 같은 문제에서 자유롭다.
- 재보험과 달리 Cat Bond는 경기변동, 환율, 인플레이션과 같은 자본시장 리스크와 상관관계가 거의 없으므로 포트폴리오의 분산 효과가 크다.

- 유사한 등급의 회사채와 비교해 볼 때 위험 대비 수익률이 높다.

반면 Cat Bond는 다음과 같은 단점이 있다.

- Cat Bond의 경우 보험사고인 대재해가 발생하게 되면 투자자는 기대한 예정수익을 달성할 수 없게 되는 기초위험basis risk이 존재한다.
- Cat Bond의 발행에는 원수보험사, 재보험사, 투자은행, 브로커, 신용평가사, 리스크 모델링 개발사, 법률회사 등 다수가 참여하게 되므로 Cat Bond 발행비용이 재보험의 2～3배에 이른다.
- Cat Bond 발행에 보통 6～12개월 정도의 오랜 시간이 소요된다.

우리나라의 경우에도 온난화 및 환경파괴로 인하여 태풍, 홍수, 산사태, 지진 등의 자연재해가 빈발할 것으로 예상되는바 자연재해 리스크 관리 차원에서 Cat Bond의 도입을 검토해 볼 필요가 있다. 우리나라의 경우 그동안 자연재해로 인한 손실의 대부분을 국가가 지원해 왔는데 무상복구비 지원의 경우 정부 지출이 막대하며 자연재해 피해자의 도덕적 해이도 적지 않다. 이와 같은 문제에 효율적으로 대처하기 위해서는 정책성 보험이나 민영보험의 활용이 바람직하다. 이를 위해서는 Cat Bond의 도입 및 활성화를 통해 민영보험의 인수 능력과 자본시장의 역할을 제고할 필요가 있다.

(3) 재난 리스크 파생상품

보험 리스크를 기초자산으로 하는 재난 리스크 파생상품은 1992년 CBoT(Chicago Board of Trade)에서 처음 거래되었다. 그후 시장 거래가 기대에 못 미쳐 활성화되지 못한 채 1999년 거래가 중지되었다.

파생상품의 순수한 형태 중 하나는 특정 자산을 미래 날짜에 지정된 가격으로 팔거나 또는 살 수 있게 하는 선물(futures contract)이다. 대재해선물(Cat Futures)은 이러한 개념의 발전으로서 특정 사고의 손실이 일정한 수준에 도달하면 합의한 금액을 지불한다는 계약이다. 많은 경우에 있어 특정 손실 수준은 기업의 요구 수준뿐 아니라 외부 기관이 요구하는 수준이 된다. 한 가지 예가 PCS Cat Insurance Options으로서 재해지수(catastrophe index)에 따라 지불이 이루어지는데 동 지수는 PCS(Property Claims Services)가 개발한 것이다.

(4) 긴급대출(Contingent Capital)

기업은 대형 재해에 따른 추가적인 비용 충당을 위하여 비상시 자동적으로 자금을 빌릴 수 있는 협정을 미리 체결함으로써 긴급 자금원을 확보할 수 있다. 일반적으로 이 방법은 최선의 선택이 아니게 되는데 이는 기업이 손실로 인해, 또 추가적인 자본조달로 인해 재무적으로 취약해지기 때문이다.

Catastrophe Equity Put(CatEPut)옵션이 대표적인데 이 옵션 계약의 효과는 그 권리가 일정 사건이 일어난 뒤에 효력을 갖는 것으로 이러한 사건은 대형재해 손실일 수 있다. 재해로 피해를 본 보험사는 사전에 미리 합의한 수준과 형태로 주식을 해당 투자자에 파는 권리를 행사할 수 있다.

5. 재난 리스크 관리의 진화

이상에서 살펴본 바와 같이 그동안 재난 리스크를 관리하기 위한 다양한 수단들이 개발되어 왔는데 그런 노력은 앞으로도 계속될 것이다. 우리에게 익숙한 리스크뿐만 아니라 향후 새로운 리스크나 부보 불가능한 것으로 여겨지는 리스크를 관리할 필요가 계속 생겨날 것이기 때문이다. 보험, Captive, 재보험 등의 전통적인 방법과 더불어 공사연계보험, Finite programs, ILS 등의 자본시장 연계 상품, 긴급대출 등의 ART 시장은 더욱 발전할 것으로 예상된다.

ART 시장 발전의 원동력은 무엇이고, ART 시장 발전의 장애 요인은 무엇일까? 상품별 발전 전망은?

Tips 옵션은 보험증권과 비슷한 점이 매우 많다. 그리고 때로 같은 이치로 사고 팔린다. 만일 보험증권이 매매 가능한 증권으로 전환된다면 그것들은 시장에서 옵션에 매겨지는 것과 똑같은 방식으로 가격이 매겨질 것이다. … 우리가 옵션이라고 부르는 파생상품은 보험에 들 수 있는 리스크의 영역을 넓혀감으로써 모든 리스크를 보험에 드는, 케네스 애로Kenneth Arrow가 말하는 이상적인 세상을 창조하는 데 기여하고 있다.

— Peter Bernstein, *Against the Gods : The Remarkable Story of Risk.*

ART 시장 발전의 원동력은 다음과 같다.[9] 재난에 대비한 ART 등의 솔루션은

- 기업이나 조직 가치 제고에 도움이 된다.
- 시장 흐름에 큰 영향을 받지 않는다.
- 리스크 인수 능력을 높인다.
- 리스크 분산에 도움이 된다.
- 규제 및 규제 완화 움직임에 유연하게 대처할 수 있다.

그렇다면 ART 시장 발전의 장애 요인은 무엇일까?

- ART를 실제로 도입할 때 조직 내의 거부감 극복이 쉽지 않다.
- 조직원들에게 ART의 복잡한 내용과 절차를 교육시키는 것이 만만치 않다.
- ART 활용이 이론적으로는 비용 효과적이지만 실제 상황과 다를 수 있으며, 정확한 원가 산정도 쉽지 않다.
- ART 수요에 부응하는 시장의 공급이 충분할지도 모를 일이다.
- 정부 규제, 계약 문화 차이 같은 법적 문제, 회계 문제 등이 걸림돌이 될 수 있다.

이상의 ART 발전 및 장애 요인을 종합적으로 고려하여 향후 ART

---

9. *Alternative Risk Transfer*, E. Banks, 2004.

시장의 상품별 발전 전망과 상품별 기능성을 정리해 본다.

표 6-11 ART 상품별 발전 전망과 기능성 평가

ART 솔루션	발전 전망	Moral Hazard 경감	부보 가능성 확장	리스크 전가 대체 효과	보험 싸이클 극복 효과
Captives	Strong	Yes	Yes	Yes	Some
Finite programs	Strong	Yes	Yes	Yes	Yes
Contingent capital	Moderately Strong	Yes	Yes	Yes	Some
ILS	Strong	Yes	Yes	Yes	Some
Insurance derivatives	So So	Yes	Yes	Yes	Yes

자료 : *Alternative Risk Transfer*, E. Banks, 2004. Ch.11

Big Data, Cat Modelling, AI, IoT, IoE with SNS

마지막으로 빅데이터를 활용한 재난 리스크 관리에 대해 알아보자. 우선, Cat Modelling을 들 수 있는데 이는 엄청난 규모의 데이터를 사용, simulation 및 첨단 프로그램을 활용하여 재난 리스크를 분석하고 있다. 이런 Cat Modelling 분석 결과는 보험사와 재보험사 언더라이팅에 많이 쓰일 뿐 아니라 일반 비즈니스의 리스크 관리, 정부기관, 헤지펀드 등 금융기관에서도 쓰이고 있다. Cat Modelling을 활용한 일본 홍수 경고 시스템의 예를 보자.

Tips

일본은 자연재해가 유난히 많이 발생하는 나라다. 지진과 태풍은 물론, 쓰나미, 산사태, 폭설, 홍수 등 자연이 야기하는 위험이 매년 곳곳에서 벌어지고 있다. 홍수와 침수로 빚어지는 재산 피해만 연간 4조 4,000억 원에 이른다. 매년 1,100번 이상 산사태가 발생하고, 시간당 100mm 이상 집중 폭우가 내리기도 하는데 강수량은 매년 증가하고 있다. 일본 정부와 지방자치단체의 고민은 이런 재난을 사전에 인지해 해당 지역 사람들에게 조금이라도 빨리 알리고 대피시켜 인명피해를 최소화하는 것이다. 홍수에 의한 피해를 최소화하기 위해 빅데이터를 어떻게 활용할 수 있을까? 최근 일본의 사례를 보면 여러 소스에서 데이터를 수집해 신속하고 적절히 결합하는 것의 중요성을 알 수 있다.

일본 정부는 'XRAIN' 레이더라는 특수 장비를 사용해 강수 상황에 대한 보다 많고 상세한 데이터를 수집하고 있다. 즉, 기존 기상 레이더에 비해 5배1분 단위로나 자주, 그리고 16배나 더 정밀한 지역의 데이터를 수집한다. 더욱이 3차원 스캔이 가능해 빗방울 크기에 대한 데이터까지도 수집할 수 있어 기존 방식에 비해 데이터 양이 100배 이상 늘어났다. 최대 4대의 레이더를 통해 각 단위 지역당 1분간 5만 개의 레코드가 생성된다. 이러한 빅데이터를 처리할 시스템을 구축한 후지쓰에 따르면 더욱 상세한 실시간 데이터 수집 및 분석이 가능해지면서 새 시스템은 최대 1억 개의 레코드를 10초 이내 통합하고 1분마다 업데이트 한다. 관찰 지역에 첫번째 빗방울이 떨어지면 이후 모든 빗방울 데이터가 실시간으로 통합된다.

일본 빅데이터 재난 예측 시스템의 특징은 정밀한 강수 레이더 데이터와 사람들의 SNS 데이터를 결합해 재난 발생을 더욱 정확히 예측하는 데 있다. 레이더에 비가 오는 게 포착됐다는 내용과 시점만으로는 재난이 발생할 것으로 단정짓기 어렵다. 비가 많이 와도 큰 사고가 나기도 한다. 그런데 만약 비가 오는 동네에 살고 있는 주민이 강물이 넘치고 산사태 조짐이 보인다는 내용을 SNS에 올렸다면, 그리고 그 주민이 SNS에서 언급한 지역 및 시점과 레이더 상의 지역 및 시점이 일치한다면 재난 지역에 대한 예측이 훨씬 정확해질 것이다. 그런데 여기에도 몇 가지 문제가 있다. 우선 재난 조짐에 관한 주민의 SNS에는 해당 지역에 대해 알려주는 내용이 있을 가능성이 매우 낮다. 더욱이 SNS 내용이 자신이 직접 경험한 것인지, 혹은 다른 사람의 얘기를 옮기거나 전한 것인지, 아니면 뉴스에 나오는 내용을 보고 얘기한 것인지 확인해야 SNS 데이터의 적절성을 판단할 수 있다.

문제를 더욱 어렵게 만드는 것은 SNS 포스팅 내용만으로 특정 지역을 구체적으로 파악하기 어렵다는 점이다. 예를 들어, 다음과 같은 문제들이 있다.

- SNS 글의 0.5%만이 GPS 정보를 제공한다.
- 특정 지역을 나타내는 정보예를 들어 자신의 동네나 이웃 동네의 이름를 나타내는 포스팅은 30% 정도에 불과하다.
- SNS 사용자 프로파일에는 대략적인 지역정보예를 들어 시나 군의 이름, 도의 이름만이 있다.
- 사용자의 주거지역에 대한 프로파일과 포스팅 내용 사이의 관련성이 적을 수도 있다즉, SNS 사용자의 실제 경험이 아니라 다른 사람이나 이웃의 이야기를 포스팅하는 경우도 있다.

이런 문제들을 해결하기 위해 후지쓰는 자연어 처리와 기계 학습을 적용한 '생활 지역area of life' 분석을 실시한다. '생활 지역' 분석은 익명의 사용자가 이전에 한 여러 포스팅 속에 등장하는 특정 지역과 연관된 단어나 표현을 통해 사용자의 일상적인 생활 지역을 대략적으로 파악하는 작업을 말한다. 후지쓰는 '생활 지역' 분석으로 SNS 데이터의 70%에 대해 그 위치를 파악해 특정 동네나 도시에 대한 수많은 포스팅을 통해 특정 지역의 재난 발생 가능성에 대한 예측력을 높일 수 있었다. 이같이 레이더 데이터와 주민들의 SNS 데이터를 결합한 더욱 정밀하고 시기적절한 분석으로 일본에서는 2012년 오사카 지역과 교토 지역의 홍수 피해를 기존 방식에 따를 때보다 3시간 전에 경고할 수 있었다.

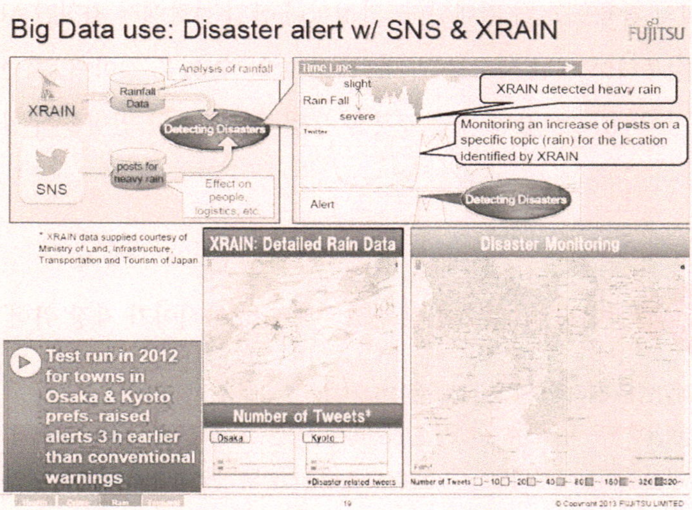

자료 : 함유근, 『이것이 빅데이터 기업이다』, 삼성경제연구소, 2015.

IoT[Internet of Things], 나아가 IoE[Internet of Everything]의 보편화는 재난 리스크 관리에 획기적인 전기가 될 전망이다. 유비쿼터스[Ubiquitous] 환경에서 언제 어디서든 실시간으로 재난 리스크의 상황 변화를 감지할 수 있고, 재난 발생 시에 신속하고 효과적으로 대처할 수 있다. 세월호 사고와 같은 해상 재난 사고를 가정해 보자. 기관실, 조타실, 갑판, 승객 침실 등 선박 곳곳에 있는 센서들이 선박의 상태 변화를 24시간 감지하고, 이를 실시간으로 외부 리스크 관리 센터에서 모니터링하며, 재난 발생 시 승객과 승무원들에게 SNS를 통해 상황을 알리고 필요한 후속 조치를 취하게 할 수 있다. 이는 재난 예방 및 사고 후 대처에 혁신적인 도움이 될 전망이며, 궁극적으로 인명 및 재산 손실을 크게 줄일 수 있을 것이다.

AI의 활용도 크게 기대된다. 가정이나 산업 현장에서 최첨단 AI 기법을 활용하여 재난 사고를 획기적으로 줄일 수 있을 것이며, 재난 사고 현장에 AI로 무장된 재난 로봇을 투입하여 귀중한 인명을 구할 수 있다.

DHC 뉴스 빅데이터의 2년 전 경고 "메르스, 아시아가 가장 위험"

"감염병은 심리학으로 시작해 수학을 거쳐 의학으로 끝난다."

전병율연세대 보건대학원 교수 전 질병관리본부장은 2009년 신종플루가 퍼졌을 때 겪은 경험을 이렇게 요약했다. 그는 당시 질병관리본부 전염병대응센터장을 맡았다. 그때 경험을 토대로 현재 중동호흡기증후군MERS · 메르스과 싸우는 후배들에게 조언을 한 것이다. 〈중앙일보 6월 8일자 8면〉 처음 감염병이 퍼질 땐 사람들이 너무 놀라지 않도록 적절한 수준에서 경고를 해야 한다. 반면 막판에는 가능한 모든 의학적 수단을 동원해 질병과 싸워야 한다. 한데 그 중간에서 수학은 어떤 역할을 한다는 걸까.

보건당국의 역학조사는 환자 접촉자를 찾는 데 초점이 맞춰져 있다. 쉽게 말해 누구에게서 병을 옮아 누구에게 옮겼는지 감염자의 '뒤를 쫓는' 방식이다. 대상자 전체를 실시간 확인하지 못한다면 항상 바이러스보다 한발 늦을 수밖에 없다. 만일 병이 퍼지기 쉬운 곳, 감염 가능성이 더 높은 사람들을 미리 가려낼 수 있다면 얘기가 달라진다. 물론 공상과학SF 영화에서처럼 대상자를 한 명 한 명 족집게처럼 집어내는 건 불가능하다. 하지만 상대적으로 확률이 높은 대상만 추려내도 방역의 효율을 높일 수 있다. 그런 확률을 계산하는 데 수학이 핵심적인 역할을 한다는 게 전문가들 얘기다.

실제로 미국 · 유럽 등은 2002년 중증급성호흡기증후군SARS · 사스, 2009년 신종플루 사태 등을 겪으며 이런 연구를 시작했다. 방법은 이렇다. 먼저 각 질병의 전파 과정을 방정식 모델로 만든다. 감염 가능성이 있는 사람, 잠복기에 있는 사람, 감염자, 완치자를 변수로 놓고, 다양한 접촉 조건에서 병이 퍼질 가능성을 따진다.

여기에 실제 사람들의 인구 데이터, 이동 정보를 결합해 한 지역에서 발생한 감염병이 언제, 어디로, 얼마나 퍼질까를 예측한다. 2006년 미국 IBM연구소가 개발한 '시공간 전염병 모델러Spatio Temporal Epidemiological Modeler ; STEM', 같은 해 미인디애나대와 프랑스 국립과학연구소CNRS 등 국제공동연구팀이 만든 '세계 전염병 · 이동성 모델GLobal Epidemic and Mobility model ; GLEaM' 등이 이렇게 만들어진 시뮬레이션 프로그램이다.

STEM은 미국 각 주 단위의 인구 정보, 출생률, 사망률 등을 기초로 정보를 업데이트한다. 여기에 각지의 교통 정보, 조류 이동 경로 등을 감안해 조류 인플루엔자AI 확산 경로를 추정한다. 오픈소스 프로그램이라 사용자들이 자신의 지역에 맞게 기능을 계속 추가할 수도 있다. 현재 240여 개 지역용 플러그인부가 프로그램이 추가됐다.

GLEaM은 전 세계를 모두 25만 개 단위25km × 25km로 나눈 뒤 각 단위를 잇는 교통 흐름을 분석한다. 230여 개국 3,800여 개 공항을 연결하는 항공편, 40여 개국 7만 8,000여 지역의 대중교통 데이터베이스를 이용한다. 이탈리아 과학학제간연구소Institute of Scientific Interchange ; ISI재단 등 유럽 연구팀은 2009년 이 프로그램으로 국가별 신종플루 확산 시기, 최대 유행시기를 거의 정확하게 예측했다. 또 2013년 중동에서 메르스가 번졌을 땐 사우디아라비아 · 카타르 등 메르스 발생국을 오가는 항공편을 분석해 메르스가 아시아에 퍼질 가능성66%이 유럽21% · 아프리카12% 등보다 높다고 예측했다.

질병통제예방센터CDC 등 미국 방역기관은 단계별 감염병 대응 전략을 세울 때 이런 프로그램들을 이용한다. 안인성 한국과학기술정보연구원KISTI 생명의료예측기술 연구실장은 "특정 지역의 학교 휴업 여부 등 정책적 판단을 내릴 때 빅데이터를 이용한 시뮬레이션 결과를 반영한다"고 말했다.

현재 걷잡을 수 없게 번지고 있는 메르스를 막는 데 이런 수학적 모델을 사용할 수는 없을까. 감염병 확산과 같이 무질서해 보이는 현상 뒤에 숨은 규칙을 분석하는 '복잡계Complex System 네트워크' 전문가인 정하웅 KAIST 물리학과 석좌교수는 "현재로선 힘들다"고 답했다.

복잡계 네트워크 분석의 핵심은 허브를 찾는 것이다. GLEaM 같은 프로그램들은 각지의 공항을 허브로 놓고 주변 연결망을 분석한다. 한데 현재 메르스는 지역이 아니라 병원 감염을 통해 확산되고 있다. 평소 다른 사람과 접촉이 많았던 사람이 아니라 병원에 입원한 특정 환자가 '감염 허브' 역할을 하고 있다. "워낙 특수한 상황이라 일반화하기가 힘들다. 모델을 만들 수는 있지만 에러가 많아 큰 의미가 없다"는 게 정 교수 얘기다.

분석에 필요한 '가공된' 데이터가 부족한 것도 문제다. 감염병 확산을 예측하려면 상세한 인구 데이터와 이들의 이동 정보가 필요하다. 정보통신IT 강국인 한국은 외국보다 이런 빅데이터가 잘 구축돼 있다. 인구 센서스나 교통카드 이용 정보, 건강보험관리공단 · 건강보험심사평가원의 병원 정보 등이다. 하지만 이들의 활용도는 오히려 외국보다 낮은 편이다. 안인성 KISTI 연구실장은 "각각의 데이터가 생산기관 안에 갇혀 있다. 자료 형식도 제각각이다. 이를 가공해 과학자들이 원하는 매개변수파라미터를 뽑아줘야 국내 실정에 맞는 예측 모델을 만들 수 있다"고 말했다. 빅데이터가 부처 간 '칸막이'에 막혀 있다는 것이다.

정부는 지난해 사회문제 해결형 과제 중 하나로 '감염병 조기 감시 및 대응 기반 확보' 사업을 선정했다. 5년간 총 480억 원을 들여 미래창조과학부 · 보건복지부 · 농림축산식품부 등 여러 부처가 함께 연구개발R&D을 하기로 했다. 하지만 복지부만 20억 원을 받고 나머지 부처는 예산을 못 받았다.

— **김한별 기자**(kim.hanbyul@joongang.co.kr)

자료 : 중앙일보 2015. 6. 16.(http://news.joins.com/article/18032399).

DHC 라이브러리

새로운 금융질서—21세기의 리스크 New Financial Order

『새로운 금융질서』는 단순히 금융 분야의 저술이라기보다는 다변하는 시대의 다양한 리스크에 대응하여 개인과 기업, 국가가 무엇을 할 것인가를 제시한 일종의 사회개혁서 성격을 띤다. 이 책은 그동안 최신 정보 기술과 리스크 관리 기술로부터 무시되어온 기본적인 리스크우리 직업의 가치에 대한 리스크, 우리 가정의 가치에 대한 리스크, 우리 사회의 생명력에 관한 리스크, 그리고 국가 경제의 견고성에 대한 리스크를 조절하는 진보적인 금융이론에 바탕을 둔 여섯 가지의 기본적인 아이디어△생계와 주택을 위한 보험, △거시시장의 창출, △소득연계대출, △불평등보험, △세대 간 사회보장, △국제리스크관리협약를 제시하고 있다.

로버트 쉴러 지음
정지만 · 황해선 · 도은진 옮김
민미디어 | 2003년

쉴러 교수는 포괄적인 위기 정보 데이터베이스에 의해 밝혀진 이 새로운 금융질서'가 무역 위기와 불평등한 협정에서부터 세대 간 사회적 불안정성에 이르기까지 광범위하게 적용될 것으로 전망한다. 아울러 이 새로운 금융 기회를 이용하기 위한 국제시장이 새롭게 열릴 것으로 내다본다.

자료 : http://blog.naver.com/hansea76?Redirect=Log&logNo=5771053

어제는 한국금융연구원 주최로 은행연합회에서 열린 세계 석학 세미나에 참석했다. 주인공은 미국 Yale대학의 Robert Shiller 교수였다. 미시간대 학부, MIT 석사 · 박사, Wharton School 교수, Yale대 교수 등의 학력을 갖고 있고, Finance 분야의 대가시다. 그런 대가들의 세미나에 가면 느끼는 바가 무척 많다. 우선 청중들의 면면을 보고 놀라게 되는데, 소위 방귀 깨나 뀐다고 하는 학자들이나 관련 유명 인사들이 즐비하게 자리를 잡고 있다. 한마디도 놓치지 않고 대가의 발표를 경청하는 그분들의 모습을 보고 있노라면 심지어 경건한 마음이 들 정도다. 또 대가의 발표에는 공통적으로 카리스마가 느껴진다. 청중을 압도하는 무게감과 여유롭게 발

표를 리드하는 석학의 모습을 보노라면 경외심과 더불어 아름답기까지 하다.

어제 발표의 주제는 The New Financial Order였는데 Shiller 교수는 동일한 타이틀로 올해 초에 책을 출간하신 바 있다. 요점은 첨단 IT를 바탕으로 Finance의 리스크 관리 knowhow를 통하여 오늘날 우리가 직면하고 있는 여러 리스크들을 훌륭하게 극복할 수 있다는 주장이다. 구체적인 예로서 불평등 리스크에 대한 리스크 관리 수단으로 불평등보험Inequality Insurance 개발을, 재정 문제로 세계적으로 골치를 앓고 있는 국민연금의 대안으로 세대 간 리스크 공유Inter-generational Risk Sharing 방안 등을 제안한다. 때는 바야흐로 리스크 관리의 시대임을 보여주고 있다.

그 책 *The New Financial Order*의 내용을 볼 것 같으면 거의 철학적인 수준이다. Finance 전공 학자이시니 복잡한 수식과 이론적인 모델로 책이 범벅이 되어 있겠지 했던 선입관은 무참히 깨어진다. 심지어 이건 너무 비약 아닌가 싶을 정도로 큰 틀을 제시하고 있다. 사실, 국민연금의 경우 세대 간 불평등Inter-generational Inequality 문제가 심각한 형편에 오히려 세대 간 리스크 공유Inter-generational Risk Sharing 방안을 주장하고 계시니 어느 한편 황당한 생각이 들 정도다. 어느 분야이건 대가의 경지에 들어서면 철학자가 되는 모양이다. 모든 것이 물 흐르듯 막힘이 없고, 이런저런 주변 것들은 자연히 정리가 되면서 큰 흐름을 이루는 모양이다. 그저 존경스러울 따름이다.

존경스러운 마음에 멍하니 발표를 듣고 나서 질문시간에 그저 말 한마디라도 건네 보고 싶은 마음에 대책 없이 손을 들고 말았다. 버걱거리는 영어로 첫 질문을 마치고, 진짜 중요한 두번째 질문을 이번엔 유창한 영어로 던졌다. "Can I get your signature, PLEA～SE?" 귀국 전에 U Penn 대학 서점에서 어마어마한 달러를 주고 구입했던 Shiller 교수의 책 *The New Financial Order*를 어제 세미나에 가지고 갔던 것이다. 우하하하～ 한 건 했다. 영양가 있는 하루였다.

자료 : http://konkuk.ac.kr/~dhchang/

DHC 씨네마

감기

2013년 8월 개봉한 영화 〈감기〉는 아파트가 밀집한 경기도 성남시 분당구에 변형 조류독감 바이러스가 퍼진 뒤 벌어지는 사태를 상상적으로 그린 영화다. 분당소방서 구조대원인 지구[장혁]와 감염내과 의사 인해[수애]가 급속도로 퍼지는 전염병 재난 상황에서 인해의 딸을 구하기 위해 애쓰는 과정이 영화의 중심 줄거리다.

2년이 지난 지금, 〈감기〉가 중동호흡기증후군[MERS, 메르스] 여파를 맞아 다시 주목받으며 일부에선 재평가 움직임까지 일고 있다. 〈감기〉에 사람들이 뒤늦게 열광하는 이유는 뭘까. 일단 빠른 전염성과 높은 치사율의 바이러스를 소재로 한 영화란 점이 꼽힌다. 티빙 관계자는 "〈감기〉의 인기는 (메르스 사태가 불거진) 지난 1주일 사이 일어난 이례적인 현상"이라고 전했다. 메르스에 두려움을 느끼는 국민들의 심리 상태가 투영됐다고 볼 수 있다. 하지만 '평점 다시 주기' 등 대중이 영화에 대한 조직적인 재평가 조짐까지 보이는 배경엔, 전염병에 대처하는 컨트롤타워의 부재로 기댈 곳이 없어진 시민들의 불안함과 분노가 영화와 현실 곳곳에서 공통적으로 나타나기 때문이란 분석이 나온다.

〈감기〉에서 정부는 전염병에 대한 대처방식을 놓고 혼란상을 보인다. 일단 바이러스가 창궐한 분당은 철저하게 격리된다. 하지만 이 와중에도 분당을 지역구로 하는 정치인은 훗날 시민들이 자신에게 전염병 확산의 책임을 물을까봐 걱정한다. 선거에서의 표 득실을 계산하는 것이다. 또 사태가 심화될수록 재난 컨트롤타워인 정부 각료들은 극심한 의견충돌을 보인다. 이런 장면들은 청와대 · 정부와 지자체 사이의 갈등, 정부의 부실했던 감염 의심자 행적 및 인원 파악 등 이번 머르스 사태에서 보이는 현실과 겹치는 부분이다.

또 영화에서 공포에 짓눌린 분당 시민들을 더 혼란스럽게 만드는 것 중 하나는 바로 정부의 '정보 통제'다. 바이러스에 감염돼 격리된 사람들에게 취해지는 향후 조치나 항생제 개발 상황 등은 이들에게 절대 공개되지 않는다. 영화 속 각료들은 '국민들의 동요를 막기 위해'란 이유를 든다. 이런 정부에 반발해 들고 일어난 시민들에게 군은 총구를 겨눈다.

물론 영화 속 극적 표현이지만, 이런 장면들은 정부가 메르스 발생 지역과 병원을 일절 공개하지 않아 불안한 시민들이 자발적으로 관련 정보를 수집해 '메르스 지도' 만들기에 나서야 했던 최근 상황을 떠올리게 한다. 정부가 메르스 사태 초기부터 '유언비어 단속'을 내세운 것도 마찬가지다.

정덕현 대중문화평론가는 "일련의 재난 영화들은 일관되게 재난의 발생 자체보다는 향후 관리와 대처의 문제를 드러내 '인재'임을 강조한다"며 "메르스 사태가 대중들에게 이를 다시 환기시키는 상황을 만든 것"이라고 말했다.

자료 : http://news.khan.co.kr/kh_news/khan_art_view.html?artid=201506092114495&code=960401

Disaster Risk Management

part four

재난 대비 통합 리스크 관리

1. 통합 리스크 관리

2. ERM

통합 리스크 관리

Disaster Risk Management
ch. seven

7

오래 전에 한라산 등반을 한 적이 있다. 당시 직장 등산부에 속해 있었던 장군은 한라산 맨 밑바닥부터 낑낑대며 상당 시간을 들여 백록담 정상까지 올랐다. 평소 체력 단련에 소홀했던 장군은 매우 힘들었다. 그러나 정상에 올랐을 때의 기쁨이란 … 특히 백록담의 아름다운 풍광은 지금도 눈에 삼삼하다.

그런데 말이다 … 분명 상당한 시간을 들여 힘들게 산을 올랐음에도 불구하고 백록담 정상만 기억에 있지 중간 과정은 전혀 기억에 없다. '당연하지, 결국 정상에 오르는 게 등반의 목적이라면 정상만 기억하면 됐지 중간 과정을 무엇 하러 기억하냐' 라고 얘기하시겠지만 … 과연 그럴까? 목표만 달성하면 끝인가? 과정은 중요하지 않나? 복기는 필요 없나?

우리 모두는 각자가 올라야 할 산을 대상으로 등반을 하고 있다고 생각한다. 경우에 따라서는 많은 이들이 동일한 산을 목표로 출발점을 달리 하여, 또 여러 route를 통해 등반하고 정상에 오르기도 한다. 아예 오르지도 못하는 이들이 있는가 하면, 이런저런 이유로 도중에 등반을 멈추기도 하며, 정상 등반 후 하산하는 과정에서 변을 당하기도 한다. 또 같은 산의 정상 등반을 두 번 세 번 하는 이들도 있다.

큰 산의 바로 밑자락에서는 전혀 산 전체를 볼 수가 없다. 정상도 물론 보이지 않는다. 정상을 목표로 열심히 올라보지만 쉽지 않다. 갈 길을 잃기도 하고, 바로 앞에 큰 장애물이 있어 한참 돌아가야 하는 경우도 흔하게 일어난다. 곳곳에 뱀 등 야생동물의 위험도 적지 않다. 상황이 이러하니 정상에 오르는 중간 과정은 눈에 보이지 않는다. 분명히 자기가 스스로 올랐던 길이었음에도 기억에 전혀 없다.

드디어 정상에 올랐다. 그런데 … 목표로 했던 산의 정상에 오르면 끝인가? 산 정상에서 계속 살 것이 아니라면 결국 하산해야 한다. 많은 등산 전문인들이 공히 얘기하듯이 등산보다 하산이 어렵다. 정상 등탄의 목표를 이루었음에 흥분한 때문인지 적지 않은 이들이 방심하다가 하산 도중에 사고를 당한다.

무사히 하산하여 자기가 등반했던 산을 조금 멀리서 재조명해 본다. 그제야 산의 모습이 제대로 보이기 시작한다. 자기가 목표로 했던 대상의 진면목이 보이는 것이다. 그래서 다시 그 산에 등반하는 이들이 있다. 이제는 주변을 돌아보며 좀 여유 있게 등산 과정을 즐길 수 있게 된다. 산의 큰 모습을 머리에 담고 자신의 현 위치를 파악하며 나아가야 할 방향을 새기며 산을 오를 수 있다.

Tips 히말라야 설산에는 길이 없다.
길이란 어디에도 없고, 가야 한다는 생명의 복받침만이 있다.
인간의 앞쪽으로 뚫린 길은 없다.
길은 몸으로 밀고 나간 만큼만의 길이다.
그래서 길은 인간의 뒤쪽으로만 생겨난다.
그리고 그 뒤쪽의 길조차 다시 눈 속에서 지워지는 것이어서 길은 어디에도 없고,
길은 다만 없는 길을 밀어서 열어내는 인간의 몸속에 있다.

— 김훈(엄홍길 저, 『8000미터의 희망과 고독』 중에서)

대처해야 할 문제가 있다면, 관리해야 할 대상이 있다면 서둘지 말고 먼저 그 문제를, 그 대상을 잘 살펴보아야 한다. 그리고 나서 어디를 어떻게 공략할지를 구상해도 늦지 않다.

우리 사회가 직면하고 있는 각종 재난 리스크는 엄청나게 다양하고

실로 복잡다단하다. 이를 제대로 관리하기 위해서는 종합적인 분석과 체계적인 관리가 요구된다. 소위 통합 리스크 관리Integrated Risk Management가 필요한 것이다.

1. 통합 리스크 관리

오늘날 리스크 관리는 그 중요성이 날로 더해지고 있다. 정보 통신 혁명 등 과학기술의 발달, 금융시장의 변화, 재해사고의 빈발, 경영활동의 세계화 등 기업을 둘러싼 리스크가 날이 갈수록 복잡 · 다양화되어 가고 있다. 급변하는 경영 리스크 환경에 처하여 기업들에게는 체계적인 리스크 관리가 절실하게 요구되는바 향후의 리스크 관리는 과거와 같은 보험 위주의 리스크 관리에서 벗어나 통합 리스크 관리Integrated Risk Management의 추세가 될 것으로 예상된다. 부보 리스크, 재무 리스크, 신용 리스크, 비상 리스크 등을 포괄적으로 통합 관리하는 노력이 필요한 것이다. 이제 기업에게 있어 리스크 관리는 과거의 소극적이었던 손실 예방 및 손실 감소 차원의 기능에서 한 단계 발전하여 중장기적인 이익 창출의 적극적인 기능으로 인식되고 있다.

기업은 효율적인 리스크 관리를 위하여 기업의 리스크 부담 능력과 해당 리스크의 손실 발생 빈도 및 손실 규모를 종합적으로 고려하여 구체적인 리스크 관리 방법을 선택하게 된다. 기업은 전통적으로 기업이 보유할 수 없는 리스크를 보험시장에 전가하여 왔으나 1980년 이후로 기존 보험시장과 재보험시장의 한계 및 기업의 다양한 리스크 관리 필요 등으로 인해 새로운 리스크 전가 수단에 관심을 갖기 시작하였다.

1980년대 후반 이후 빈발하고 있는 일련의 대형 재해catastrophe 손실들은 보험시장의 한계를 노정시켰는데 여기서 말하는 보험시장의 한계라 함은 대형 재해에 대한 보험사 인수능력의 부족, 원하는 담보의 부재, 보험료율의 급변 가능성을 의미한다. 이런 상황에서 대형 재해의 리스크 관리를 위하여 보험시장과 재보험시장의 틀을 벗어나 대규모 자본조달 능력과 탁월한 리스크 분산 능력을 가진 자본시장에 눈을 돌리게 된 것은 지극히 자연스러운 현상이라 할 수 있다.

오늘날의 기업, 특히 다국적기업들은 경영환경의 급변에 따른 경영리스크의 다변화에 대처하기 위한 새로운 개념의 리스크 관리가 필요함에도 불구하고 보험을 중심으로 하는 전통적인 리스크 관리는 이러한 기업의 니즈에 부응하지 못하고 있다.

기업의 존폐를 좌우할 수 있는 치명적인 리스크를 소위 killer risks라고 하는데 그 대표적인 예는 다음과 같다.

- 영업 라이센스 상실
- 상표가치 또는 소비자신용 상실
- 고객 기반 상실
- 사업 위기 및 지불능력 상실
- 기업 전체에 서비스를 제공하는 IT 관련 시설의 마비
- 인적 자원 및 기술 기반 상실
- 산업 경쟁력 상실

상기한 killer risks 중 전통적인 리스크 관리 수단인 보험을 통해 관

리할 수 있는 리스크는 거의 없음을 감안할 때 기업의 리스크 관리 니즈에 대한 보험의 한계는 분명하다고 하겠다.

최근의 대형 재해 사고 빈발과 급변하는 경영 리스크 환경에 처하여 기업들에게는 체계적인 리스크 관리가 절실하게 요구되는바 향후의 리스크 관리는 통합 리스크 관리의 추세가 될 것으로 예상된다. 부보 리스크, 재무 리스크, 신용 리스크, 비상 리스크 등을 포괄적으로 통합 관리하는 노력이 필요한 것이다.

전통적인 보험 이외의 방법으로 기업이 금융 리스크를 전가할 수 있는 수단이 있을 수 있고 리스크 전가를 위한 통로로서 전문적인 리스크 인수자가 있는바 바로 자본시장이다. 대규모 자본조달 능력과 탁월한

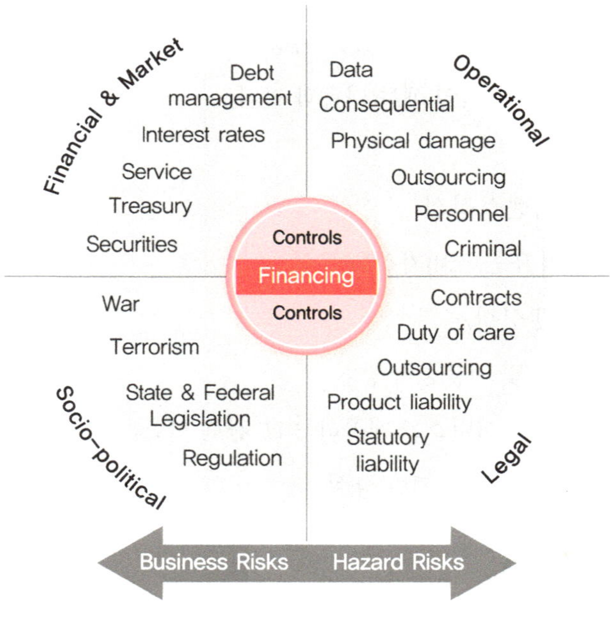

그림 7-1 통합 리스크 관리

리스크 분산 능력을 가진 자본시장이 새로운 리스크 인수자로서 부각되고 있는 것이다.

상기한 바와 같이 기업을 둘러싼 경영환경의 변화는 기업 리스크 관리에 있어 새로운 접근을 요구하게 되었는데 이러한 접근은 보험과 재무의 전문적인 노하우를 필요로 하며 관리 대상 리스크는 투보 리스크, 재무 리스크, 운영 리스크 등 기업 경영의 전반적인 리스크들을 아우르게 되는바 그 내용상 포괄적인 리스크 관리가 된다. 통합 리스크 관리의 차원에서 볼 때 특정 리스크의 원천은 특별히 중요한 바가 아니며, 여하한 리스크가 되었건 궁극적인 손실은 기업 매출에 지장을 초래하며 심지어 기업의 파산까지를 불러올 수 있다.

사실, 주어진 손실에 대해 리스크별로 손인 분석을 한다는 것 자체가 쉬운 일이 아닐 것이며, 리스크들은 단순히 "가중된다add up" 고 할 수 없는바 이는 기업이 특정 리스크를 관리함에 있어 여타 리스크에의 영향을 직간접적으로 받기 때문이다. 바로 이러한 차원에서 포괄적이고 통합적인 리스크 관리 전략이 필요한 것이다. 통합 리스크 관리의 성격은 다음의 다섯 가지로 요약할 수 있다.[1]

첫째, 세부 분석적인 성격의 리스크 관리이다. 기업 리스크 관리의 초석은 현존 리스크에 대한 면밀한 분석에 있다. 손실 발생 빈도와 손실 규모에 대한 분석에 기초하여 리스크 통제나 리스크 전가 등의 리스크 관리 기법을 강구하게 된다. 가장 대

1. Neil Doherty, *Integrated Risk Management*(2000) pp.10~12.

표적인 리스크 관리 수단으로서 보험은 때로 비효율적일 수 있고 적지 않은 경우 보험 가입 자체가 불가한 경우도 있는데 이런 경우에 대비하여 보다 다양한 리스크 관리 기법의 확보와 운용이 요구된다.

둘째, 기업의 최적 투자 실행 차원에서의 리스크 관리이다. 손실에 따른 유동성 부족 사태나 신규 투자 및 재투자 불가 상황을 고려해 볼 때 기업 리스크 관리는 기업의 최적 투자 시나리오 차원에서 수행되어야 한다. 리스크 관리 전략은 손실 발생 전후의 최적 투자 의사결정을 포함하여야 할 것인바, 구체적인 수단은 비상시 자동대출 등을 포함한다.

셋째, 거래비용 최소화에 부합하는 리스크 관리이다. 리스크 관리가 적절하게 이루어지지 않는 경우 세금 부담 증가, 주주-채권자 간의 갈등, 파산비용 증가 등의 거래비용이 발생한다. 이에 따라 거래비용 최소화 차원에서의 리스크 관리는 전통적인 리스크 관리뿐 아니라 세금 관리, 자본구조 조정 등을 포함한다.

넷째, 포괄적인 성격의 리스크 관리이다. 경영 성과에 영향을 미치는 리스크의 다양성을 고려해 볼 때, 또 리스크의 원천 파악보다는 결과적인 손실의 파괴력을 고려할 때 새로운 차원의 리스크 관리는 부보 리스크, 재무 리스크, 운영 리스크 등을 포괄적으로 커버하는 성격이 되어야 할 것이다.

다섯째, 통합 리스크 관리는 경제적이다. 기업 경영에 따른 많은 현금흐름은 리스크를 내포하고 있는데 전체 현금흐름의 리스크는 각 리스크의 단순 합과 상이하다. 리스크들은 단순히 가중된다고 할 수 없는바 이는 기업이 특정 리스크를 관리함에 있어 여타 리스크에의 영향을 직·간접적으로 받기 때문이다. 분산효과에 의거하여 전체 리스크는 개별 리스크의 합보다 작다. 반면에 기업이 당면한 리스크들을 전체적으로 관리하지 않고 개별적으로 접근하는 경우 도리어 리스크를 증가시키는 비효율적인 의사결정을 할 수 있다.

기업을 둘러싸고 있는 환경이 변화함에 따라 기업 경영에 영향을 미치는 리스크는 계속해서 증가하고 있다. 리스크가 궁극적으로 긍정적 결과를 가져오느냐, 부정적인 결과를 가져오느냐는 기업이 해당 리스크를 어떻게 다루는가에 달려 있다. 리스크를 적절하게 관리한다면 적지 않은 리스크들은 오히려 이익의 원천으로 바뀔 수 있다. 반면, 리스크를 제대로 관리하지 못하는 경우 중대한 손실을 가져올 수 있을 뿐만 아니라 심지어 기업의 존립 기반을 해칠 수도 있다.

기업은 효율적인 리스크 관리를 위하여 기업의 리스크 부담 능력과 해당 리스크의 손실 발생 빈도 및 손실 규모를 종합적으로 고려하여 구체적인 리스크 관리 방법을 선택하게 된다. 기업은 전통적으로 기업이 보유할 수 없는 리스크를 보험시장에 전가하여 왔으나 1980년 이후로 기존 보험시장과 재보험시장의 한계 및 기업의 다양한 리스크 관리 필요 등으로 인해 다른 리스크 전가 수단에 관심을 갖기 시작하였다.

ART(Alternative Risk Transfer)란 전통적인 리스크 관리 수단인 보험을 대체하는 리스크 전가 수단을 의미하는데, 여기에는 Risk Retention

Group, Finite Risk Program, 대재해선물Catastrophe Futures, 대재해옵션Cat Options, 대재해채권Cat Bonds 등이 포함된다.

▪ 파생상품

파생상품의 순수한 형태 중 하나는 특정 자산을 미래 날짜에 지정된 가격으로 팔거나 살 수 있게 하는 futures contract이다. 대재해선물Cat Futures은 이러한 개념이 발전된 형태로 특정 사고의 손실이 일정한 수준에 도달하면 합의한 금액을 지불한다는 계약이다. 많은 경우에 있어 특정 손실 수준은 기업의 요구 수준뿐 아니라 외부 기관이 요구하는 수준이 된다. 한 가지 예가 PCS Cat Insurance Options으로 재해지수catastrophe index에 따라 지불이 이루어지는데 동 지수는 Property Claims Services가 개발한 것이다.

▪ 대재해채권Cat Bond

Cat Bond는 금융사고보다는 보험사고에 기초한 원리금을 투자자에게 지급하는 채권이다. 여기서 투자자에게 중요한 것은 그들의 포트폴리오 리스크를 자본시장의 한계를 넘어서 추가적인 시장으로 분산하는 것으로, 이 경우 대형 재해와 같은 보험사고를 담보하는 보험시장이 된다.

▪ CATEXCatastrophe Risk Exchange

CATEX는 보험 리스크를 거래하는 전자 시스템으로 거래자들은 대형 재해 리스크를 스왑한다. 예를 들면 보험사와 재보험사들은 일본 지진 리스크를 플로리다 허리케인 리스크와 교환할 수 있다. 이것은 그들이 한 가지 유형의 리스크에 개별적으로 과도하게 노출되는 것을 피하게 하고 그에 따라 그들 자신의 자본을 더 효율적으로 사용할 수 있게 한다.

■ 긴급 대출

기업은 대형 재해에 따른 추가적인 비용 충당을 위하여 비상시 자동적으로 자금을 빌릴 수 있는 협정을 미리 체결함으로써 긴급 자금원을 확보할 수 있다. 일반적으로 이 방법은 최선의 선택이 아니게 되는데, 이는 기업이 손실이나 추가적인 자본조달로 인해 재무적으로 취약하지 기 때문이다.

■ Put Options

옵션 계약의 효과는 그 권리가 일정 사건이 일어난 뒤에 효력을 갖는 것으로 이러한 사건은 대형 재해 손실일 수 있다. 피해를 본 기업은 사전에 미리 합의한 수준과 형태로 주식을 해당 금융기관에 파는 권리를 행사할 수 있다.

ART가 대재해성 리스크를 커버함에 있어 위험자본의 훌륭한 원천이 되고 있긴 하지만 다음과 같은 한계가 있는 것도 사실이다.

첫째, ART 수단을 통한 현금흐름이 반드시 보상indemnity과 직결된 것은 아니다. 따라서 실제 손실에 못 미치는 현금흐름이 있을 수 있다.

둘째, 기업의 입장에서나 자본시장의 투자자 입장에서 익숙하지 못한 환경에서 거래를 함에 따라 도리어 새로운 리스크가 야기될 수 있다.

셋째, 자본시장의 메커니즘은 보상서비스에 취약할 수밖에 없는바 외주를 주게 되는 경우 추가적인 비용이 발생한다.

넷째, ART가 아직은 금융당국의 감독이나 세무 · 회계처리 차원에서 호의적인 취급을 받지 못하고 있다.

이상에서 논의된 바와 같이 향후의 리스크 관리는 통합 리스크 관리가 주가 될 전망이다. 상대방의 리스크를 인수하여 이를 체계적으로 관리하는 서비스를 주된 업무로 하는 보험 비즈니스의 경우 여타 금융기관에 앞서 이런 시장의 흐름에 민감하게 대처하고 시장을 주도하는 현명함을 보여야 할 것이다.

금융기관 간의 업무 영역을 허물고 금융소비자의 니즈에 적극적으로 부응하는 방향으로의 금융개혁이 세계적인 추세가 되고 있다. 이러한 시대적인 흐름에 우리 금융계도 발 빠르게 대처할 필요가 있는바 자본시장통합법의 제정이나 금융시장의 개혁 움직임이 대표적인 예라고 하겠다.

이런 환경 속에서 보험 비즈니스도 향후 발전적인 개혁이 전망되고 요구되는데, 그 방향은 손해보험 비즈니스와 생명보험 비즈니스의 화학적인 결합을 기반으로 보험시장과 자본시장의 연계를 통한 통합 리스크 관리 비즈니스로의 발전이 그것이라고 할 수 있다. 개인과 가계를 대상으로 하는 생애재무설계Life Financial Planning와 기업을 대상으로 하는 통합 리스크 관리Integrated Risk Management의 부각이 예상된다. 아울러, 그 중요성과 사회적 심각성이 날로 더해 가고 있는 사회보장 리스크고령화 리스크, 건강 리스크, 실업 리스크 등를 관리하여야 하는 공영보험 시스템과의 조화로운 연계도 민영보험 비즈니스의 기회시장이 될 수 있다.

통합 리스크 관리 비즈니스로의 발전적인 개혁을 목표로 할 때 보험 비즈니스는 이에 대비하는 적극적인 대처가 요구되는데, 구체적인 대응 방안은 다음과 같다.

첫째, 리스크 관리 전문인력의 보강과 양성이 절대적으로 필요하다. 보험 위주의 리스크 관리 틀을 넘어 재무 리스크 관리, 신용 리스크 관리를 아우르는 고차원의 통합 리스크 관리를 대상으로 할 때 전문인력 양성의 중요성은 아무리 강조해도 지나침이 없다.

둘째, 전사적 리스크 관리ERM 시스템의 구축이 필히 요구된다. 이를 위해서는 장·단기 마스터플랜과 로드맵의 설정이 필요하다.

셋째, 글로벌 금융위기를 겪으면서 우리는 좋은 규제 개혁과 보험 비즈니스의 성공을 위해서는 정부, 기관, 보험 비즈니스 간의 대화와 국제적 공조가 얼마나 중요한지 다시 한 번 깨달았다. 보험 비즈니스를 위한 국제적 공조 필요의 구체적인 예로는 Solvency II 이행과 IFRS 적용이 있다.

통합 리스크 관리 비즈니스로의 발전에는 짧지 않은 시간과 투자가 요구될 것인바 보험업계는 관련 비즈니스와의 횡적인 연계나 금융지주

회사를 중심으로 하는 통합 리스크 관리 시스템 구축 등의 구체적인 대비책 마련이 요구된다. 기존의 거래 유형인 재보험시장을 통한 리스크 관리와 새로운 파트너가 되는 자본시장과의 연계에 따른 리스크 관리에 있어 중복을 피하는 동시에 갭을 최소화하는 효율적이고 체계적인 시스템의 구축이 필수적이다.

이상과 같은 보험비즈니스의 대응방안 마련과 더불어 변화의 흐름과 사회적 책임을 분명히 인식하고 통합 리스크 관리 시스템 구축을 위한 당국과 학계의 적극적인 관심과 협조의 필요성은 부언할 필요가 없겠다.

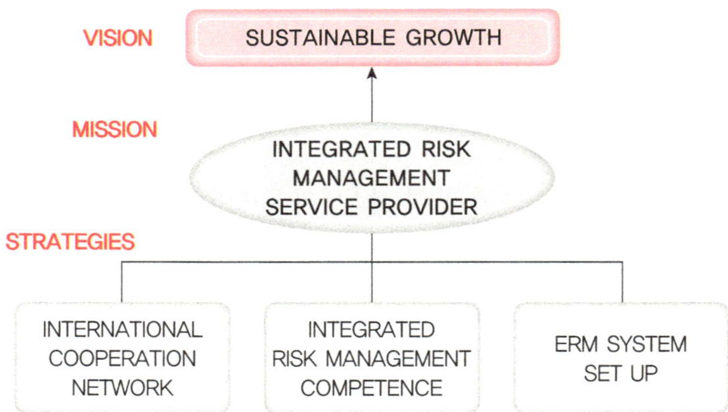

그림 7-2 보험 비즈니스의 비전과 전략

DHC 뉴스 안전한 한국, 국민 재난대응 역량에 달렸다

일찍이 공자는 정명사상正名思想을 통해 모두가 각자의 직분을 다한다면 질서가 회복되고 모든 사람이 평안하게 살 수 있다고 역설했다. 제각기 본분에 맞게 행동하고, 사회적으로 주어진 역할을 충실히 수행한다면 자연스럽게 사회질서가 확립되고 각자 삶의 질도 향상될 것이라고 본 것이다.

이런 공자의 사상은 오늘날 재난안전관리 분야에 시사하는 바가 크다. 국민안전처 출범 이후 초대 장관으로서 가장 큰 고민거리였던 '국민안전을 확보하기 위해서는 어떻게 해야 할까', '그 과정에서 국민안전처의 역할은 과연 무엇일까' 라는 질문에 대한 답을 찾아내는 데 결정적인 실마리를 제공해 줬다.

지난 1년간 범汎정부적 안전정책을 추진하고 각종 사고와 재난에 대응하며 얻은 결론은 대한민국의 안전은 국민안전처란 단일 부처의 힘만으로는 지켜낼 수 없다는 것이었다. 정부 내 다른 부처, 지방자치단체, 국민 모두가 각자의 자리에서 역할을 해내지 않으면 안전은 언제 어디서나 위협을 받을 수밖에 없다.

메르스중동호흡기증후군, 낚시어선 전복사고 등의 사례에서 알 수 있듯이 아무리 좋은 정책이라도 현장에서 작동하지 않으면 무용지물이 되고, 현장에서 국민 각자가 안전수칙을 지키지 않으면 안전을 확보하기 어렵다. 기본적인 안전수칙을 잘 지키더라도 제도상 미비점이나 정책방향에 오류가 있다면 사고가 발생할 가능성이 높기 때문이다.

다시 말해 정부가 안전정책을 잘 만들고, 지방자치단체가 현장에서 정책을 충실히 집행하며, 국민 개개인이 기본적인 안전수칙을 철저히 지킬 때 비로소 대한민국의 안전은 확보될 수 있다. 이런 의미에서 국민 안전을 총괄 · 조정하는 국민안전처 역할은 명확하다. 앞으로 국민안전처는 정부와 지자체, 국민이 안전과 관련한 각자의 역할을 충실히 할 수 있도록 여건과 환경을 조성하는 데 역량을 집중해 나가고자 한다.

먼저, 예방 중심으로 정부 정책의 패러다임을 전환할 것이다. 사고 발생 후 수습보다 사고가 발생하기 전에 예방하는 것이 재난안전관리 측면에서 효과가 더 크기 때문이다. 안전사고 사망자 감축 목표관리제 도입, 주요 안전분야에 대한 표본점검 및 모니터링 체계 구축, 불합리한 안전기준 개선, 국민안전 현장관찰단 운영 등 다양한 예방안전 시책들이 그것이다.

둘째, 재난안전정책 집행기관인 지자체의 역할과 기능 강화다. 초동대응과 현장관리를 책임지고 있는 지자체가 지역 특성에 맞는 안전관리를 추진할 수 있도록 지역안전지수 공개, 지역안전개선 컨설팅 등 정책적 지원과 취약시설 개 · 보수에 필요한 재정 지원을 확대해 나갈 예정이다. 이를 통해 지자체가 현장에서 충실히 재난안전관리 업무를 수행할 수 있도록 든든한 지원자 역할을 하고자 한다.

셋째, 국민 각자의 재난대응 역량 강화다. 생활안전지도 등 국민 시각에서의 정보 제공, 생애주기별 안전교육지도 마련과 안전체험시설 확충을 통한 안전교육 강화, 소방차 길 터주기 등 국민이 참여하는 훈련 확대 등을 통해 국민 각자의 재난대응 역량을 높이고, 안전의식을 체화體化하는 데 더 많은 노력을 기울일 예정이다.

출범 1주년을 맞아 국민안전처 전 직원들은 새로운 변화를 모색하고 있다. 지난 1년간 불철주야 가다듬어 온 각종 제도와 시스템을 정착시키기 위해서는 국민 모두의 협조와 참여가 무엇보다 소중하다. 삼분정족三分鼎足, 솥이 바로 서 있기 위해서는 균형된 세 개의 발이 필요하듯 국민안전을 확보하기 위해서는 국민안전처를 비롯한 정부와 지자체, 국민의 노력이 모두 필요하다. 모두의 노력이 결실을 보아 대한민국이 행복하고 안전한 나라가 되는 날이 하루빨리 오기를 기대해 본다.

— **박인용**(국민안전처 장관)

자료 : 한국경제 2015. 11. 25.
(http://www.hankyung.com/news/app/newsview.php?aid=2015112508951)

세계적인 사회학자 울리히 벡1944～2015은 "현대 사회는 사회 전반에 걸쳐 위험이 내재돼 있는 위험사회다"라고 경고한 바 있다. 그의 말처럼 네팔 대지진, 일본 홍수 등 많은 재난이 지구촌 곳곳에서 발생하고 있다. 우리나라 역시 삶의 현장 곳곳에서 발생하는 예상치 못한 재난과 사고들이 국민의 안전을 위협하고 있다.

기상청은 올해 엘니뇨의 영향으로 집중호우와 강력한 태풍이 우리나라에 큰 피해를 줄 것이라고 예상했다. 국민안전처 전 직원들은 출범 이후 첫 번째 여름을 맞아 긴장할 수밖에 없었다. 기후변화와 대형 재난에 대비해 전국 방방곡곡 재난에 취약한 요소를 철저히 점검했다. 그리고 대한민국에서 일어나는 모든 사고를 24시간 실시간 모니터링하며 선제적으로 대응해 왔다.

현재까지 23개의 태풍이 생성되었고, 강력한 태풍으로 일본과 중국은 사망자가 다수 발생하는 큰 피해를 입었다. 이에 비해 우리나라는 아직까지 태풍과 호우로 인한 피해가 크지 않다.

더욱 고무적인 사실은 올해 풍수해 규모의 감소다. 올들어 사망자 0명, 재산피해 134억 원이 발생했는데, 이는 최근 30년간 자연재해 대책기간5월 15일~10월 15일 중 최소 기록이다. 기본적으론 대형 태풍이 한반도를 비껴간 덕분이지만, 철저한 상황관리와 예방투자 사업 확대의 결과이기도 하다.

하지만 방심은 금물이다. 재난은 항상 예기치 못한 곳에서 예상치 못한 요인에 의해 발생하는 법이다. 항상 긴장하며, 사회 전반의 위험요인들을 촘촘히 살펴야 하는 이유다.

국민안전처는 이제 '사고 뒷처리' 부처가 아닌 국민들을 위한 '안전 지킴이'로서 자리매김할 수 있도록 예방 · 대비 기능을 강화하고, 중앙정부 · 지방자치단체와 국민이 상호 협력하는 거버넌스를 구현해 나가려 한다. 국가 재난안전관리를 총괄하는 코디네이터조정자이자 지자체의 후원자로서 현장 중심의 안전관리체계를 확립해 나가겠다는 것이다. 이를 위해 합리적인 안전기준과 점검방식을 마련하고, 빅데이터를 활용한 재난 관리를 강화하는 한편, 지역 특성에 맞는 안전관리를 정착시킬 필요가 있다.

정부의 일방적인 노력만으론 부족하다. 국민 스스로 재난 위험을 이해하고 위험 상황에 대처할 수 있는 역량을 기르는 일이 필수적이다. 생애주기별 안전교육, 참여형 훈련 확대 등이 이에 해당한다. 이는 국민과 정부가 함께 노력해야 할 일이다.

현대 재난은 국가의 개입만으로는 해결할 수 없으며, 사회 전체의 구성원들이 서로 믿고 함께 노력할 때 해결 가능하다. 지난 7월 갑자기 쓰러진 아버지를 심폐소생술로 살려낸 초등학생 방서현 양의 이야기와 소방차 길 터주기로 많은 관심을 끈 부산판 모세의 기적은 '안전 대한민국'이 나아가야 할 모습을 보여준다. 여기에 목숨을 걸고 불 속에 뛰어드는 소방대원, 거친 바다에서 작전을 수행하는 해경대원 등 재난 현장에서의 헌신이 더해질 때 '국민안전'이라는 궁극적인 목표를 달성할 수 있는 것이다.

중국 고사에 '유지경성有志竟成'이란 표현이 있다. 뜻을 올바르게 갖고 꾸준히 노력하면 반드시 성취할 수 있다는 뜻이다. 대한민국을 재난으로부터 자유롭고 안전한 나라로 만드는 일 역시 '유지경성'의 교훈처럼 꾸준히 노력해야 성취할 수 있을 것이다.

— **박인용**(국민안전처 장관)

자료 : 중앙Sunday 2015. 10. 18.(http://news.joins.com/article/18876864)

2. ERM

최근 들어 선진국의 많은 조직들이 통합형 리스크 관리를 추구하고 있는데 소위 전사적 리스크 관리Enterprise Risk Management ; ERM가 대표적이다.[2] ERM은 말 그대로 조직 전체를 대상으로 폭넓고, 통합적인 리스크 관리 방법을 취하는 것이다. 수행 중인 모든 운영에 있어 하나의 조직이 당면하고 있는 모든 리스크를 대상으로 한다. 이런 통합적인 접근은 조직의 실제 경험을 통해 학습된 것으로 조직의 많은 리스크들이 상호 얽혀 있는 까닭에 전통적인 각개전투식의 리스크 관리는 리스크 상호 간의 연관성을 분석하는 데에 한계가 있다는 깨달음에서 나온 것이다.

오랫동안 조직들은 여러 다양한 방법으로 리스크들을 관리해 왔는데 각각의 리스크에 대한 개별 관리인 소위 사일로형silo-based 리스크 관리는 전체를 보지 못하는 한계로 인해 적지 않은 경우 비효율적이었다고 하겠다. 반면에 조직의 전체 리스크들을 대상으로 잘 조화된 리스크 관리를 추구하는 ERM은 다음과 같은 특성을 갖는다.

---

2. Hopkin, *Fundamentals of Risk Management*, 2012.

- 재무 · 운영 · 준법 · 거버넌스 · 전략 · 평판 리스크 등 조직의 전체 리스크를 망라한다.
- 상호 연관성이 높은 리스크들을 우선적으로 관리한다.
- 조직의 전체 시스템, 내 · 외부 환경 맥락에서 모든 리스크들을 평가한다.
- 조직의 모든 리스크들은 서로 연계되어 있어 (개별 티스크의 단순 합이 아닌) 보다 복잡한 상황을 연출할 수 있음을 확실히 인식한다.
- 모든 리스크들을 관리함에 있어 조직화된 절차를 강구한다.
- 조직의 주요 의사결정에 있어 리스크 관리를 포함한다.
- 조직의 전략적 목표를 달성함에 있어 중요한 리스크를 필히 파악한다.
- 리스크 커뮤니케이션을 구축하여 전체 구성원들이 조직의 주요 리스크를 이해하고 리스크 관리에 동참하도록 한다.
- 내부 감사 활동을 적극 지원하여 필요한 경우 이사회에 대책을 직접 보고할 수 있는 장치를 마련한다.
- 효과적인 리스크 관리를 비교우위로 삼아 비즈니스의 전략적 목표 달성에 노력한다.

ERM을 총괄하여 책임지는 CRO[Chief Risk Officer]는 전사적 리스크 관리에 있어 통합적인 방법을 활용함으로써 조직 전체의 가치를 제고할 수 있다. ERM의 활용 가치는 다음과 같다.

1. 재무적 가치

- 자본조달 비용의 절감
- 조직의 수익성 제고
- 재무 리스크의 정확한 파악
- 조직의 거버넌스 기능 강화

2. 인프라 가치

- 효율성 제고 및 비교우위
- 사업의 연속성 제고
- 주요 리스크 파악 및 비용 절감
- 운영비용 절감

3. 평판 가치

- 감독 규제 준수
- 브랜드 가치 제고
- 주주가치 제고
- 평판 및 대중적 인식 제고

4. 시장 가치

- 상업적 기회 극대화
- 시장점유율 개선
- 사업 성공률 제고
- 재난 사고율 하락

ERM과 4장에서 검토한 BCP Business Continuity Planning는 밀접한 관계이다. 리스크 관리의 핵심 절차인 리스크 평가 risk assessment와 BCP의 비

즈니스 영향 분석business impact analysis은 동전의 앞뒷면과 같다. 조직의 목표를 전제로 하여 그 목표 달성에 영향을 미칠 수 있는 리스크들을 파악하는 것이 리스크 관리의 핵심이고, 비즈니스 영향 분석의 가시적인 결과는 사고 발생 후에도 조직의 존속을 위해서 필히 유지되어야 하는 핵심 활동을 파악하는 것이다.

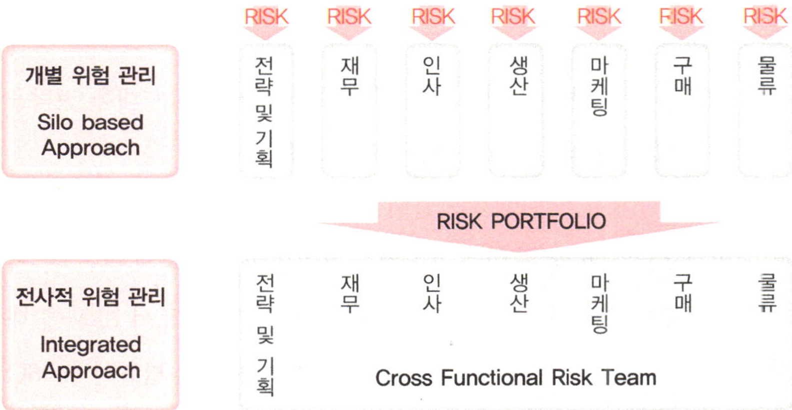

자료 : 김종호, 「전사적 위험 관리 : 개념과 사례」, 2004.

그림 7-3 개별 위험 관리와 전사적 위험 관리의 차이

다시 한 번 강조하는데, 전사적 리스크 관리Enterprise Risk Management ; ERM란 기업의 가치를 최대화하기 위해 전사적인 시각에서 여러 가지 위험들을 인식하고, 일정한 허용 한계 내에서 적절하게 관리하며, 기업의 궁극적인 목표 달성을 위해 효과적인 대응방안을 수립 · 실행하는 지속적인 프로세스라고 정의할 수 있다.[3]

3. 김종호, 「전사적 위험 관리 : 개념과 사례」, LG경제연구원, 2004.

ERM을 통해 기업은 기존에 인식하지 못하고 있던 리스크를 새롭게 인식하는 것이다. 또한 기존에 알고 있던 리스크를 개별적으로 대응하는 차원을 넘어 전사 관점에서 공유하고 통합함에 따라 개별 위험 간의 상쇄로 전체 위험의 수준이 감소하는 포트폴리오 효과 및 자연적인 헤지hedge 효과를 기대할 수 있다. 또한 구성원 및 조직 전체의 위험 관리 의식을 제고하여 사업성과의 향상, 내부통제 및 기업지배구조의 강화, 대외적 위험 관리 커뮤니케이션을 통한 이해관계자들의 신뢰 확보 등을 통해 전사적인 측면에서 리스크에 대한 체계적인 인식과 대응 전략을 수립할 수 있어 리스크 관리의 효율성이 제고된다.

ERM의 구성요소는 학자들 간에 다소 견해가 상이하며, 모든 기업에 획일적으로 적용할 수 있는 표준화된 프레임이 존재하지 않는다. 일반적으로 많이 인용하고 있는 구성요소에 관한 이론으로서 ERM에 대한 이해를 촉진하고 국제적인 실행기준을 만들기 위해 발표한 COSO Committee of Sponsoring Organizations of the Treadway Commission[4] 에서 제안한 ERM 구성요소를 소개하면 다음과 같다.

ERM의 구성요소는 내부 환경Internal Environment, 목표 설정Objective Setting, 위험요인 인식Event Identification, 리스크 평가Risk Assessment, 리스크 대응Risk Response, 통제 활동Control Activity, 정보와 의사소통Information & Communication, 모니터링Monitoring 등 8개이다.

ERM의 프로세스는 다음 4단계로 구분하여 진행한다.

---

4. 경영윤리, 내부통제, 기업지배구조 등의 이슈를 연구하는 미국의 비정부기구이며 경영자 및 이사회, 회계전문가, 규제기관 등을 대상으로 기업 내부감사 및 내부통제에 대한 권고 및 조언을 제공하고 있다.

첫째, 리스크 인식 단계이다. 리스크의 인식을 통해 기업은 미래에 처할 수 있는 모든 리스크를 한눈에 파악할 수 있다. 먼저 리스크의 인식 단위를 분해하고 범주를 정하여 전사 목표의 달성을 저해할 수 있는 잠재적으로 발생 가능한 모든 리스크를 파악한다. 특히 발생 가능한 리스크를 나열하는 데 그치지 않고 각 리스크 간의 인과관계까지 파악하여야 한다. 이를 통해 개별 리스크가 어떤 위치를 차지하고 있는지, 각 리스크의 유기적 관계를 입체적으로 파악함으로써, 어떤 리스크 요인이 전사 목표 달성에 가장 애로 요인으로 작용할 수 있는지를 직관적으로 이해할 수 있다.

둘째, 리스크 평가 단계이다. 리스크 인식 단계에서 잠재적으로 발생 가능한 리스크를 모두 찾아낸 후에는 전사 차원에서 우선적으로 관리해야 할 리스크를 선정해야 한다. 우선 경쟁우위를 확보하기 위한 KFS Key Factor for Success를 확인한 후에 이의 달성을 저해할 가능성이 있는 잠재적인 리스크 등의 의견을 수집한다. 또한 해당 리스크가 조직의 목표 달성에 얼마나 큰 영향을 미치는지의 영향도와 해당 리스크의 발생 빈도를 고려하여 중점 관리 대상 리스크를 선정한다.

셋째, KRI Key Risk Indicator[5]의 도출이다. 리스크 평가를 거쳐 중점 관리 대상 리스크를 확정한 후에는 이 리스크를 제대로 측정할 수 있는 KRI를 도출하는 작업과 KRI가 높은 리스크에 대해

5. KRI는 기업이 리스크에 얼마나 노출되어 있는지를 사전에 측정하고 관리하기 위한 지표이자 기업 목표 달성을 위한 네비게이터 역할을 함.

적절한 조치를 취하는 단계가 남아 있다. KRI 도출을 위해서는 중점 관리 대상 리스크가 발생하는 구체적인 원인을 파악해야 하므로 세부적인 인과관계를 찾아내야 하며, KRI를 선정하는 원칙은 관리 중요성, 조기 경보 가능성, 측정 가능성 등의 3가지로 요약할 수 있다.

넷째, 대응방안 수립 단계이다. 위기 발생 가능성을 높이고 전략 목표 달성에 걸림돌이 될 수 있는 리스크를 줄이기 위한 행동을 시작해야 할 때이다. 각각의 평가에 따른 대응방안을 수립한다. 대응방안에는 위험의 영향을 그대로 수용위험 감수, 위험에 노출된 사업 영역에서 철수하거나 위험 자산을 처분하는 등 전략적인 의사결정위험 회피, 경영 및 관리 방식을 개선하여 위험 관리 역량을 강화위험 감소, 파생금융상품 및 보험상품 등을 이용하여 위험을 재무적으로 헤지 또는 이전하는위험 전가 네 가지 방식이 있다.

대응방안 수립은 리스크 평과 결과를 기초로 하여 발생 가능성과 영향도 측면에서, 그리고 전략 목표 달성을 저해할 가능성을 고려하여 각각의 대응방안을 수립하여 조취를 취해야 하며, 모니터링을 통한 지속적인 평가도 함께 수행되어야 한다.

재난 리스크 관리와 관련하여 세계 주요 국가들이 민간의 ERM을 국가 리스크 관리에 적용하고 있는 추세에 주목할 필요가 있다.[6]

---

6. 최창희, 「미국 정부 ERM 도입의 시사점」 보험연구원, 2015. 4.

미국 정부는 9.11 사태와 허리케인 카트리나 이후 기존의 정적static 리스크 관리체계가 새로운 리스크를 식별하고 이에 대처하는 데 효과적이지 못하다는 것을 인식하였으며, ERM을 도입하여 동적dynamic 국가 리스크 관리체계를 구축하였다. 여기서 정적 리스크 관리라 함은 정해진 법규와 규정에 따라 사회주체의 활동을 규제하는 시스템을 의미하며, 민간에서 자주 활용되는 ERM은 동적 리스크 관리 방법으로서 순환적 프로세스에 따라 리스크를 관리하고 리스크 관리체계 자체가 환경변화에 적응하여 지속적으로 개선 · 변화하는 시스템을 의미한다.

미국 감사원이 국가기관의 ERM 시행 실적을 평가하고 있는데, ERM을 활용하고 있는 미국 정부기관은 국토안보부, 국방부, 교육부, 항공우주국, 환경보건국, 원자력규제위원회, 예산관리국, 과학기술국, 식품 · 의약품국 등이다.

유럽 · 캐나다 · 호주 · 일본 정부도 ERM을 국가 리스크를 관리하는 데 활용하고 있다.

- EU는 방재, 세관, 심리 · 사회적 리스크 관리에 ERM 활용
- 캐나다 재무위원회 사무국은 ERM 표준을 기업과 금융기관에 제공
- 호주는 국방, 교육, 금융 등에서 ERM 활용
- 일본은 후생노동성, 정부의 정보 보안체계 관리, 지자체 리스크 관리, 농림수산성 식품 리스크 관리 등에 ERM 활용
- 싱가포르는 국무총리실을 중심으로 ERM을 활용하여 국가 리스크를 파악하고 이를 관리함.

DHC 라이브러리

J 커브 J Curve

이언 브레머 지음 | 진영욱 옮김
베리타스북스 | 2005년

『J 커브』는 한 국가의 개방성과 안정성이 국제정치 무대에서 어우러지면서 그 나라 국민들은 물론 다른 나라 사람들에게 어떤 영향을 주는지를 설명하는 패러다임을 제시한다. 북한과 중국을 비롯해 정치적 리스크 비중이 큰 나라들을 설명하는 패러다임으로, 국제정치의 현주소를 파악하고 리스크를 체계적으로 이해할 수 있도록 한다.

본문은 J 커브 왼쪽 꼭대기 근처에 위치한 3국북한, 쿠바, 이라크, J 커브 왼쪽 아래에 위치해 불안정한 진행을 보이는 3국이란, 사우디아라비아, 러시아, J 커브 아래로 미끄러진 2국남아프리카와 유고슬라비아, 커브 오른쪽에 위치한 3국터키, 이스라엘, 인도, 세계에 지대한 영향을 미칠 중국의 순서로 설명되어 있다.

이렇게 각 장을 J 커브의 순서대로 구성하여 일반인들이 최대한 쉽게 이해하고 세계 사회를 전체적으로 머릿속에 그릴 수 있도록 하였다. 특히 개별 국가에 초점을 맞추고 J 커브에서 그들의 위치, 역사적 상황, 대외정책에서의 특수 상황, 국제사회와 관계를 맺을 경우 발생하는 기회와 위험의 다양성, 지향하는 방향 등을 상세히 설명하였다.

'J 커브J CURVE'란? 한 사회의 개방성을 X축, 현 정권의 안정성을 Y축으로 한 그래프에 전 세계 국가 좌표를 찍으면 전체적으로 오른쪽으로 비스듬하게 누운 J자 모양이 되는 것에서 유래한 것으로, 정치·경제 리스크를 가늠해 볼 수 있게 하는 유용한 리스크관리 도구이다.

자료 : http://book.naver.com/bookdb/book_detail.nhn?bid=2926081

전 세계를 대상으로 비즈니스를 하는 다국적기업Multi National Corporations 입장에서는 일반 로컬 비즈니스와는 전혀 다른 차원의 리스크 스펙트럼이 펼쳐진다. 영

업 리스크, 법적 책임 리스크, 재무 리스크 등의 전통적인 비즈니스 리스크에 더해 예측 불가능하거나 예측하기 어려운 정치적 리스크Political Risks가 매우 중요하다.

느닷없는 내란이나 폭동, 정치적 수용이나 몰수, 정권의 몰락 등 다국적기업의 존폐를 좌우할 수 있는 killer risk로서 정치적 리스크는 다국적기업에 간과할 수 없는 중대 리스크이다. 이런 정치적 리스크도 위험한 비즈니스의 회피나 사전 예방, 신속하고 현명한 사후 대처와 같은 적극적인 관리를 통해서 피해를 최소화할 수 있어야 하겠다.

DHC 씨네마

태풍

영화 〈태풍〉에서 흥미로운 점은 분노의 화신과도 같은 주인공 '씬장동건 분'이 한반도를 향한 복수심 때문에 방사성 폐기물을 이용해 한반도를 몰락시키려는 대담한 계획을 벌인다는 것입니다.

영화는 해적 '씬'이 타이완 지룽항 북동쪽 220km 지점 해상에서 운항 중이던 화물선박을 강탈하면서 시작합니다. 강탈당한 선박 안에는 매우 중요한 물건이 보관되어 있었습니다. 바로 핵미사일 위성유도장치인 '리시버 키트'입니다. 한국의 국가정보원은 이 '리시버키트'가 해적들에게 탈취됐으며, 이를 훔쳐 달아난 주동자가 탈북자 '씬'이라는 사실을 알아냅니다. 해군장교 강세종이정재 분 대위는 이 사건의 적임자로 지목돼 국가정보원의 비밀 요원으로 사건을 맡게 되죠. 강세종은 씬의 본거지인 방콕 등지에서 씬의 행방을 쫓습니다.

그러다 씬이 과거에 망명을 신청한 자신의 일가족을 받아들여주지 않고 북한으로 돌려보내 총살당하게 만든 당시 한국의 외교 특사를 죽이기 위해 부산에 잠입한다는 사실을 알게 됩니다. 씬의 뒤를 쫓아 부산으로 온 강세종은 도망치는 씬과 마주칩니다. 씬을 잡기 위해 강세종은 추격전에 들어갑니다. 하지만 그야말로 훨훨 날 듯 도망가는 씬을 잡을 수는 없었습니다.

씬을 잡기 위해 혈안이 된 강세종은 씬이 누나를 찾아다닌다는 정보를 입수하고 그보다 한발 앞서 러시아 하바로프스크에 있는 씬의 누나, 최명주이미연 분를 찾아냅니다. 누나를 만나러 오라는 미끼를 문 씬이 드디어 강세종과 만나게 됩니다. 그 찰나 미국과의 외교 마찰을 우려한 국가정보원은 강세종에게 씬과 최명주를 처리하라는 지시를 내립니다. 하지만 이를 씬이 모를 리 없죠. 이미 여기저기에서 총구를 겨누고 있던 동료들이 위기를 맞은 씬과 총에 맞은 최명주의 탈출을 돕습니다. 강세종은 차에 타 도망가려는 씬을 죽일 기회가 있었지만 비운의 가족사를 가진 씬에게 연민을 느껴 차마 방아쇠를 당기지 못합니다.

본거지로 돌아간 씬은 러시아에서 구입한 체르노빌 핵발전소 사고의 방사성 폐기물을 액화기체로 만들어 한반도에 뿌리려는 계획을 준비합니다. 생각만 해도 끔찍한 음모죠.

국가정보원에서는 씬의 음모를 모르고 있었지만 강세종은 낌새를 차립니다. 곧 다가올 태풍을 통해 핵 풍선을 한반도로 날려 보내려 한다는 사실을요. 때마침 각기 다른 방향에서 두 개의 태풍이 불어오고 있고 이들 태풍이 한반도에서 만나 초대형 태풍이 형성될 것이라는 기상분석이 나옵니다. 결국 한국 정부는 핵 풍선을 실은 씬의 배를 바다에서 처리하려고 합니다. 이때 미국 정부 역시 어뢰로 씬의 배를 침몰시키기 위해 잠수함을 보냅니다.

죽음을 무릅쓰고 씬을 막기 위한 작전에 뛰어든 강세종은 동료들과 헬기를 타고 태풍 가운데에 뛰어듭니다. 이후 배에 도착한 강세종의 동료들과 씬의 부하들 간의 사투가 벌어지고 씬은 핵 풍선 일부를 태풍 가운데로 날려 보냅니다. 하지만 미국 잠수함의 어뢰에 맞은 배는 불타고, 나머지 핵 풍선들도 배와 함께 타버립니다.

사실적인 효과를 주기 위해서인지 영화에서는 체르노빌 핵발전소 사고로 인한 피해자들의 실제 사진을 보여줍니다. 방사선에 노출되어 기형이 된 사람들의 모습이었죠. 방사능에 노출되면 기형아 출산뿐 아니라 암이나 백혈병에 걸려 죽을 위험이 높아진다는 사실을 모르는 사람은 거의 없습니다. 〈태풍〉은 핵폭발과 방사성 폐기물이 인류와 자연에 미치는 영향이 얼마나 무서운 것인가를 단적으로 보여주는 영화였습니다.

골칫덩어리인 방사성 폐기물을 가급적 안전하게 처리하는 방법에는 어떤 것들이 있는지 알아보겠습니다. 방사성 폐기물은 방사능의 세기에 따라 고준위와 중 · 저준위 폐기물로 나뉘며 다시 형태에 따라 기체, 액체, 고체로 구분합니다.

먼저 고준위 폐기물은 방사선의 세기가 강하고 반감기가 수만 년에 이르기 때문에 아직까지 확실하고 안전한 폐기 방안이 없는 것으로 알려지고 있습니다. 가능한 방법은 최소 수십 만 년 동안 안전하게 격리할 수 있는 지하 500∼1,000m의 암벽층이나 심해에 매립하는 정도입니다. 중 · 저준위 폐기물 처분 방식은 지표면을 파내어 방사성 폐기물을 넣는 천층 매몰 방식과 공학적 시설 내에 처분하는 방식, 동굴에 처분하는 방식, 해양에 처분하는 방식이 있습니다.

방사성 기체 폐기물은 그 종류에 따라 처리방식이 다릅니다. 방사성 먼지는 오구조건에 적합한 최적 부유입자 제거 장치를 선택해서 사용합니다. 방사성 불활성 기체를 처리하는 방식에는 감쇠탱크 일시보관법, 활성탄흡착법, 액화증류법, 용매흡수법, 격막법, 열확산법 등이 있습니다. 방사성 요오드는 활성탄필터를 사용해 격납용기로부터 방출되는 것을 막고, 질산은법을 이용해 처리합니다. 삼중수소는 실리카겔, 분자여과기, 활성알루미나 등의 흡착제를 사용해 제거합니다.

방사성 액체 폐기물을 처리하는 방식에는 대량의 물과 비상사성 동위체로 희석하는 희석법이 있습니다. 또한 응집침전, 이온교화, 증발농축 등의 원리를 이용한 농축법이 있습니다. 고농도의 방사성 폐수는 병 등에 넣어 관리하고, 저농도의 폐액은 수집 탱크에서 냉각시킨 다음 방사능 농도를 낮춰 방출합니다.

마지막으로 고체성 폐기물은 시멘트와 아스팔트, 유리와 혼합해 고화시켜 처리하고, 방사성 고체 폐기물은 소각, 압축, 해체해 처리합니다.

이 영화에서 씬은 말합니다.

"이 세상이 지옥이야!"

비록 그는 이 세상을 '지옥'이라고 말했지만, 인류는 오늘도 열심히 이 세상에서 사랑하며 살아가고 있습니다. 그런 이 땅에 더 이상 체르노빌이나 후쿠시마 같은 원전 사고나 방사성 폐기물로 인한 불행이 일어나지 않기를 바라는 마음입니다.

자료 : http://blog.khnp.co.kr/blog/archives/4282

1. 지속 가능 발전을 위한 통합 리스크 관리

2. 재난 리스크 관리 시스템 구축

3. 재난 리스크 거버넌스

4. 리스크 관리 문화 조성 및 리스크 관리 교육

재난 대비 통합 리스크 관리

Disaster Risk Management
ch. eight

8

만 6년을 쓴 내 애마가 요새 고장이 잦다. 좌측 뒷 창문 파워가 나간 건 오래 된 얘기고, 급기야 한 달 전엔 시동이 안 걸리는 불상사가 일어났다. 엔진 연료 분사 펌프가 고장이 나서 나름 거액을 들여 교체할 수밖에 없었다. 같은 차를 10년 넘게 타고 다녀도 그런 고장이 안 나는 사람들이 많던데 … 하는 카센터 직원의 말을 들으면서 가슴이 뜨끔했다. 집에 주차된 상태에서 생긴 일이라 다행이었지 만약 주행 중에 그런 일이 벌어졌다면 … 어휴 아찔하다. 지난 주부터 워셔액 나오는 것도 찔금거리는데 마치 나이 먹어 병든 강아지 꼴이다. 하긴 … 집과 학교 왕복 50Km를 거의 매일 꼬박꼬박 달려댔으니 멀쩡하면 그게 이상이지 싶다. 게다가 내가 평소에 애틋하게 차를 잘 관리한 것도 아니었으니 말이다.

사람도 매한가지이지 싶다. 50년 넘게 굴려댔더니 최근 들어 여기저기 고장이 잦다. 눈도 쑤시고, 이도 아프고, 하루 종일 피곤하여 하품만 나오고 … 당최 머리가 제대로 안 돌아간다.

별 수 있나? 이제부터라도 그럭저럭 관리하면서 타고 다니고, 또 살아가는 수밖에. 그렇다! 관리해야 한다. 처음 차를 뽑았을 땐 몰랐다. 어려선 또 젊어선 몰랐다. 관리의 중요성을. 그때부터 잘 관리했으면 지금 이렇게 고생하진 않을 텐데 하는 헛된 후회는 그만 하자. 후회는 후회로서 끝내고 앞으로 더 이상 후회하지 말고 살아가는 게 남는 장사이지 싶다. 멍청한 실수나 실패로부터 교훈을 배워서 더 이상 똑같은 실수나 실패를 반복하지 말자.

우리나라 대한민국도 마찬가지 아닐까? 단기간에 고도 압축 경제성장을 하는 과정에서 우리는 너무나 많은 실수와 실패를 경험했다. 돌이킬 수 없는 막대한 피해와 심한 트라우마를 겪은 적도 적지 않다. 2014

년의 세월호 사고가 그랬고, 2015년의 메르스 사태가 그렇다. 그 과정에서 적나라한 무능의 민낯을 보인 정부에 대한 국민의 불신은 상당하여 우리 사회의 단결과 화합을 심하게 훼손할 것 같다.

그렇다고 지금 우리가 좌절하여 넋을 잃거나 무심하게 남 탓만 하고 있어서야 되겠는가? 지금부터라도 정신 차리고 평소에 제대로 관리하는 습관을 갖도록 하자. 무엇보다 안전과 건강을 최우선으로 하고, 이 사회의 안정을 위해 관련 시스템을 정비하고 평소에 제대로 관리하여 유사시에 효과적이고 효율적으로 대처할 수 있는 나라를 만들어야겠다.

안전한 나라, 안정된 사회를 만듭시다.

1. 지속 가능 발전을 위한 통합 리스크 관리

독일의 저명한 사회학자 울리히 벡 교수는 이미 오래 전부터 우리 현대 사회를 '리스크 사회Risk Society'로 부르고 있다. "현대 사회는 기본적으로 리스크 사회이다. 우리가 당면하고 있는 많은 리스크들은 현대화 과정의 부산물로 파생된 것들인데 … 이제는 세계화 과정에서 글로벌 차원으로 확산되고 있다."[1]

매우 안타깝게도 우리 조국 대한민국이 가장 대표적인 리스크 사회 중의 하나가 되지 않을까 싶다. 2016년 새해 초의 대한민국을 보자. 가계부채와 경기 불황으로 개인 파산과 기업 도산 증가, 공교육 부실 심화와 치솟는 사교육비, 대책 없는 부동산 문제와 전세값 폭등, 심각한 청년

1. 울리히 벡, 『글로벌 리스크 사회』, 2007.

실업, 노사 문제 등 사회 갈등 심각, 정치권의 사회 갈등 중재 노력 부족과 극심한 이권 다툼, 5년 주기의 집권체제 변화에 따른 사회 불확실성 심화, 잘나가는 일부 대기업과 날로 어려워하는 중소기업 간의 격차 심화, 대외 여건 리스크가 큰 무역 의존도 심각, 환경 파괴, 메르스 등 신종 악성 전염병 증가, 날로 빈번해지고 파괴력이 커지는 자연재해, 거의 10년 주기로 터지는 글로벌 금융사고와 국제 경제위기, 앞길을 예측하기 힘든 북핵 리스크, 세계적으로도 유례를 찾기 힘든 대한민국의 고령화 등 정치, 경제, 사회, 과학기술 각 분야에서 우리 조국 대한민국의 리스크는 실로 그 종류나 문제성 차원에서 심각한 정도에 있다고 판단된다.

또한 우리나라는 그동안 많은 대형 재난을 겪어 왔다. 1990년대 이후로만 보아도 서해훼리호 침몰1993년, 성수대교 붕괴1994년, 삼풍백화점 붕괴1995년, 대구지하철 화재 사고2003년, 태풍 매미2003년, 태안 기름 유출2007년, 세월호 침몰2014년 등이 대표적인데, 자연재해보다도 인재人災의 경우가 빈발하고 있어 안타까움이 크다. 2014년 4월 세월호 사고는 우리 사회의 재난에 대한 무방비함과 재난 대응의 무력함을 적나라하게 보여 준 대형 사고이다. 300여 명의 인적 손실뿐만 아니라 막대한 금전적 손실과 더불어 우리 사회 전체에 앞으로도 상당히 오랫동안 미치게 될 심리적 공황trauma에 따른 손실은 가늠하기조차 힘들 지경이다. 2015년의 메르스 사태는 또 어떠한가? 전염병 관련 재난에 대비한 예방체계의 허술함이나 사후 대처의 극심한 부실은 우리 스스로가 창피할 지경이다. 2016년 현재 대한민국은 리스크 사회가 맞다.

우리 사회의 제반 리스크는 이제 피할 수 없는 심각한 문제이고, 앞으로도 과학기술 발달 등 사회 발전과 더불어 리스크 상황은 더욱 심각해질 것이다. 사회 발전과 사회 리스크는 같이 성장하는 셈인데, 문제는 새로운 리스크의 등장과 더불어 그 불확실성이 점점 커진다는 것이다. 이제 리스크는 우리 모두가 현명하게 관리해야 할 대상이 되었다. 각 사회주체, 즉 개인, 가정, 비즈니스, 국가기관이 각자의 리스크 관리에 힘써야 할 것인데, 이를 측면 지원해 주는 리스크 관리 서비스 시스템의 구축이 필요하며, 우리 사회의 전체 리스크를 총괄하여 검토하고 분석하고 관리하는 컨트롤 타워가 마련되어야 하겠다. 각자가 자기 분야에서 자신의 역량을 십분 발휘하여 계속 성장하게끔 해야 한다. 이를 위해선 핵심 전략으로서 리스크 관리가 필수이다. 그것도 우리 사회의 지속가능 발전을 위해선 통합 리스크 관리가 절대로 필요한 것이다.

현재 우리 사회의 리스크 관리 상황은 어떠한가? 1997년 외환위기를 겪으면서 리스크에 대한 논의가 본격적으로 시작되어 금융기관을 중심으로 한 재무 리스크 관리가 활성화되었다. 이후 공적연금 개혁을 둘러싼 노령화 리스크, 미국발 금융위기와 관련된 신용 리스크, 북핵 위기에 대처하는 외교안보 리스크 등이 우리 사회의 대표적인 리스크들이다. 예전에 비해 리스크 및 리스크 관리에 대한 일반의 인식이 많이 높아지긴 했지만 여전히 리스크 관리는 금융기관을 중심으로 한 특정 집단의 특별한 기술적 기능이라는 생각이 팽배하고, 일반인들의 경우 보험 위주의 리스크 관리에서 크게 벗어나지 못하고 있다. 리스크의 다양화와 보험으로 커버하지 못하는 많은 리스크들을 고려해 볼 때 우리 사회 리스크 관리 인프라의 부족은 사회적 불확실성을 증폭시키는 불안요소인 것이다. 나름대로 구색을 갖추고는 있지만 구멍이 숭숭 뚫린 스위스 치즈Swiss Cheese형 리스크 관리 인프라라 할 수 있다. 이제는 허점이 많아 큰 사고로 이어질 수 있는 연결고리를 차단하고, 씨줄과 날줄을 더욱 촘촘히 엮어 큰 구멍을 메워나가는 리스크 관리 개혁이 필요하다. 우리가 필요로 하는 새로운 패러다임의 리스크 관리가 소위 통합형 리스크 관리Integrated Risk Management이다.

개인과 가정은 성공적인 삶과 행복한 가정을 위해 스스로 리스크 관리에 힘써야 마땅하다. 영육의 건강 증진만큼 기본적인 리스크 관리는 없다. 재산을 모으는 데만 애쓰지 말고 재산을 지키는 데에도 노력해야 한다. 행복한 가정 없는 성공적인 삶은 말이 안 된다. 개인과 가정의 성공적인 리스크 관리를 위해 사회단체의 조직적인 지원 또한 필요하다. 구 · 시 · 군 · 도 단위의 지방자치단체에 소속 주민을 위한 리스크 관리 지원센터를 만들자. 건강 문제 · 재산 관리 문제 · 가정 문제 상담과 해결책 모색 컨설팅이 주된 업무가 될 것이다. 해당 지자체에서 업무 경험을 쌓은 퇴직자들도 좋은 상담자가 될 수 있을 것이다. 민간복지의 주된 주체인 종교단체도 개인 및 가정 리스크 관리에 있어 훌륭한 역할을 담당할 수 있으리라 판단된다. 리스크 관리 사회 구축은 지속 발전 사회를 위한 우리 모두의 과제란 점을 우리 스스로가 분명히 인식할 때 그 효과가 배가될 것임은 자명하다.

지속 성장하며 기업가치 극대화를 추구하는 비즈니스 입장에서 통합 리스크 관리는 이제 필수이다. 보험 위주의 영업 리스크 및 법적 책임 리스크 관리, 파생상품 등을 활용한 재무 리스크 관리와 더불어 비상 리스크 관리에도 만전을 기해야 하겠다. 이와 같이 모든 비즈니스가 업종과 규모를 불문하고 통합 리스크 관리에 매진해야 할 것이다. 그런데 중소기업의 경우는 이것이 결코 쉽지 않은 과제이고 의지가 있더라도 실천

하기는 매우 어려울 것이다. 이를 위해 직능단체별 · 업종별 유관 협회 내에 리스크 관리 지원 센터의 설립을 제안한다. 이 역시 해당 업종의 특별한 상황과 고유의 리스크에 정통한 전문인들을 중심으로 조직하여 비즈니스 고객의 리스크 관리 상담과 컨설팅 업무를 담당하게 하면 된다.

국가 차원의 범 리스크 관리 담당 부서의 신설도 고려해 볼 필요가 있다. 담당 부서는 우리 사회의 전체 리스크를 총괄하여 검토하고 분석하고 관리하는 컨트롤 타워의 기능을 하게 될 것이며, 국가 CRO^Chief Risk Officer^가 수장을 맡게 될 것이다. 그렇게 함으로써 지역별로 취합된 리스크 및 비즈니스별 리스크를 전체적으로 분석하여 문제점을 바로잡고 개선방안을 마련하는 리스크 관리 시스템 운영뿐만 아니라 우리 사회의 리스크 관리 인식 제고를 위한 노력을 시도하게 된다.

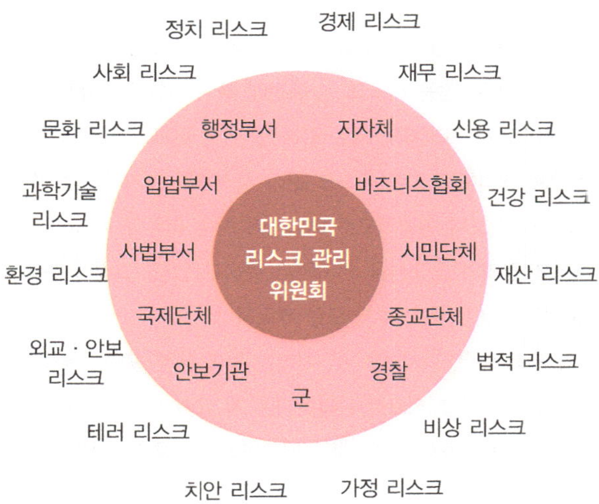

그림 8-1 지속 가능 발전을 위한 통합 리스크 관리

DHC 뉴스 통합 리스크 관리의 중요성

"현대 사회는 근본적으로 '리스크 사회'다. 우리가 직면하는 많은 리스크는 현대화의 부작용으로 야기된 것이며 … 글로벌 차원으로 확장한다." 울리히 벡, 『글로벌 위험사회』 중

우리 사회는 계속 성장한다. 그런데 성장할수록 불확실성 또한 많아지고 커진다. 천재지변은 물론 테러와의 전쟁, 양극화, 취업난, 먹거리 불안, 신종 바이러스 출현 등이 그 예다. 가진 건 많아지고 먹는 건 풍성해졌는데 이처럼 사회적 불안이 날로 커지는 이유는 무엇일까? 울리히 벡 같은 석학들은 우리 사회의 리스크 관리 인프라가 부족한 데서 원인을 찾고 있다.

리스크 관리란 우선 위험요소를 구체적으로 파악하고, 손실 가능성과 예상 손실을 면밀히 분석한 후 최적인 사전 예방 및 사후 관리 수단을 모색 · 실행 · 점검 · 개선하는 일련의 의사결정 과정이다. 쉽게 말해 여러 리스크를 체계적으로 관리해 안정 속의 성장을 도모하는 시스템이다. 요즘 화두가 되고 있는 지속 가능한 성장을 위해서라도 이런 리스크 관리가 필수적이다.

우리 사회를 둘러보자. 급속한 노령화, 환경 파괴, 글로벌 금융위기, 북핵 위협, 그리고 각종 인적 · 재무 · 신용 리스크 … 예전에 볼 수 없었던 이런 리스크들은 현대 사회가 고도화되면서 이래저래 서로 얽혀 있는 형국이다. 이런 상황에서 각 리스크를 개별적으로 관리하는 기존 리스크 관리 시스템은 한계가 있을 수밖에 없다. 오늘날 리스크 관리가 보다 통합적으로 이뤄져야 하는 이유다. 하지만 아직 우리는 이런 통합 리스크 관리의 중요성을 인지하지 못하고 있다. 그렇다 보니 인프라는 열악하고, 전문인력 양성을 위한 투자 또한 부족하다.

갈수록 우리가 먹는 것, 가지려는 것, 하려는 것에 대한 불안은 커질 것이다. 이를 감당할 수 있을 만큼 체계적으로 관리하자는 게 요즘 필요한 리스크 관리다. 앞으로 통합 리스크 관리 서비스를 제공하는 비즈니스는 더욱 발전할 것이다.

— **장동한**(건국대 상경대학 교수)

자료 : 중앙일보 2013. 10. 1.(http://news.joins.com/article/12731595)

2. 재난 리스크 관리 시스템 구축

글로벌화가 심화되는 세상에서 사전 준비와 관리가 부실한 개발 사업, 환경 훼손, 빈곤과 경제적 불평등의 심화, 거버넌스 부실 등은 재난 리스크에 따른 손실을 급격하게 증가시킨다. 재난 리스크 관리에 대한 민간과 공공의 투자가 충분치 못한 현실을 감안해 볼 때 향후 재난의 심각성이 더욱 커질 것 같아 매우 걱정되는데, 특히 경제적 재난이나 사회 복지, 환경 · 건강 차원의 재난이 심각할 것으로 예상된다. 여기서 재난 리스크 관리를 위한 대표적인 국제기구인 유엔국제재난리스크경감전략UN International Strategy for Disaster Reduction ; UNISDR의 활동을 살펴보자.[2]

2005년 UNISDR 주관 하에 채택되었던 효고행동계획Hyogo Framework for Action ; HFA 2005~2015이후 세계 각국은 인명 · 사회 · 경제 · 환경 자산 보호 차원에서 재난 리스크를 관리하기 위해 적지 않은 노력을 해왔다고 판단된다. 재난 리스크 관리는 사회적 불확실성을 줄이고 비용을 절감하여 사회 가치를 제고하는 중대한 효과가 있는데, 이러한 인식이 세계적으로 확산되어 보다 체계적인 재난 리스크 관리 방안이 2015년 일본 센다이에서 채택Sendai Framework for Disaster Risk Reduction : 센다이 재난 리스크 경감 프레임워크되었다.

여기서는 효고행동계획HFA에 따른 재난 리스크 관리 정책을 검토해 본다. 우선, 재난 리스크 관리 정책의 기대 효과는 인명 · 사회 · 경제 · 환경 자산 보호 차원에서 재난에 따른 손실을 크게 경감하는 것이다. 이

2. UNISDR(United Nations International Strategy for Disaster Reduction)(2014) Progress and Challenges in Disaster Risk Reduction

를 위한 전략 목표는 첫째, 지속 가능 발전을 위한 재난 리스크 경감, 둘째, 사회적 기구와 제도, 역량을 극대화하여 재난에 대한 대응력을 강화, 셋째, 비상계획 · 위기 관리 · 재난 복구 프로그램을 실행할 수 있는 체계적인 재난 리스크 경감 방안 수립이다.

효고행동계획HFA은 재난 리스크 관리를 위한 다섯 가지 정책 지침과 각 지침에 있어 정책지표들을 정리하고 있다.

1. 재난 리스크 경감을 정책의 우선으로 한다.

- 재난 리스크 경감을 위한 국가 정책과 법적 근거 존재 여부
- 재난 리스크 경감 계획 집행을 위한 적정 예산 확보 여부
- 국민 참여 및 민관 합동 정도
- 재난 리스크 경감을 위한 정부의 전방위 정책 가동 정도

2. 재난 리스크를 파악 · 평가하고, 지속적으로 감시하며, 조기 경보 체계를 강화한다.

- 리스크 데이터와 사고 가능성 정보에 기초한 리스크 평가 시행 여부
- 주요 재난 리스크 관련 자료의 수집 및 모니터링, 정보 교환 여부
- 주요 재난 리스크에 대한 조기경보시스템 가동 여부
- 대규모 재난의 경우 관련 지자체의 참여와 협력을 유도하는 국가 · 지역 차원의 리스크 평가 시스템 마련 여부

3. 재난 리스크 관리 관련 정보·혁신·교육을 통해 안전과 안정 제고를 위한 리스크 관리 문화를 조성한다.

- 재난 관련 주요 정보의 수집 여부와 이해당사자의 정보 접근성 정도
- 재난 리스크 관리 관련 학교 교육 실시 및 교육 자료 마련 여부
- 통합 리스크 평가 및 비용-편익 분석 연구 방법 개발 여부
- 재난 리스크 관리 문화 조성을 위한 범사회적인 국민 인식 캠페인 여부

4. 재난 리스크 환경을 효과적으로 관리한다.

- 환경 관련 정책에 재난 리스크 경감 방안 포함 여부
- 재난 취약계층을 감안한 사회 개발 정책 개발 여부
- 경제적 리스크를 경감하는 경제 정책 시행 여부
- 주거지 개발 계획에 재난 리스크 경감 조치를 반영하는지 여부
- 재난 후 복구 내용이 반영된 재난 리스크 경감 조치 마련 여부
- 사회간접자본 사업 계획에 재난 리스크 영향 분석 포함 여부

5. 비상계획, 위기 관리, 재난 복구 프로그램을 실행할 수 있는 체계적인 재난 리스크 경감 방안을 수립한다.

- 기술적·제도적 장치를 포함한 강력한 재난 리스크 관리 정책 마련 여부
- 정부 각 부서에 재난 대비 및 위기 관리 계획 마련 여부
- 효과적인 재난 대처와 복구를 위한 적정 재원과 위기 관리 메

커니즘 준비 여부

- 재난 상황 중 유효한 정보의 커뮤니케이션 수단 준비 여부

"사람, 지역사회, 국가뿐만 아니라 사람들의 생계와 건강, 문화유산, 사회경제적 자산, 생태계를 보다 효과적으로 보호하고 재난 회복력을 강화하기 위해 재난 리스크를 예상하고 그에 관한 계획을 수립하며 재난 리스크를 감소시키는 것은 긴급하고 대단히 중요한 일이다."[3]

2015년은 재난 리스크 경감을 위한 국제적인 노력에서 아주 중요한 시기로 효고행동계획HFA의 10년을 마무리하면서 동시에 향후 15년에 걸친 새로운 재난 리스크 경감 계획의 시작을 알리는 해이기도 하다. '센다이 재난 리스크 경감 프레임워크Sendai Framework for Disaster Risk Reduction 2015~2030'는 일본 미야기현 센다이에서 2015년 3월 '유엔국제재난리스크경감전략UN International Strategy for Disaster Reduction ; UNISDR' 주관으로 개최된 '제3차 세계재난리스크경감회의UN World Conference on Disaster Risk Reduction ; UN WCDRR'에서 채택됐다.

무엇보다도 2015년은 국제사회가 '새천년개발목표MDGs'에서 '지속가능개발목표SDGs' 체제로 전환되는 기념비적인 해이다. 일각에서는 지속가능개발목표의 성취가 재난회복력 확립 여부에 의해 상당 부분 좌우될 것으로 예상하고 있다.

재난 리스크 경감과 지속 가능 개발의 중요성은 1987년 '세계환경개발위원회World Commission on Environment and Development ; WCED'를 시작으

---

3. 센다이 재난 리스크 경감 프레임워크 서문 中
http://eletter.mrrfund.kr/eletter/view.jsp?brdNum=1291&readCnt=1&brdMenuSel=EM01

로, 2005년 효고행동계획, 2015년 센다이 재난 리스크 경감 프레임워크에 이르기까지 여러 해에 걸쳐 강조되었다.

또한 2012년 '유엔지속가능개발회의UN Conference on Sustainable Development 또는 RIO + 20'가 채택한 '우리가 원하는 미래The Future We Want'는 재난 리스크 경감과 재난 회복력 확립을 지속 가능 개발 및 빈곤 근절의 차원에서 새롭게 다룰 것을 요청한 바 있다. 그리고 '유엔기후변화협약UN Framework Convention on Climate Change ; UNFCCC'의 권한을 존중하면서 기후변화를 재난 위험의 직접적인 원인으로 다루는 것은 재난 리스크 경감을 위한 국제사회의 일관된 노력을 나타내고 있다.

지난 2005년 이래 효고행동계획은 재난 리스크 경감에 관한 대중의 인식 제고와 이해관계자들의 행동을 장려함에 있어 크게 기여해 왔다. 하지만 지난 10년간 재난의 피해는 계속해서 증가해 왔고, 이에 사람들과 지역사회, 국가의 안녕은 수차례의 부침을 겪었다. 재난으로 인해 전 세계적으로 70만 명 이상이 목숨을 잃고, 140만 명 이상이 부상을 당했으며, 약 2,300만 명의 사람들이 집을 잃고 떠도는 신세가 되었다. 전체 경제적 손실은 총 1조 3,000억 원 이상에 달한다.

재난은 주로 기후변화로 인해 발생하며 그 빈도와 강도가 점차 증가하고 있다. 2005년부터 2014년까지 아 · 태지역에서 발생한 재난은 총 1,625건으로 50만 명이 넘는 사람들이 사망했고 14억 명 이상이 재난 피해를 입었으며, 경제적으로 5,230억 원 가량의 손실이 있었다. 재난은 또 광범위하지만 소규모로 발생하여 언론의 관심을 끌지 못하는 경우도 헤아릴 수 없을 정도로 많다.

문제는 재난의 범위가 한 국가에만 국한되지 않는다는 점이다. 예를 들어 아·태지역은 지진 발생이 활발한 단층선이 여러 나라에 걸쳐 있다. 또한 태평양과 인도양 등지에서 발생하는 태풍 및 사이클론으로 인하여 폭우로 인한 홍수가 빈번하게 일어나고 있다.

일반적으로 재난 회복을 위한 지원은 긴급구호 및 재건에 초점이 맞춰져 있다. 2004년부터 2013년까지 10년 동안 재난에 대한 원조는 한화 약 280억 원 규모로 그중 대부분은 긴급구호에 쓰였다.

재난 리스크 경감에 투자하는 것은 대규모 피해를 사전에 방지하고 재난 발생 시에도 피해 규모를 최소화하기 때문에 비용 효과적이라 할 수 있다. 재난 리스크 경감의 핵심은 효과적인 조기경보 시스템의 구축이며, 이는 과학기술을 국가 및 지역 차원의 재난 경감 전략에 통합시키는 것이다.

조기경보의 중요성은 '센다이 재난 리스크 경감 프레임워크'의 진전을 평가하는 항목 가운데 일곱 번째에 분명히 언급되어 있다. 내용은 다음과 같다. "2030년까지 다양한 위험에 대한 조기경보 시스템을 구축하고 재난 리스크 정보의 유용성과 대중의 접근성을 높인다."

예를 들어 아·태지역에서 조기경보 시스템에 투자하면 초기 투자금의 4배에서 36배에 이르는 경제적 효과를 볼 수 있다. 그럼에도 불구하고 지난 10년 동안 아·태지역 국가들은 이를 위해 충분한 노력을 기울이지 않았다. 효고행동계획의 자가진단에 따르면 아·태지역 내 절반 정도의 국가들이 조기경보 시스템 구축에 있어 '아직 충분하지 않다not substantial' 내지 '상대적으로 규모가 작다relatively small'는 평가를 받았다.

하나의 재난 리스크는 해안선이나 산악지역, 강 등을 공유하는 많은 국가들에게 동시에 악영향을 끼칠 수 있다. 그런데 국가들은 주요 재난 발생에 대비해 독자적인 경보시스템을 구축할 수 없는 경우가 많다. 각국은 다른 나라, 해당 지역 및 국제기구와 함께 비용을 부담하고 전문 기술을 공유해야만 재난에 보다 효과적으로 대처할 수 있다.

아 · 태지역 차원의 협력은 2004년에 발생해 인류 역사상 최대의 재난 중 하나로 기록된 인도양 쓰나미로 인해 가속화되었다. 이는 2005년 '제2차 세계재난위험경감회의WCDRR' 에서 효고행동계획이 채택되는 데 지대한 영향을 끼쳤다. 이로 인해 지난 2011년에 구축된 '인도양 쓰나미 경보 및 완화 시스템Indian Ocean Tsunami Warning and Mitigation System' 은 아 · 태지역 내 재난 리스크 경감을 위한 협력이 강화되었음을 잘 보여주는 사례이다.

'센다이 재난 리스크 경감 프레임워크' 는 '국제적 협력과 글로벌 파트너십international cooperation and global partnership' 에서 개발도상국들은 기존에 내재된 취약성 및 리스크 수준이 재난 회복력을 크게 상회하기 때문에 특별한 관심이 요구된다고 밝히고 있다. 따라서 재난 리스크 경감을 위한 국제사회의 노력은 개발도상국의 재난 리스크 경감에 있어 중요한 요소이다.

개발도상국들은 재난 리스크를 줄이기 위해 충분하고 지속 가능하며 시기적절한 자원들을 포함한 국제협력과 글로벌 개발 파트너십, 국제사회의 지속적 지원 등을 필요로 한다. 따라서 선진국에서 개발도상국으로 기술 및 지식, 아이디어의 이전을 합법화하고 용이하게 하는 등 지식 이전을 강화하는 것이 무엇보다 중요하다.

재난 발생 시 커뮤니케이션 시스템은 취약해질 수밖에 없다. 따라서 커뮤니케이션 시스템은 재난 발생 시 충격을 효과적으로 흡수하고 과부하 상황에서도 서비스를 계속 제공할 수 있도록 설계되어야 한다. 도로, 발전소 등과 같은 시설은 원격으로 중앙관리시스템에 의해 통제되어야 한다.

오늘날 많은 양의 데이터가 스마트폰과 소셜미디어 등 새로운 정보원에서 생산되고 있다. 빅 데이터 분석은 재난 발생에 따른 인구의 이동 양상을 비롯한 유용한 정보를 제공해 줄 수 있다. 휴대폰은 문자 메시지를 통해 앞으로의 재난을 인지하고 피해상황을 신속히 사람들에게 전파하는 등 전반적인 재난 리스크 관리에 크게 기여할 것이다.

재난 리스크 경감은 지속 가능 개발을 위한 필수요소이다. 보다 견고한 사회기반시설을 건설하고 더 나은 주거환경을 조성하며 지역사회를 효과적으로 조직하는 등 재난의 부정적인 영향을 감소시키기 위한 조치들은 우리 사회 전반에 발전을 가져온다. 높은 수준의 발전을 이룬 국가일수록 높은 차원의 재난 회복력을 가진다는 것은 주지의 사실이다. 경제성장에 따라 정부는 이전보다 강력한 사회적 보호를 제공할 수 있기 때문이다.

빈곤, 식량안보, 사회기반시설, 기후변화, 생태계 등과 관련된 지속가능개발목표의 달성은 재난 리스크 경감의 달성 여부에 의해 크게 좌우된다. 그러므로 재난 리스크 경감은 개발계획과 긴밀히 통합되어야 한다. 재난 리스크 경감은 교육, 보건, 교통 및 사회적 보호를 포함한 다양한 분야에서 반드시 달성되어야 하는 목표이다. 모든 사회구성원들은 지진, 홍수, 사이클론 등 자연재해의 영향에서 자유로울 수 없기 때문에 이해관계자들은 공공 및 민간을 막론하고 모든 영역에서 어떻게 재난 회복력을 달성할 수 있는지에 관해 고민해야 한다.

이제 4장에서 검토했던 재난 리스크 관리 시스템을 통합 리스크 관리 차원에서 재조명해 보자.

우선, 재난 예방에 만전을 기해야 하겠다. 재난 예방 사업, 재난 위험성 경감을 통해 재난 취약성을 감소시키자. 이를 위해서는 방재 관련 법과 제도를 정비하고, 방재 관련 분야의 지속적인 연구와 방재관리 전문인력 양성이 필요하다. 무엇보다 리스크 관리 교육 및 훈련을 통해 우리 사회에 리스크 관리 문화를 조성하는 것이 근본적이고 중요한 방법이다.

재난 발생 시 효과적이고 효율적인 사후 대처를 위해 위기 관리급의 대응이 필요한데, 유사시에 효과적으로 대처하기 위해서는 평상시에 지속적인 훈련이 절대적으로 중요하다. 재난에는 국경이 없는바 대형 재난의 대처를 위한 국제적 공조 또한 매우 중요하다.

그림 8-2 재난 대비 통합 리스크 관리 시스템

재난에 따른 신속한 피해 복구와 효과적인 보상을 위해 보험 비즈니스 등 리스크 관리 비즈니스에 대한 지원도 필요하다. 민관 파트너십 강화, ART 상품 개발 및 시장 육성, 재난 리스크 관리의 진화를 위한 사회적 관심과 지원 또한 중요하다.

당국은 대형 재난사고가 정적static으로 운영되는 제도의 사각지대에서 발생한다는 점을 명심하여 ERM의 도입을 통해 지속적으로 개선되는 동적dynamic 리스크 관리체계를 수립하는 방안을 모색할 필요가 있다. 재난 관리를 위한 ERM의 도입과 적용을 위해서는 다음과 같은 노력이 필요하다.[4]

- 국내 실정에 맞는 국가 ERM 표준 제정
- ERM 표준을 이용한 동적 리스크 관리체계 구축 및 운영 방안 모색
- ERM 교육 프로그램 개설과 전문가 파견 등을 통해 하위기관, 지자체, 민간에 동적 리스크 관리체계의 구축 및 운영 지원

미국 정부의 ERM 프로세스를 참고할 필요가 있는데, 미국 정부의 ERM 표준은 ① 리스크 관리 목적과 제약 조건 확인, ② 리스크 평가, ③ 리스크 관리 방법 모색 및 비교, ④ 리스크 관리 방안 결정, ⑤ 실행 및 모니터링을 주기적으로 반복하는 순환적 동적dynamic 리스크 관리 프로세스이다.

4. 최창희, 「미국 정부 ERM 도입의 시사점」, 보험연구원, 2015. 4.

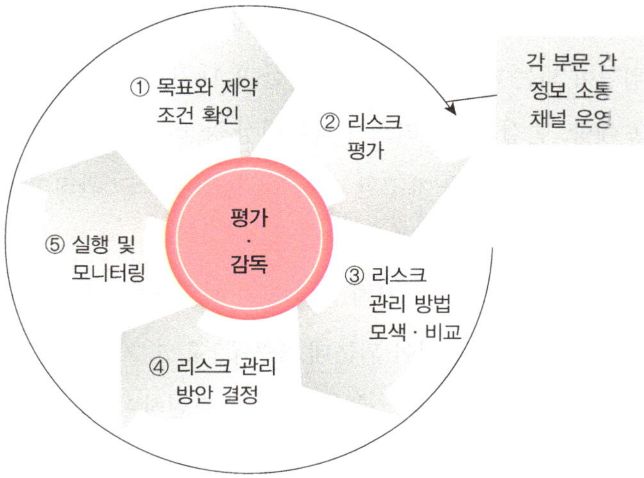

자료 : "RISK MANAGEMENT : Further Refinements Needed to Assess Risks and Prioritize Protective Measures at Ports and Other Critical Infrastructure", 미국 감사원, pp.102 참조. http://www.gao.gov/assets/160/157672.pdf

그림 8-3 미국 정부의 ERM 프로세스

3. 재난 리스크 거버넌스

우리가 당면하는 리스크들이 복잡다단해짐에 따라 우리 사회는 리스크에 점점 취약해 졌다. 대형 재난의 경우가 더욱 그러한데 경제발전, 인구 증가, 도시화, 특정 지역에의 자산 집중, 기후변화 등에 기인하여 전 세계적으로 재난의 파괴력이 커지고 있다.[5]

이에 대처하기 위해서는 우리 사회의 리스크 회복력을 제고해야 하며, 체계적인 재난 리스크 관리가 필수이다. 또한 통합형 리스크 관리를

5. *Country Risk Management*, Swiss Re, 2010.

통해 우리가 당면한 리스크를 파악하고 보다 잘 관리할 수 있다. 초기에 사회에 위협이 되는 리스크를 미리 파악한 후 대처 대상 리스크 순서를 정해놓고 예방, 손실 감소, 리스크 파이낸싱 등 리스크 관리 방법들을 활용하여 리스크 회복력을 제고할 수 있다. 통합 리스크 관리의 중요성이 부각되는 이유는 오늘날 많은 리스크들경제 및 금융 리스크뿐 아니라 환경적 · 사회적 · 정치적 리스크까지이 복잡 다양하게 얽혀 있기 때문이다. 예를 들어 기후변화는 사회 전반에 큰 도전이 되는데 폭풍우, 홍수, 가뭄 등이 심각한 농작물 피해를 가져올 수 있다. 재난 리스크와 관련하여 일반 대중은 비록 활용 자원이 충분치 못하다 할지라도 정부가 안전조치 및 예방에 철저할 것으로 기대한다. 그런데 막상 재난이 발생되면 긴급조치 및 보상에 따른 비용을 정부와 국민이 공히 분담하는 경우가 일반적이다.

일반적으로 통합 리스크 관리는 다음의 네 단계를 거친다.

1. 리스크 파악Identification
2. 리스크 분석Assessment
3. 리스크 경감Mitigation
4. 리스크 대처Adaptation

우선, 모든 분야의 리스크 및 잠재 리스크를 조기에 파악하고 리스크 환경 변화를 상시 점검하여 경각심을 조성한다.

다음으로, 손실 발생 빈도 및 손실 크기를 계량화하고 리스크 간의 상관 정도를 평가한다.

리스크 경감은 리스크 회피 및 예방을 말하는데, 리스크 예방의 중요성은 아무리 강조해도 지나침이 없겠다. '리스크 예방에 $1을 쓸 때 평균적으로 잠재 손실의 $4을 줄일 수 있다' 는 연구 결과도 있다.[6]

리스크 예방 등의 리스크 경감 노력과 더불어 사고에 따른 경제적 손실의 경감 대책을 강구해야 한다. 기후변화 리스크의 예를 들어 보자. 기후변화 리스크에 대한 대처Adaptation 방법에는 인프라 개선예 : 폭풍우 대비 빌딩 강화, 가뭄 대비 저수지 및 우물 정비, 손실 경감을 위한 기술적 대처, 리스크 관리 문화 조성 캠페인 등 사회활동 이니셔티브, 보험과 재보험 등의 리스크 전가 수단 연구 개발이 포함된다. 테러와 같은 재난 리스크는 민영보험의 차원에서 부보하기가 어려운바 최근 들어 정부와 민간 보험의 합작 사업이 중요해지고 있다.

최근의 재난 내용을 분석해 보면 자연재난과 사회적 재난이 결합되어 피해가 커지는 소위 복합성 재난이 일반화되고 있는데 그에 따른 인적 손실, 경제적 · 사회적 피해가 매우 커지는 경향이 있다. 이와 같이 최근의 재난 리스크는 불확실성, 상호작용성, 복잡성의 특성을 보이고 있는바 재난 리스크에 대한 관리도 다양한 수단들을 결합하는 총체적인 리스크 거버넌스risk governance 차원의 접근이 필요하다. 리스크 거버넌스risk governance란 리스크 관리에 관한 총체적 접근 방식을 의미하는데 정부 구조, 정부 및 비정부 실체와의 협력, 각종 정책을 포함하는 개념이다.

리스크 거버넌스risk governance의 향상은 구조적 측면, 과정적 측면, 정책수단 측면을 망라하는 총체적 차원에서 이루어져야 할 것이다. 우

---

6. 2005 US National Institute of Building Science.

선 구조적인 측면에선 중앙정부, 지방자치단체, 공공기관, 시민단체, 기업, 전문가, 언론 등의 협력이 요구된다. 효과적인 리스크 관리 역량의 강화를 위해 리스크 분석과 평가, 학습과 모니터링 기능 향상에 노력해야 한다. 과정적 측면에선 기술적 요인, 공개와 투명성 제고, 접근성과 참여 독려, 협의와 소통의 강화 등이 필요하다. 정책수단 측면에선 사고 예방에 힘쓰면서 민간 협력을 활용하는 등의 비용 효율적인 방안 마련도 요구된다. 안전을 위한 직접적인 규제와 더불어 안전 관련 교육이나 홍보 등 비규제적 수단까지를 포함하는 노력도 필요할 것이다.

리스크 거버넌스는 리스크 관리 실행에 있어 누가 해당 리스크에 노출되어 있고 누가 그것을 관리해야 하는지를 명확히 함으로써 리스크 관리에 있어 각자의 임무와 책임을 확실히 하는 것이다. 누군가는 리스크에 노출되어 사고 발생 시에 손실을 입게 되는데 사회 전체에 영향을 주는 재난 리스크에 있어서는 정부가 그 중심에 있다. 정부는 해당 리스크에 있어 사회가 감당할 수 있는 수준을 결정해 그에 적합한 정책을 마련해야 한다. 그에 따라 각 행정부서와 산하기관이 정책을 집행함으로써 초기 단계에 있어 리스크 관리 책임을 지게 된다. 통합 리스크 관리 시스템이 체계적으로 가동되는지, 또 여러 분야에서 관련 리스크 관리 대책들이 유기적으로 집행되고 있는지를 전체적으로 조정 · 관리할 책임은 국가 CRO에 있다. 마지막으로, 재난 리스크 관리 시스템을 객관적으로 감사하는 권한을 가진 독립 사정 기능이 필요한데 그렇게 되면 기존의 모든 리스크 관리 대책과 결정을 독립적이고 객관적으로 점검하고 평가하여 적절한 조치를 건의하게 된다.

이처럼 사회 전체의 리스크를 체계적으로 관리함에 있어 국가

CRO(Chief Risk Officer)가 핵심적인 역할을 하게 된다. 여기서 국가 CRO의 역할은 사회 전반의 리스크를 전체적으로 관리하는 책임을 지며, 사고 전의 통합적인 리스크 관리 실시와 사고 후의 사회적 비용을 최소화하는 임무를 수행하는 것이다. 위와 같은 통합형 리스크 관리의 실행에 있어 전체 과정을 일관성 있게 컨트롤하고 일련의 사태에 대해 최종 책임을 지는 것이 바로 국가 CRO의 임무라 할 수 있다.

- 해당 리스크 전문가 및 보험업계와의 협력을 통해 주요 리스크를 파악하고
- 손실 발생 빈도 및 손실 크기를 분석하여 사회 리스크 맵(risk map)을 작성하고
- 리스크 관리 수행에 있어 행정부서, 국회, 국민, 외국과 소통하고
- 사회 전체에 또는 국제적으로 영향을 주는 거대 리스크를 총괄하여 관리하고
- 리스크 관리 대책 및 재난 계획을 차질 없이 집행하고
- 재난 리스크 관리 시스템을 지속적으로 점검 개선하고
- 국제적인 재난 리스크 관리에 있어 외국 관련 기관과 공조할 수 있어야 하겠다.

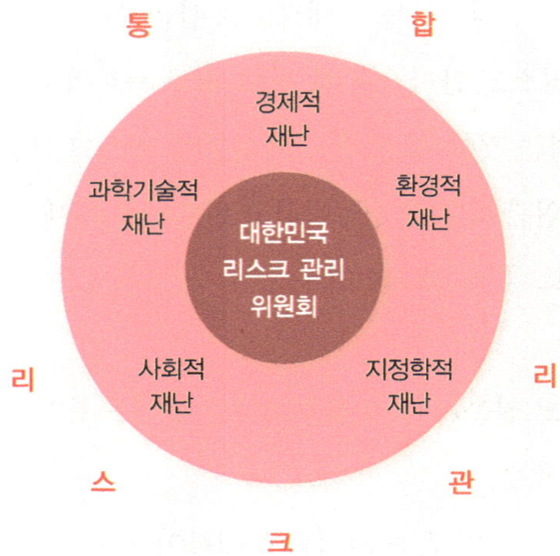

그림 8-4 재난 대비 통합 리스크 거버넌스

DHC 뉴스 거버넌스의 위기와 국정 혼란

국가의 문제해결 능력이 지속적으로 약화되는 가운데 최근 학계는 사회 전반의 '거버넌스[지배구조]'에 주목하고 있다. 정부를 포함해 국가 운영에 영향을 주는 의회, 시민단체 등 다양한 조직과 구성원들이 함께 만들어내는 의사결정 구조와 집행제도를 총체적으로 '거버넌스'라고 규정하고 이것이 국가 운영의 성패를 판가름하는 요체[要諦]라고 보는 것이다.

물건과 사람뿐 아니라 눈에 보이지 않는 바이러스까지 국가 간에 쉽게 이동하는 시대다. 따라서 국가적 문제가 발생했을 때 의사결정 참여기관들 간에 상황과 정보가 공유되지 않고, 권한과 책임이 모호하며 집행 매뉴얼이 낙후되고 집행자들이 전문적이고 헌신적이지 못할 경우 위기는 쉽게 확산된다. 거버넌스의 위기인 것이다.

그렇다면 지금 우리의 거버넌스 상황은 어떤가?

먼저 국가 운영을 위한 의사결정 구조를 보자. 과거 개발시대에는 강력한 대통령의 통치력과 행정부의 권한을 바탕으로 하여 수직적 의사결정 구조가 구축됐다. 이는 높은 생산성으로 연결되면서 고도성장이 가능했다. 이 과정에서 위기 예방과 관리는 철저히 정부의 몫이었다.

그러나 민주화가 진행되는 과정에서 대통령과 행정부의 중앙권력이 수평적으로는 국회로, 수직적으로는 지방으로 급격히 분화 · 이동돼 왔다. 대통령과 국회는 견제와 균형의 수평적 관계로 변모하고 대통령은 여당의 총재 자리를 내려놓았다. 그러나 아직도 정부 · 국회 · 정당 등의 관계에서 과거의 수직적 리더십의 관성이 자주 나타나고 있으며, 수평도 수직도 아닌 어정쩡한 의사결정 구조가 문제해결 능력을 약화시키고 있다. 특히 국회의 역할이 갈수록 확대되고 있지만 작은 몸집으로 큰 칼을 차고 힘겨워하는 모습이다. 정부와의 책임과 권한 분담도 명확하지 않고 소위 국회 선진화법의 폐해도 크다. 대통령 · 국회 · 정당 간에 민주적 · 수평적 협업이 가능한 의사결정 시스템과 문화, 그리고 이들 간의 역할과 책임을 명확히 해야 할 시점이다.

다음은 효과적인 거버넌스를 위해 갖추어야 할 의사결정의 집행 매뉴얼에 대해 살펴본다.

1980년대 후반 이후부터 대외 개방과 함께 자유시장체제가 확대 정착됐다. 이에 따라 정부 개입과 관료의 역할은 축소됐지만, 여전히 시장 실패에 따른 위험이 국가적 위기로 치닫지 않도록 관리하는 것은 정부의 몫이다. 우리는 '천사'이기를 원했던 자유시장이 '악마'로 변하는 모습을 자주 목격해 왔다. 이때마다 해결사로 정부가 등장했다.

따라서 정부는 시장의 움직임을 점검하고모니터링, 위험이 감지되면 조기경보 신호체계를 가동하고, 실제 위기가 닥쳐오면 즉각 개입하는 자구조치세이프가드의 수순을 밟아야 한다. 이러한 정교한 3단계 매뉴얼이 제대로 작동될 때 문제해결 능력은 확보된다. 그럼에도 불구하고 정부와 관료의 상황 대응 매뉴얼은 정밀하지도, 체계적이지도 않고 담당자의 선택과 재량의 폭이 커서 한 번 잘못 판단하면 사회 전체로 위험이 확산된다. 우리는 1997년 동아시아 위기 때, 그리고 2014년 세월호 참사와 2015년 중동호흡기증후군MERS, 메르스 사태를 겪으며 이러한 3단계 위기예방관리시스템의 중요성을 피부로 절감하게 됐다. 앞으로 우리가 쉽게 망각의 덫에 빠져 매뉴얼의 정비를 소홀히 하면 위기가 반복되는 것을 감수해야 할 것이다.

마지막으로 국가 운영의 직접적인 참가자들, 특히 국회의원, 정부 관료 등 공직자들에 대해 생각해 보고자 한다. 공직자는 국가 공동체와 국민에 대해 보상심리보다는 부채의식을 가져야 한다. 이것이 헌신과 충성심의 원천이며 문제해결을 위한 집중력의 기초 에너지가 된다. 최근 들어 관료들은 몸과 마음이 시장에서 멀어졌고, 세태의 변화 속에 집중력이 다소 약화되었으며, 국가 공동체에 대한 부채의식은 점점 줄어들고 있다. 야구에서 유격수의 보이지 않는 에러 같은 감춰진 실수가 자주 목격됐다. 관료제도 자체도 노후화돼 공무원들을 지치게 하고 책임 회피에 골몰하게 한다. 이러한 과정에서 국정의 문제해결 능력은 약화됐다.

완벽한 국가사회의 지배구조는 없다. 틈새와 결함이 있다. 이를 극복하는 것이 대화 · 타협 · 조정인 것이다. 그래도 확실하고 최종적인 조정자는 대통령일 수밖에 없다. 그렇지 않으면 아예 5년 단임 대통령 중심제 자체를 수정해 어정쩡한 지배구조의 부작용을 방지해야 한다. 공직자는 시대가 어떻게 바뀌든지 국가에 대한 무한한 부채의식, 책임의식을 약화시켜서는 안 된다. 이것이 공직자의 숙명인 것이다. 정부와 사회도 공직자들의 헌신을 북돋울 수 있는 관료시스템을 하루속히 구축해야 한다.

지금 국가 운영의 요체라고 하는 거버넌스의 모든 부문에서 문제가 발생하고, 이로 인해 국가 운영의 비상등이 계속 깜박이고 있다. 거버넌스의 변화 없이는 더 이상의 도약은 물론 지금 수준의 국가를 지탱하기도 힘겹다. 헌법을 고치든, 제도를 개선하든, 국가 운명에 대한 생각을 다시 하든, 국가 운영의 거버넌스에 대변혁이 시급하다.

— **정덕구**(NEAR재단 이사장 · 전 산자부 장관)

자료 : 중앙일보 2015. 7. 22.(http://joongang.joins.com/article/375/18289375.html?cloc=joongang%7Cext%7Cgooglenews).

마지막으로, 국내외 사례를 통해 재난 관리 시스템의 구체적인 개선방향을 검토해 본다.[7]

미국은 1979년 연방재난관리청Federal Emergency Management Agency ; FEMA을 설립하였다. 연방재난관리청은 지방정부 차원에서 대응하기 힘든 국가적 재난이 발생하면 역할을 수행한다. FEMA는 국가 차원의 컨트롤타워를 맡으면서 주정부의 재난관리청을 지휘하고 있으며 재난관리청은 자치주의 재난관리팀을 지휘한다. 특이한 점은 FEMA 내부에 갈등해결 전담부서ADR Division가 설치되어 있어 전문가들이 재난 발생 시 기관 간 갈등에 대처하고 민원해결 등을 담당한다는 것이다. 재난 관리의 예방 · 대비 · 대응 · 복구의 실질적 컨트롤타워인 FEMA의 설립목적은 다음과 같다.

첫째, 연방정부, 주정부, 지방정부, 자원봉사기관, 사기업체 등과 재난 관리 협력 강화
둘째, 모든 재난에 대비하고 종합적인 국가재난관리체계를 구축
셋째, 복구가 아닌 사전 대비를 국가재난관리체계의 근간으로 함
넷째, 빠르고 효과적인 대응 · 복구체계 구축
다섯째, 주정부 및 지방정부의 재난 관리 능력 강화

이처럼 FEMA는 정부기관은 물론 적십자 등 민간기구까지 총괄하는 재난 · 재해 담당 독립기관으로 모든 사고수습 가이드와 지원체계 구

7. 「대형 재난 발생 증가에 따른 방재관리계획의 중요성」, 전계원, 『위험과 보험, Korean Re, 2014. 6.

성을 마련해 재해상황에 따라 신속한 대응이 이루어질 수 있도록 통합 재난 관리를 돕는다.

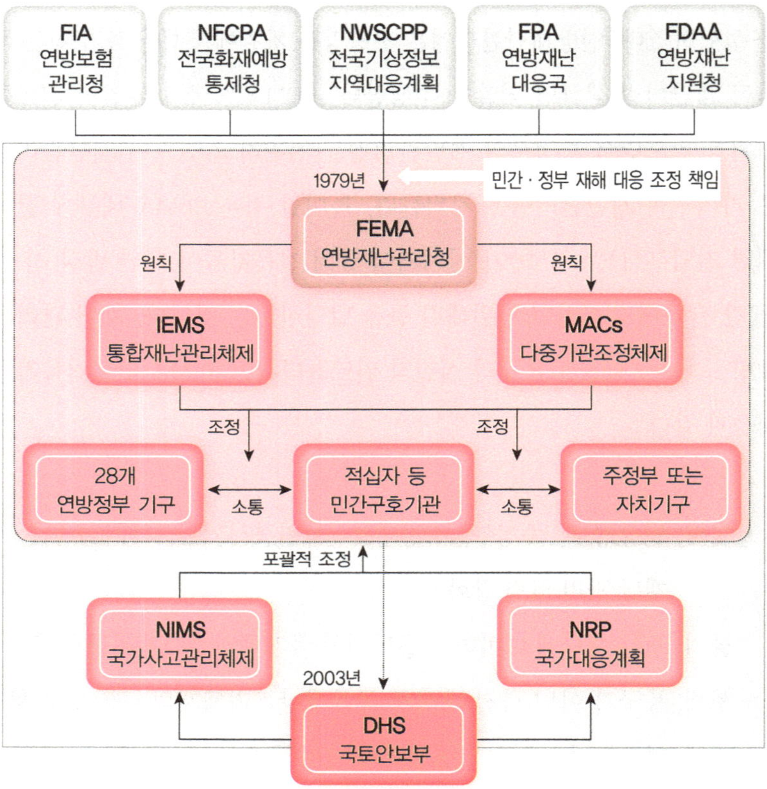

자료 : 연방재난관리청(FEMA)

그림 8-5 미국의 재난 관리 시스템

일본은 지형 · 지리적으로 자연재난의 발생 빈도가 높은 나라로 매년 발생하는 태풍과 지진 등 각종 재난을 극복하며 기술개발과 제도정비를 수행하였다. 일본은 재난이 발생하게 되면 모든 재난정보에 대한

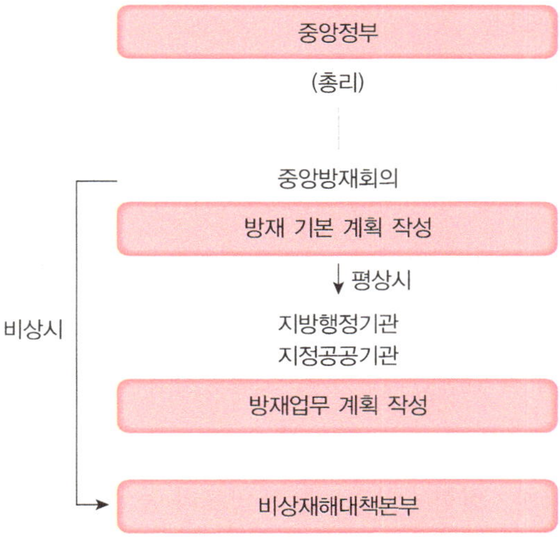

그림 8-6 일본의 재난 관리 시스템

창구를 단일화해 중앙정부의 정보력을 높여 재난 대응의 신속성을 극대화시키고 있다. 또한 총리를 의장으로 하는 '중앙방재회의'를 설치·운영하고 있는데, 여기서 재난대책을 조정·결정하고 방재계획을 작성하고 추진한다. 일본의 재난대응에서 주목할 점은 방재교육이다. 각급 학교에서 과목 또는 특별활동의 일환으로 방재교육과 실제 대피훈련을 실시하고 있다.

우리나라의 경우 반복되는 태풍, 홍수 및 산사태, 토석류 등 풍수해와 각종 붕괴·폭발사고 발생 빈도가 증가하자 2004년 소방방재청이 개청되며 본격적인 재난 관리 조직이 구축되었다. 그러나 재난 관리를 위한 조직이 분산되어 있고 재난 발생 시 재난정보에 대한 창구가 일원화되어 있지 않은 문제점을 갖고 있다. 또한 2013년에 자연재난은 소방방재청에서 담당하고, 사회재난[안전재난 포함]은 안전행정부에서 담당하도록 법령을 개정했다.

2014년 세월호 사고 이후 후속 조치로 국민안전처가 신설되었다. 국무총리 소속의 국민안전처는 각 부처에 분산된 안전관리 조직을 통·폐합하고 지위체계를 일원화하여 모든 국가 재난을 총괄하는 '컨트롤 타워' 역할을 수행하게 되었다. 국민안전처는 소방방재청과 해양경찰청을 통합해 '중앙소방본부'와 '해양경비안전본부'로 개편하였으며, 종전 안전행정부의 안전관리 기능과 소방방재청의 방재 기능을 이관 받아 각각 '안전정책실'과 '재난관리실'을 구성하고, '특수재난실'을 신설, 항공·에너지·화학·가스·통신 인프라 등 분야별 특수재난에 대응할 방침이다. 아울러 재난현장 대응 기능을 강화하기 위해 육상의 경우 권역별 특수구조대를 대폭 보강하기로 하였으며, 해상 분야는 기존 남해해양특수구조단을 '중앙해양특수구조단'으로 확대·개편하였다안전행정부 보도자료, 2014.

미국은 1979년 FEMA가 설립된 이후 35년이 지난 지금 다양한 대형 재난을 경험하며 재난 관리 체계가 정비되어 왔으며 그 기능은 더욱 더 강화되고 일원화되었다. 일본도 중앙방재회의에서 재난의 기본 대책 수립 등 중요한 결정을 내릴 수 있도록 재난 관리 시스템을 운영하고 있으며, 무엇보다 방재교육을 통한 인명피해의 최소화 노력을 하고 있다.

미국과 일본의 사례에서와 같이 재난을 관리하기 위한 시스템은 대형 재난을 겪으며 대비책과 대응책 등이 학습되고 장·단기계획에 의해 지속적으로 수정되고 보완되어져야 하며 그 기능이 작동되어야 한다. 또한 재난에 미리 대비하고 재난의 발생 시 신속한 대응이 이루어질 수 있는 체계적인 시스템 구축을 통해 2차적인 피해 발생을 경감시킬 수 있어야 할 것이다.

4. 리스크 관리 문화 조성 및 리스크 관리 교육

대한민국에 리스크 관리 사회가 정착되기 위해선 우선 리스크 관리 문화가 조성되어야 하겠다. 리스크 관리 문화 조성을 위한 몇 가지 구체적인 제안을 해본다. 우선, 리스크에 대한 우리의 인식과 태도를 바꿀 필요가 있는데 그 방안을 리스크에 대한 일반인들의 오해를 중심으로 정리해 본다.

- 리스크는 부정적인 면만 내포하는 위험과는 다르다. 리스크는 적절히 관리할 경우 긍정적인 결과 또한 기대할 수 있다.
- 리스크는 불가피한 대상이 아니라 관리할 수 있는 대상이다.
- 리스크 관리는 특별한 행위가 아니라 지극히 일상적인 행위이다. 즉, 리스크 관리는 특별한 사람들만이 하는 것이 아니고 우리 모두가 하는 것이다.
- 보험만이 유일한 리스크 관리 수단이 아니다.
- 리스크 관리는 남이 해주는 것이 아니고 정부가 해주는 것도 아니다. 즉, 리스크 관리는 내가, 우리가 해야 하는 것이다.
- 리스크 관리를 생활화하자.

다음으로, 리스크 관리 관련 비즈니스의 발전을 위한 지원이 필요하다. 통합 리스크 관리와 같은 전문적인 업무 수행을 위해선 리스크 관리 전문인력의 육성이 중요하다. 따라서 우리 사회의 지속 가능 성장을 뒷받침하는 리스크 관리 비즈니스의 활성화를 위한 보다 적극적이고 현실적인 지원이 필요하다.

또한 당장의 성과를 기대하기는 힘들지만 장기적으로 매우 효과적인 방안이 될 리스크 관리 교육의 중요성을 강조하고자 한다. 우리 사회의 구성원들에게 어려서부터 리스크와 리스크 관리의 중요성에 대한 교육을 체계적으로 실시하면 자연스럽게 이 사회의 리스크 관리 문화를 조성할 수 있을 것이며, 리스크 관리 전문인력의 양성에 큰 도움이 될 것이다.

리스크 관리와 보험의 필요성은 지속 가능 발전의 중요성에 대한 교육에서부터 시작하는 것이 바람직하다. 사회 주체로서 개인, 가정, 비즈니스, 국가가 공히 안정 속의 성장이라고 하는 지속 성장을 추구해야 하는데 지속 가능 성장의 핵심 전략이 바로 리스크 관리임을 확실하게 교육할 필요가 있겠다.

또한 재난 리스크 관리와 관련해서는 재난 관련 정보의 공유, 안전과 안정 제고를 위한 리스크 관리 문화를 조성하는 교육에 힘써야 하겠다.

- 재난 관련 주요 정보의 수집, 정보 접근 훈련
- 재난 리스크 관리 관련 교육자료 준비 및 학교 교육 실시
- 통합 리스크 평가 및 비용-편익 분석 연구 방법 개발
- 재난 리스크 관리 문화 조성을 위한 범사회적인 국민 인식 캠페인

리스크 관리 교육과 보험 교육, 즉 리스크 및 리스크 관리에 대한 교육이나 보험의 본질에 대한 교육은 독자적인 영역을 유지하여 진행하는 한편, 보험의 금융적 성격에 대한 교육은 금융 교육에서 이루어지는 교육내용과 연계시켜 진행하면 교육효과를 높일 수 있다고 본다.[8]

보험의 전통적인 기능, 즉 불확실성으로 인해 발생한 손실을 전가함으로써 손실이전의 상태로 복구한다는 측면을 고려할 경우 보험 교육에서 지향해야 할 교육목표에는 리스크에 대한 이해, 리스크 관리에 대한 이해, 그리고 보험의 운영원리에 대한 이해 등이 반드시 포함되어야 할 것이다.

DHC 뉴스 올해는 모두 '죽어라 하고' 훈련합시다

재난은 관리하기가 쉽지 않다. 아무리 노력해도 발본색원 또는 근절할 수 없는 것이 재난이다. 따라서 정책이며 기술들도 발생과 피해를 최소화하기 위한 조치일 뿐이다. 그런데 일단 재난이 발생하면 그동안 불철주야 노력한 것은 물거품이 되고 정부 당국은 비난을 면하기 어렵다. 지금 국내엔 노후화된 기반 시설물들이 산재해 있다. 배정된 예산으로 모두를 철저히 관리한다는 것은 불가능하다. 그런데도 사고가 나면 관련 부서는 질책받고 모든 책임을 져야 한다. 정부가 모든 재난을 막아줘야 한다는 인식 때문이다.

지난해 12월 29일 해양안전심판원의 세월호 특별조사보고서가 나왔다. 보고서는 ▶ 청해진해운이 세월호를 증축 · 개조하면서 복원성이 현저히 약화됐고, ▶ 선박 검사기관의 승인 조건보다 화물을 과적했고, ▶ 선박 평형수는 적게 실어 복원력이 나빠졌기 때문이라고 침몰 원인을 분석했다. 조타 · 운항을 잘못하고 승객 대

8. 「올바른 보험교육을 위한 연구」, 한국보험학회, 2010. 5.

피 조치를 하지 않은 선원들에게도 큰 책임이 있다고 지적했다. 선박회사, 선원들 그리고 여러 정부기관들의 잘못이 합쳐져 큰 재난이 되었다는 결론이다.

축구 경기에서 골은 모두 골키퍼가 먹는다. 그렇다고 모두 그의 책임인가? 앞에서 막아주지 못한 다른 10명의 선수들에게도 책임이 있다. 그래서 감독은 골키퍼만 훈련시키는 것이 아니고 열심히 전술을 짜서 모든 선수를 '죽어라 하고' 훈련시킨다. 어떤 상황에도 조직적으로 대처할 수 있는 유기적인 팀을 만들기 위해서다. 감독의 노력만으로 유기적인 팀이 탄생할 수 없듯이, 방재안전을 위한 유기적인 시스템도 정부 · 민간과 개인들이 서로 협력하고 노력할 때만 만들어질 수 있는 것이다.

시스템이 설계한 대로 작동하려면 훈련이 중요하다. 전술과 기술은 몸으로 익혀야지 머리로 익혀서는 경기에 바로 쓰지 못한다. 근육이 기억하고 있어야 필요한 순간에 동작이 나오는 것이다. 그래서 땡볕, 혹한에 관계없이 매일 훈련을 한다. 재난 상황에서는 순간적으로 판단하고 행동해야 한다. 근육이 기억하고 있어야 가능한 것들이 많다. 해양안전심판원 보고서는 훈련이 없었음을 지적하고 있다. 훈련 및 대비를 시키지 않은 것은 감독인 정부의 책임이 분명하다.

21세기 대형 재난 관리를 위한 경제협력개발기구OECD 연구 보고서에서 지적했듯이 지구 환경의 변화, 급속한 과학기술의 발전, 그리고 경제사회 활동의 도시 집중 등으로 인해 사회는 '알지 못하는 또한 알 수 없는 위험'에 빠져가고 있다. 최근 소니와 한국수력원자력에 가해진 사이버 공격은 과학기술 발전이 초래할 수 있는 미래 재난의 한 단면을 상상케 해준다. 모두가 서로 이어지는 초超연결 사회에서 재난은 점점 더 복잡해지고 피해는 증폭 · 확산된다. 전 세계적으로 공신력 있는 재난 전문가들은 한결같이 새로운 패러다임의 재난 관리가 필요함을 강조하고 있다.

새 패러다임은 공공과 민간 부문 간, 정부 부처들 간, 나아가 정부와 개인 간 재난 관리의 책임 공유와 상호 협력을 제시하고 있다. 정부가 컨트롤타워의 역할을 하지만 민간부문과 개인이 참여하여 자신의 역할을 감당하고 협력하는 유기적인 시스템 구성을 목표로 한다. 정부, 민간 및 개인 간의 파트너십이 우선 구축되어야 한다. 사회적 합의 도출을 위한 정보교환, 공론화 및 정책 · 제도적 기틀이 마련되어야 한다.

그동안 우리는 방재안전을 위한 경고나 안내문들을 벽에 붙여놓고 보고만 지내왔다. '방학 때 계획표를 벽에 붙여놓고 나서야 밖에 나가 마음 편히 놀 수 있었던, 그리고 결국 며칠 밤 새우기로 숙제를 했던' 그런 경험에 익숙한 우리는 안내문들을 붙여만 놓고 따르지 않았었다. 유기적으로 협력한다는 것은 정부가 안전을 위해 안내하는 대로 따르는 습관을 '죽어라 하고' 반복 훈련하는 것에서 출발한다. 단순하지만 안전 문화를 정착시키는 필수적인 요건이다.

하인리히의 1 : 29 : 300 법칙은 한 번의 대형 사고나 재난이 일어나기 전에 관련한 작은 사고와 징후가 300번이나 있다는 이론이다. 우리가 '죽어라 하고' 따르는 훈련을 하면 300번의 징후와 경미한 사고를 어렵지 않게 발견하고 막을 수 있다. 사소한 징후와 사고를 방어할 수 있어야 한 번의 큰 재난을 방지할 수 있다는 것이다. 몸에 밴 행동 습관은 혹시 있을지 모를 재난에서 자신의 목숨을 구해줄 중요한 방편이 될 것이다. 이것이 새로운 패러다임인 유기적 관리체계의 기본이다.

올해는 을미년, 푸른 양의 해다. 인간의 죄를 대신하기 위해 희생물로 바쳐지던 양은 양순하고 평화로운 동물이다. 양치기의 소리에 따라 움직이며, 갔던 길로만 되돌아온다. '죽어라 하고' 따르는 안전 훈련을 시작하기에 이만한 해가 없을 것 같다. 정부는 국가안전처를 발족했다. 안전 관련 조직을 정비하고 안전시설에 투자하는 것도 중요하지만 국민 개개인들이 훈련을 통해 안전을 체화하는 작업이 반드시 병행돼야 할 것이다.

— **박희경**(KAIST 교수 · 재난학연구소장)

자료 : 중앙일보 2015. 1. 9.(http://news.joins.com/article/16890875)

재난 리스크 제대로 관리하기

1. 재난 리스크의 중대성을 전 국민이 이해,

   재난 리스크 관리의 중요성을 전 국민이 이해하고 적극 협력

2. 정부 주도 하에 재난 대비 통합 리스크 관리 시스템을 구축하고,

   리스크 관리 실행, 지속적인 점검과 개선

3. 재난 대비 리스크 거버넌스 확립,

   대한민국 리스크 관리 위원회 설립과 국가 CRO 임명

4. 리스크 관리 문화 조성,

   리스크 관리 교육 및 훈련 실시

5. 재난에는 국경이 없는바

   재난 대비 국제적 공조 시스템 구축

DHC 라이브러리 리스크 Against the Gods

피터 번스타인 지음
안진환 · 김성우 옮김
한국경제신문사 | 1997년

전 세계가 금융위기로 아우성이다. 각국에서는 유동성을 증가시키고, 은행 구조를 개선하고, 감세 혜택을 주고 있지만 이 위기가 언제 끝날지 제대로 예측할 수 있는 사람은 아무도 없다.

IMF라는 큰 위기를 한 차례 넘긴 한국도 처음 겪는 일처럼 모두 잔뜩 긴장하며 움추려 있다. 이런 상황에서 우리는 어떻게 살아야 하는가? 아무것도 하지 않아도 우리의 자산 가치는 '후두둑' 떨어지고 있다. 가만히 앉아만 있어도 손해인 시절이다. 주식만 봐도 연초 대비 45% 이상 떨어졌다. 이제부터는 잃지 않으려는 방법을 아는 것이 중요하다. 금이 간 항아리에 물을 붓고 있다면 이 시점에서 중요한 것은 물을 많이 붓는 것이 아니라 항아리의 균열을 정확히 인식하는 것이다.

고대부터 지금까지 우리는 불확실성의 시대를 살고 있다. 그러나 인류는 그 불확실성을 또 하나의 기회로 삼아 경제를 비롯해 삶 전반에 걸쳐 발전데 발전을 거듭했다. 그동안 우리가 살아왔던 대로 다시 '리스크' 하게 살아간다면 지금의 불황도 문제없이 이겨낼 것이다. 리스크라는 단어는 '뱃심 좋게 도전하다' 라는 의미의 초기 이탈리어에서 유래되었다. 이런 의미에서 본다면 리스크는 운명이 아니라 선택인 셈이다. 선택은 도전하는 인생관을 가진 자들만이 고민하는 영역이다. 개인의 자유의지에 따라 얼마든지 바뀔 수 있다. 피하고 숨는 것이 아니라 기회를 포착하고 도전하는 것이 바로 리스크이다.

자료 : http://book.naver.com/bookdb/book_detail.nhn?bid=5231797

20세기에 접어들면서 리스크를 관리하고자 하는 노력이 본격화되었는데 Peter Bernstein은 *Against the Gods* 리스크에서 인류가 불확실성이라는 신의 영역에 감히 도전하게 되었다고 역설한 바 있다. 보험, FRM, CRM 등 리스크관리학의 진화는 가히 눈부시다. 그러나 불확실성, 즉 리스크는 여전하다. 아니 더욱더 많아지고 더욱더 위세가 커지는 것 같다. 불확실성은 역시 우리 인간이 범접할 수 없는 신의 영역인가?

이제 리스크 관리는 우리 모두에게 필수가 되었다. 우리는 리스크를 제대로 관리해야 한다. 개인, 기업, 국가 등 지속 성장을 추구하는 각 사회 주체의 입장에서 그들이 당면하고 있는 여러 리스크들을 검토하고 바람직한 리스크 관리 방안들을 강구해야 한다. 리스크 관리는 특정 전문인이나 특정 금융기관의 기능일 뿐이라는 편견을 깨고 왜 리스크 관리가 우리 모두에게 필요한지, 어떻게 리스크를 제대로 관리할 수 있는지를 같이 고민해야 하겠다. 궁극적으로 우리 사회의 리스크 관리에 대한 인식을 제고하고 리스크 관리 관련 비즈니스의 발전을 적극 지원해야 한다.

DHC 씨네마

2001 스페이스 오디세이

영화 '아바타Avatar'는 3D 테크놀로지와 감각적 비주얼로 큰 화제를 모았지만 현란한 화면에 주제가 파묻힌 아쉬움이 있었습니다. 필자가 손꼽는영화평론가들도 같은 생각이리라 짐작하지만 SF의 3대 걸작은 '2001 : 스페이스 오디세이2001: A Space Odyssey(1968), 스탠리 큐브릭', '솔라리스Solaris(1972), 안드레이 타르코프스키', '블레이드 러너Blade Runner(1982), 리들리 스콧' 입니다. 솔라리스는 인간의 '기억'에 관한 문제를, 블레이드 러너는 '리플리컨트복제인간'를 다룬 영화이지요. 보다 심오하고 복합적인 주제를 다룬 우주 서사시 2001 : 스페이스 오디세이이하 '2001…'는 소재와 주제, 시각효과가 균형을 이룬 SF 최고 걸작 영화입니다.

'2001…'은 심오한 철학적 관점을 던져 보는 이에게 큰 충격을 안겨주었습니다. 우선 인류의 진화 단계와 문명의 기원에 관한 가설입니다. 영화는 유명한, 암흑이 지배하는 오프닝에 이어 선사시대 원시인의 삶과 그들이 도구 사용을 습득하는 과정을 보여주며, 외계인이 아득한 옛날 인류의 진화에 도움을 주었다는 발칙한 상상력을 전개합니다. 수백만 년이 흘러 일단의 지구인들이 우주선을 타고 행성 탐사에 나섭니다. 현재의 지식으로는 성분을 분석해 낼 수 없는, 빛을 흡수하는 검은 비석 모양의 물체모노리스, Monolith가 달에서 발견된 때문입니다. 지구인들은 외계에 지적 생명체가 존재한다는 증거가 아닐까 의심합니다. 그럴 듯하고 있음직한 가정입니다. '피라미드'와 '스톤헨지Stonehenge : 영국에 있는 선사시대 유적지의 돌 구조물'는 현대에도 미스터리이니까요.

두 번째 관점은 인공지능AI Artificial Intelligence 로봇에 의한 인간 살해입니다. 알려진 로봇의 3원칙은 다음과 같습니다. ① 로봇은 인간의 명령에 복종한다. ② 로봇은 인간을 해치지 않는다. ③ 로봇은 ①과 ②에 저촉되지 않는 범위에서 자위수단을 강구한다. 영화에 나오는 슈퍼컴퓨터 'HAL9000'은 원래 방대한 자료를 소유하고 인간을 돕도록 프로그래밍된 기계이나 인간을 못 미더워하고 감시하며 우주공간에서 우주선을 수리하는 인간을 살해합니다. 영화를 보는 관객들은 컴퓨터에 의한 완전범죄를 전혀 예상하지 못한 만큼 충격이 큽니다. 마치 기존의 추리문법과 정형을 배반한 애거사 크리스티의 미스터리 소설을 보는 듯합니다. 나중에 컴퓨터 HAL9000은 강박증으로 미쳐갑니다. 기계가 감정을 획득하는 것이지요.

'미래의 신神'에 대한 둔중한 질문도 마음을 어둡게 합니다. 인간이 자신을 능가하는 지능과 힘을 가진 분신로봇을 창조해냈을 때 3자인간, 로봇, 신 간의 교통정리는 어떤 형태가 될 것인가? 우리는 아직 '현재의 신'에 대해서도 그다지 많이 알지 못합니다. 어떤 사람은 신을 보았다거나 늘 함께 한다 하고, 다른 사람은 신은 죽었다고 주장합니다니체. 또 다른 사람은 필요에 의해 만들어진 허상이라고 합니다도킨스. 어찌됐든 우리는 불명료한 신의 정체성을 화두로 삼는 부담을 지게 될지도 모르며, 미래의 신에 대한 담론은 삶의 패러다임을 근본적으로 뒤흔드는 일이 될 것입니다. 영화에서는 미래의 신이 컴퓨터, 외계인, 또는 인간 자신일 수도 있음을 암시합니다. 인간주인공 보우먼은 스타게이트를 통해 우주의 바깥 우주로 여행하며 명멸하는 빛과 소리의 조합 속에 시공을 초월해 아이스타차일드로 다시 태어납니다.

촬영기법이나 음악과 화면의 절묘한 조화는 지금에 견주어도 최고 수준입니다. 원시인이 다른 동물을 제압한 도구인 뼈다귀를 허공으로 던지는 순간 뼈다귀는 공간을 유영하는 우주선으로 변하며 요한 슈트라우스의 왈츠가 흐르는 장면은 영화의 백미입니다. 매치 디졸브Match Dissolve : 시각적 이미지의 중첩 기법을 사용한 컷의 결합Continuity Cuts이자, 시간의 경과와 물질문명의 획기적 발달을 보여준 영화사상 경이의 명장면입니다. 영화의 프롤로그도 놀랍습니다. 영화가 시작되면 우주의 생성을 예고하듯 3분여 동안 암흑만을 보여주지요. 사람들은 불안해지며 기대에 차면서도 긴장상태에 놓입니다. 긴장이 극에 달해 못 견딜 즈음 달과 해와 지구가 일직선으로 놓이며 리하르트 슈트라우스의 '차라투스트라는 이렇게 말하였다Also Sprach Zaratustra'의 굉량轟量한 음향이 머리를 강타합니다.

완벽주의자 스탠리 큐브릭은 40여 년간 단 12편의 영화를 감독하였으나 영화 한 편 한 편이 물의를 자아낸, 거장의 이름에 걸맞는 이력의 소유자입니다. '2001…'의 성공과 관련해 또 한 사람의 이름을 거론치 않을 수 없습니다. SF 소설 작가인 아서 C. 클라크입니다. 그는 스탠리 큐브릭과 의기투합하여 공동으로 시나리오를 썼습니다. 영화 대본과 소설 집필을 동시에 진행한 셈인데, 동명의 소설 또한 SF 소설의 최고봉으로 우뚝 솟아 있습니다.

자료 : http://www.freecolumn.co.kr/news/articleView.html?idxno=1299

부록

A1. Global Risks Report 2016

A2. 재난 사례 연구

Appendix

A1. The Global Risks Report 2016*

Executive Summary

Now in its 11th edition, *The Global Risks Report 2016* draws attention to ways that global risks could evolve and interact in the next decade. The year 2016 marks a forceful departure from past findings, as the risks about which the Report has been warning over the past decade are starting to manifest themselves in new, sometimes unexpected ways and harm people, institutions and economies. Warming climate is likely to raise this year's temperature to 1° Celsius above the pre-industrial era, 60 million people, equivalent to the world's 24th largest country and largest number in recent history, are forcibly displaced, and crimes in cyberspace cost the global economy an estimated US$445 billion,[1] higher than many economies' national incomes. In this context, the Report calls for action to build resilience — the "resilience imperative" — and identifies

* World Economic Forum.

practical examples of how it could be done.

Box 1 : Definition of Global Risks and Trends

A **global risk** is an uncertain event or condition that, if it occurs, can cause significant negative impact for several countries or industries within the next 10 years.

A **global trend** is a long-term pattern that is currently taking place and that could contribute to amplifying global risks and/or altering the relationship between them.

Geopolitical concerns remain prominent in the minds of respondents to the Global Risks Perception Survey for the second year in a row. The Report therefore delves into the international security landscape and explores what drives this evolution and, in particular, how it could be affected by the Fourth Industrial Revolution and climate change. The three scenarios for possible futures developed in this context inform new ways of building resilience to security threats through public-private collaboration.

The *Report* also steps back and explores how emerging global risks and major trends (see Box 1), such as climate change, the rise of cyber dependence and income and wealth disparity are impacting already-strained societies by highlighting three clusters of risks as Risks in Focus. As resilience building is helped by the ability to analyse global risks from the perspective of specific stakeholders, the Report also analyses the significance of global risks to the business community at a regional and country-level.

The Global Risks Perception Survey

Almost 750 experts and decision-makers in the World Economic Forum' s multistakeholder communities responded to this year' s Global Risks Perception Survey. Respondents are drawn from business, academia, civil society and the public sector and span different areas of expertise, geographies and age groups.

The survey asked respondents to consider 29 global risks — categorized as societal, technological, economic, environmental or geopolitical — over a 10-year time horizon, and rate each according to their perceived likelihood of it occurring and impact if it does.

After its presence in the top five most impactful risks for the past three years, the **failure of climate change mitigation and adaptation** has risen to the top and is perceived in 2016 as the most impactful risk for the years to come, ahead of **weapons of mass destruction**, ranking 2nd, and **water crises**, ranking 3rd. Large-scale involuntary migration was also rated among the top five for impact, as was **severe energy price shock (increase or decrease)**.

The risk rated most likely was **large-scale involuntary migration**, with last year's top scorer — **interstate conflict with regional consequences** — giving way to the environmental risks of **extreme weather events** and the **failure of climate change mitigation and adaptation** and followed by **major natural catastrophes**.

Global risks that remain serious because of their combined impact and likelihood involve some economic risks, including **fiscal crises in key economies** and **high structural unemployment and underemployment**. These are complemented by cyberattacks and profound social instability. Their assessment reflects the potentially profound impact of the Fourth Industrial Revolution on the economy and society and emphasizes the need for safeguarding future benefits.

Respondents were also asked which risks were related and could give rise to cascading risks. Three emerged strongly : the potential for **climate change to exacerbate water crises**, with impacts including conflicts and more forced migration, calling for improved water governance to adapt to climate change and accommodate a growing population and economic develop-ment ; the need to **address the global refugee crisis**, adding emphasis to policies that can build resilience in addition to responding to the immediate crisis; and the risks of failing to fully understand the risks around the Fourth Industrial Revolution and how this transition will impact countries, economies and people at a time of persistently sluggish growth.

Risks in Focus

Key to building resilience is the stability of societies. The first Risk in Focus therefore looks at the complex dynamics of societies in the age of digitization and discusses the phenomenon of the **(dis)empowered citizen**, which is a result of the interplay of varying dynamics: as technology empowers citizens to find information, connect with others and organize, those citizens feel disenfranchised by distant elites. It explores the risk of social instability if both governments and business embark on either repressive actions or non-action out of uncertainty about how to deal with a more informed, connected and demanding citizenry, which could lead to an escalating downward spiral of broken trust and harsher response on either side. The chapter also, however, explores the benefits governments and business stand to gain by proactively looking for ways to engage with concerned citizens.

Food security risk in the context of climate change is the second Risk in Focus. Building upon the climate-water nexus discussed in Part 1, the chapter looks at how changing climate and weather patterns could jeopardize food security and agricultural production across geographies. The most climate-vulnerable countries often heavily depend on agricultural productivity to sustain economic growth and development. But the recent years have also shown the climate vulnerability of G-20 countries such as India, Russia and the United States — the breadbasket of the world — and other large industrial producers of agricultural commodities. The chapter discusses how climate change-resilient crops and supply chain networks, as well as financing and insurance schemes, can help mitigate the social, economic and environmental aspects of food security risks related to climate change.

Drawing lessons from the Ebola crisis, the third Risk in Focus discusses **global disease outbreaks**. It warns that population growth, rapid urbanization and increasing transnational flows of commodities, people and animals intensify the risk of infectious transmission across geographies while equally diminishing the ability to respond — all at a time of growing resistance of microorganisms to today's most effective medicines. Preparedness and response measures range from the behavioural, such as fact-based communication and education campaigns, to the need to invest in diagnostic, drug and vaccine R&D and in its enabling environment, especially advancing a regulatory framework. It raises the imperative for public-private sector collaboration across areas such as data availability and analysis, a joint research agenda, regulatory frameworks, long-term financing and ways to promote responsible media engagement as part of effective crisis management communication.

For each Risk in Focus, examples are given of three practical mechanisms that can build resilience against the identified threats.

Risks to Doing Business

Private sector respondents to the World Economic Forum's Executive Opinion Survey were asked to identify their risks of highest concern for doing business in the next 10 years. The responses, from 140 economies, reveal patterns of concern at country and regional levels that can usefully inform initiatives to engage the private sector in building resilience to global risks.

On a global scale, two economic risks — **unemployment and underemployment** and **energy price shocks** — are mentioned as the top risks of highest concern for doing business in half of the 140 economies. These are followed by the failure of national governance, fiscal crises, asset bubbles and cyberattacks.

Economic risks predominate in responses from **Europe**, including fiscal crises, unemployment, asset bubbles and energy prices — the latter also being the top concern in **Canada** — while executives in the **United States** are most concerned about cyber-related risks and attacks. Respondents from **Central Asia and Russia** worry about fiscal crises and unemployment, along with the risks of unmanageable inflation and interstate conflict. Environmental risks worry business leaders in **East Asia and the Pacific**, alongside energy prices, asset bubbles, and cyber attacks.

In **South Asia** concerns also include energy prices, together with fiscal crises, unemployment and failure of national governance — which is the top concern in **Latin America and the Caribbean** — followed by energy prices shock and unemployment. Executives in the **Middle East and North Africa** likewise worry about energy prices, together with unemployment, terrorist attacks and interstate conflict. In **Sub-Saharan Africa**, the business community's top concerns include unemployment, energy prices, the failure of national governance and the failure of critical infrastructure.

Appendix A : Description of Global Risks and Trends 2016

Global Risks

A "global risk" is defined as an uncertain event or condition that, if it occurs, can cause significant negative impact for several countries or industries within the next 10 years.

	Global Risk	Description
Economic Risks	Asset bubble in a major economy	Unsustainably overpriced assets such as commodities, housing, shares, etc. in a major economy or region.
	Deflation in a major economy	Prolonged ultra-low inflation or deflation in a major economy or region.
	Failure of a major financial mechanism or institution	Collapse of a financial institution and/or malfunctioning of a financial system impacts the global economy.
	Failure/shortfall of critical infrastructure	Failure to adequately invest in, upgrade and secure infrastructure networks (e.g. energy, transportation and communications) leads to pressure or a breakdown with system-wide implications.
	Fiscal crises in key economies	Excessive debt burdens generate sovereign debt crises and/or liquidity crises.
	High structural unemployment or underemployment	A sustained high level of unemployment or underutilization of the productive capacity of the employed population prevents the economy from attaining high levels of employment.
	Illicit trade (e.g. illicit financial flow, tax evasion, human trafficking, organized crime, etc.)	Large-scale activities outside the legal framework such as illicit financial flow, tax evasion, human trafficking, counterfeiting and organized crime undermine social interactions, regional or international collaboration and global growth.
	Severe energy price shock (increase or decrease)	Energy price increases or decreases significantly and places further economic pressures on highly energy dependent industries and consumers.
	Unmanageable inflation	Unmanageable increase in the general price level of goods and services in key economies.

Category	Risk	Description
Environmental Risks	Extreme weather events (e.g. floods, storms, etc.)	Major property, infrastructure and environmental damage as well as human loss caused by extreme weather events.
	Failure of climate-change mitigation and adaptation	Governments and businesses fail to enforce or enact effective measures to mitigate climate change, protect populations and help businesses impacted by climate change to adapt.
	Major biodiversity loss and ecosystem collapse (land or ocean)	Irreversible consequences for the environment, resulting in severely depleted resources for humankind as well as industries.
	Major natural catastrophes (e.g. earthquake, tsunami, volcanic eruption, geomagnetic storms)	Major property, infrastructure and environmental damage as well as human loss caused by geophysical disasters such as earthquakes, volcanic activity, landslides, tsunamis or geomagnetic storms.
	Man-made environmental catastrophes (e.g. oil spill, radioactive contamination, etc.)	Failure to prevent major man-made catastrophes, causing harm to lives, human health, infrastructure, property, economic activity and the environment.
Geopolitical Risks	Failure of national governance (e.g. failure of rule of law, corruption, political deadlock, etc.)	Inability to govern a nation of geopolitical importance due to weak rule of law, corruption or political deadlock.
	Interstate conflict with regional consequences	A bilateral or multilateral dispute between states escalates into economic (e.g. trade/currency wars, resource nationalization), military, cyber, societal or other conflict.
	Large-scale terrorist attacks	Individuals or non-state groups with political or religious goals successfully inflict large-scale human or material damage.
	State collapse or crisis (e.g. civil conflict, military coup, failed states, etc.)	State collapse of geopolitical importance due to internal violence, regional or global instability, military coup, civil conflict, failed states, etc.
	Weapons of mass destruction	Nuclear, chemical, biological and radiological technologies and materials are deployed creating international crises and potential for significant destruction.
Societal Risks	Failure of urban planning	Poorly planned cities, urban sprawl and associated infrastructure create social, environmental and health challenges.
	Food crises	Access to appropriate quantities and quality of food and nutrition becomes inadequate, unaffordable or unreliable on a major scale.
	Large-scale involuntary migration	Large-scale involuntary migration induced by conflict, disasters, environmental or economic reasons.

Societal Risks	Profound social instability	Major social movements or protests (e.g. street riots, social unrest, etc.) disrupt political or social stability, negatively impacting populations and economic activity.
	Rapid and massive spread of infectious diseases	Bacteria, viruses, parasites or fungi cause uncontrolled spread of infectious diseases (for instance due to resistance to antibiotics, antivirals and other treatments) leading to widespread fatalities and economic disruption.
	Water crises	A significant decline in the available quality and quantity of fresh water resulting in harmful effects on human health and/or economic activity.
Technological Risks	Adverse consequences of technological advances	Intended or unintended adverse consequences of technological advances such as artificial intelligence, geo-engineering and synthetic biology causing human, environmental and economic damage.
	Breakdown of critical information infrastructure and networks	Cyber dependency increases vulnerability to outage of critical information infrastructure (e.g. internet, satellites, etc.) and networks causing widespread disruption.
	Large-scale cyberattacks	Large-scale cyberattacks or malware causing large economic damages, geopolitical tensions or widespread loss of trust in the Internet.
	Massive incident of data fraud/theft	Wrongful exploitation of private or official data that takes place on an unprecedented scale.

Trends

A "trend" is defined as a long-term pattern that is currently taking place and that could contribute to amplifying global risks and/or altering the relationship between them.

Trend	Description
Ageing population	Ageing populations in developed and developing countries driven by declining fertility and decrease of middle and old age mortality.
Changing landscape of international governance	Changing landscape of global or regional institutions (e.g. UN, IMF, NATO, etc.), agreements or networks.
Climate change	Change of climate which is attributed directly or indirectly to human activity that alters the composition of the global atmosphere, in addition to natural climate variability.
Environmental degradation	Deterioration in the quality of air, soil and water from ambient concentrations of pollutants and other activities and processes.
Growing middle class in emerging economies	Growing share of population reaching middle-class income levels in emerging economies.
Increasing national sentiment	Increasing national sentiment among populations and political leaders affecting countries' national and international political positions.
Increasing polarization of societies	Inability to reach agreement on key issues within countries because of diverging or extreme values, political or religious views.
Rise of chronic diseases	Increasing rates of non-communicable diseases, also known as chronic diseases, leading to long-term costs of treatment and threatening recent societal gains in life expectancy and quality.
Rise of cyber dependency	Rise of cyber dependency due to increasing digital interconnection of people, things and organizations.
Rising geographic mobility	Increasing mobility of people and things due to quicker and better-performing means of transport and lowered regulatory barriers.
Rising income and wealth disparity	Increasing socio-economic gap between rich and poor in major countries or regions.
Shifts in power	Shifting power from state to non-state actors and individuals, from global to regional levels, and from developed to emerging market and developing economies.
Urbanization	Rising number of people living in urban areas resulting in physical growth of cities.

Figure 1: The Global Risks Landscape 2016

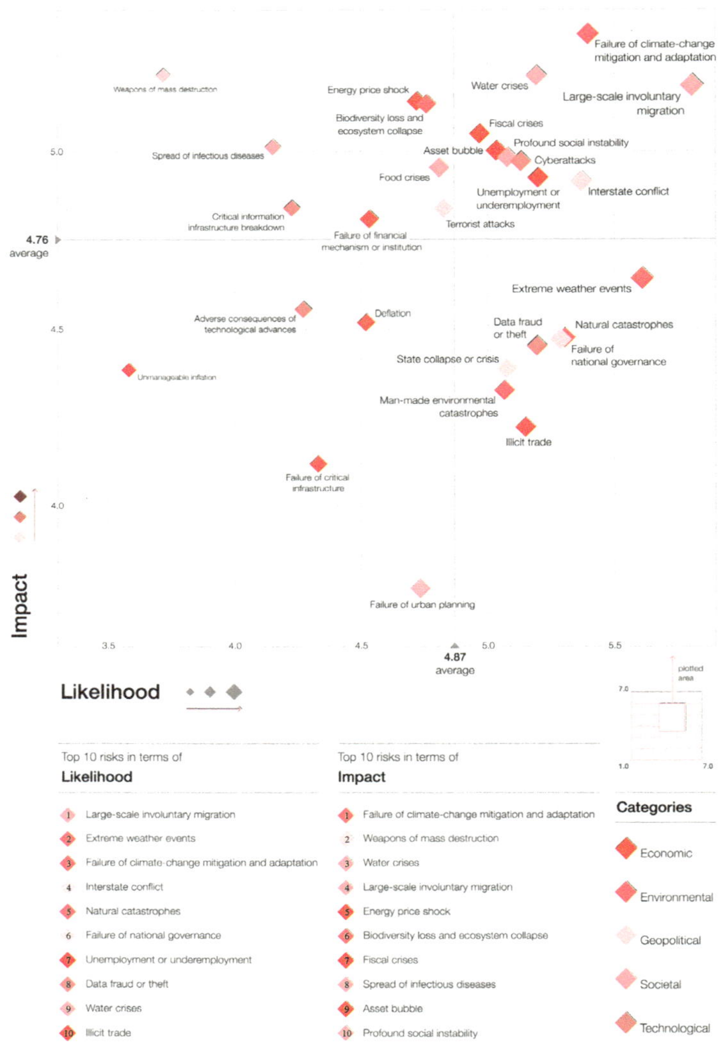

Source: Global Risks Perception Survey 2015.
Note: Survey respondents were asked to assess the likelihood and impact of the individual risks on a scale of 1 to 7, 1 representing a risk that is not likely to happen or have impact, and 7 a risk that is very likely to occur and have massive and devastating impacts. See Appendix B for more details. To ensure legibility, the names of the global risks are abbreviated; see Appendix A for the full name and description.

Figure 2: The Global Risks Interconnections Map 2016

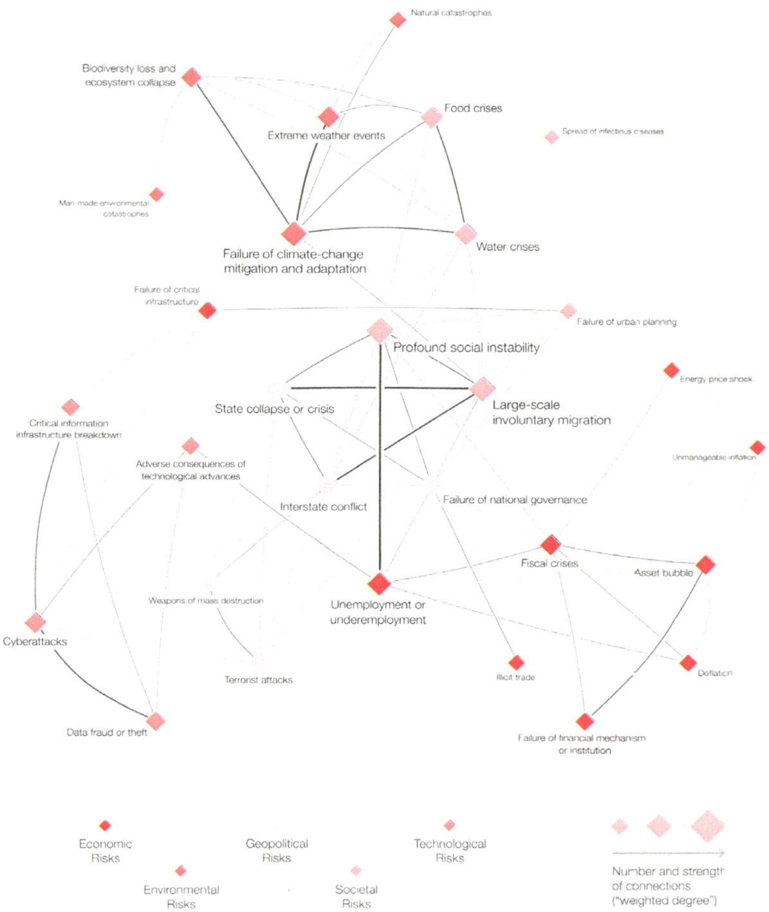

Source: Global Risks Perception Survey 2015.
Note: Survey respondents were asked to identify between three and six pairs of global risks they believe to be most interconnected. See Appendix B for more details. To ensure legibility, the names of the global risks are abbreviated; see Appendix A for the full name and description.

Table A: Global Risks 2016

- Asset bubble in a major economy
- Deflation in a major economy
- Failure of a major financial mechanism or institution
- Failure/shortfall of critical infrastructure
- Fiscal crises in key economies
- High structural unemployment or underemployment
- Illicit trade (e.g. illicit financial flow, tax evasion, human trafficking, organized crime, etc.)
- Severe energy price shock (increase or decrease)
- Unmanageable inflation

- Extreme weather events (e.g. floods, storms, etc.)
- Failure of climate-change mitigation and adaptation
- Major biodiversity loss and ecosystem collapse (land or ocean)
- Major natural catastrophes (e.g. earthquake, tsunami, volcanic eruption, geomagnetic storms)
- Man-made environmental catastrophes (e.g. oil spill, radioactive contamination, etc.)
- Failure of national governance (e.g. failure of rule of law, corruption, political deadlock, etc.)
- Interstate conflict with regional consequences
- Large-scale terrorist attacks
- State collapse or crisis (e.g. civil conflict, military coup, failed states, etc.)
- Weapons of mass destruction

- Failure of urban planning
- Food crises
- Large-scale involuntary migration
- Profound social instability
- Rapid and massive spread of infectious diseases
- Water crises
- Adverse consequences of technological advances
- Breakdown of critical information infrastructure and networks
- Large-scale cyberattacks
- Massive incident of data fraud/theft

Table B: Trends 2015

- Ageing population
- Changing landscape of international governance
- Climate change
- Environmental degradation
- Growing middle class in emerging economies
- Increasing national sentiment
- Increasing polarization of societies
- Rise of chronic diseases
- Rise of cyber dependency
- Rising geographic mobility
- Rising income and wealth disparity
- Shifts in power
- Urbanization

Figure 3: The Most Likely Global Risks 2016: A Regional Perspective

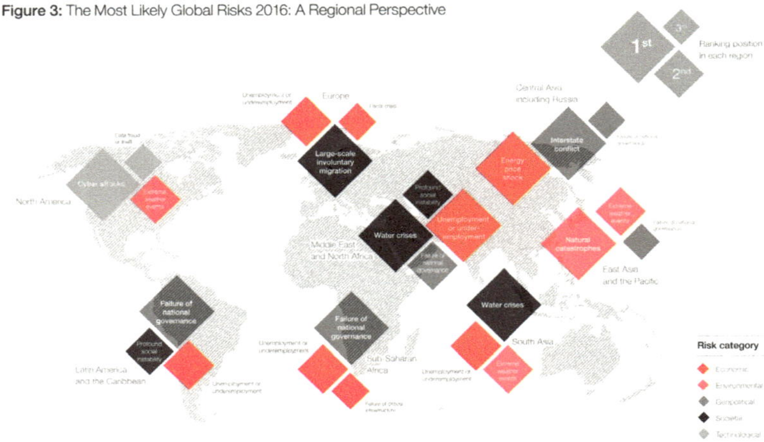

Source: Global Risks Perception Survey 2015.
Note: Respondents were asked to select the three global risks that they believe are the most likely to occur in their region. For legibility reasons, the names of the global risks are abbreviated; see Appendix A for the full name and description. Oceania is not displayed because of the low number of respondents.

Figure 4: The Risks-Trends Interconnections Map 2016

Source: Global Risks Perception Survey 2015.
Note: Survey respondents were asked to select the three trends that are the most important in shaping global development in the next 10 years. For each of the three trends identified, respondents were asked to select the risks that are most strongly driven by those trends. See Appendix B for more details. To ensure legibility, the names of the global risks are abbreviated; see Appendix A for the full name and description.

A2. 재난 사례 연구

1. 대한민국 외환위기1997년*

준비 없는 개방이 부른 '환란'… 위기 앞에서 한국은 하나였다

1998년 새해 벽두, 당시 '조한제상서조흥 · 한일 · 제일 · 상업 · 서울'로 불리던 5대 시중은행의 하나인 제일은행은 48개 영업점을 통폐합하는 구조조정안을 내놨다. 한국 경제를 통치했던 국제통화기금IMF은 한보 · 기아 · 진로 등의 줄부도로 부실은행으로 전락한 제일은행과 서울은행을 폐쇄하라고 압박하던 터였다. 정부는 공적자금을 투입해 은행을 살린 뒤 외국 자본에 팔겠다고 읍소했다. 불과 1년여 전 법인세 납부 1위, 당기순익 초과 달성의 제일은행에서 은행권 사상 최초로 명예퇴직이란 걸 하게 될 줄은 아무도 몰랐다.

통폐합 대상엔 실적 1위였던 서울 강남 테헤란로지점도 포함됐다. 당시 제일은행 본사 홍보팀에 근무하던 이웅준 씨는 테헤란로지점의 마지막 날을 영상에 담았다. 영상 속의 한 여성 행원은 "제일은행을 꼭 다시 일으켜 주세요"라며 펑펑 눈물을 쏟았다. 이를 본 국민도 따라 울었다. 더 놀라운 건 이미 퇴직 통보를 받은 행원들이 밤늦게까지 묵묵히

* 중앙Sunday(http://sunday.joins.com/archives/94813)

여신정리 업무를 하고 있는 모습이었다. 이들의 입에선 "남은 사람들은 잘되길 바란다", "우리가 나가야 회사가 활력을 찾을 것"이라는 지금으로선 믿기 어려운 말들이 나왔다.

이씨는 "당시엔 무조건 IMF가 시키는 대로 할 때였다"며 "한국 상황에 맞지 않는 일이라고 항변하려고 해도 '선진 금융'이란 단어만 나오면 모두 죄인처럼 따랐다"고 말했다. 이듬해 겨우 5,000억 원에 제일은행을 인수한 뉴브리지캐피털은 5년 후 1조 1,500억 원의 차익을 남기고 은행을 되팔았다. 한국엔 세금 한 푼 내지 않았다. 뉴브리지캐피털로부터 제일은행을 인수한 스탠다드차타드는 SC제일은행이라는 상호를 쓰다가 2012년 '제일'을 빼버렸다. 제일은행을 다시 일으켜 달라던 여성 행원의 절규는 메아리 없는 외침이 됐다. 이씨는 "선진 금융기법을 도입하고 대량 퇴직을 단행했으면 은행이 잘됐어야 했는데 지금 보면 그렇지도 않은 것 같다"며 "무엇을 위한 희생이었는지 반문하게 된다"고 말했다.

위기 다가오는데 "펀더멘털 튼튼" 오판

1993년 출범한 김영삼 정부는 이듬해 세계화를 국정 어젠다로 내세웠다. 세계시장으로 더 공격적으로 나가자는 일종의 경제 민족주의였지만 미국과 유럽은 한국 시장 개방에 초점을 맞추고 있었다. 사실 미국은 1980년대 후반부터 한국의 경제협력개발기구OECD 가입을 요구해 왔다. 정부는 이를 선진국 클럽 가입으로 홍보했지만 한국 시장을 개방하라는 선진국의 압박이라는 측면이 있었다. 냉전이 종식되면서 미국은 한·미 동맹보다 늘어나는 대한對韓 무역수지 적자 해결을 급선무로 여겼다.

1996년 9월 12일 한국은 OECD 회원국이 됐다. 문제는 한국이 시장 개방, 특히 자본시장 개방에 제대로 준비가 돼 있지 않았다는 점이었다. 이는 가입 직전 우리 정부가 'OECD 가입 후에도 개발도상국으로서의 지위를 일부 유지할 수 있어야 한다'고 주장했던 데서도 드러난다.

OECD 가입을 이루던 해 한국 경제는 연착륙에 실패했다. 성장률은 낮아졌고 경상수지 적자는 220억 달러로 늘었다. 수출 부진과 재고 누적 속에서 체감경기는 더 차갑게 느껴졌다. 그리고 OECD 가입 1년 2개월 만에 한국은 IMF 구제금융을 신청하는 신세가 됐다. 섣부른 시장 개방이 단기 외채의 대량 인출로 이어져 국가부도 사태에 직면한 것이다.

1997년 초 동남아 경제위기가 발생하자 강경식 경제부총리는 "한국 경제는 펀더멘털이 튼튼하기 때문에 전혀 문제가 없다"고 공언했다. 1993~1996년 연평균 경제성장률이 8%에 달했다는 게 근거였다.

하지만 대기업의 과도한 단기 외채를 통한 문어발식 확장이 문제였다. OECD 가입으로 신용등급이 올라간 국내 기업들은 외채를 더 쉽게 빌릴 수 있었다. 단기 외채 비중이 지나치게 높은 상태에서 경제가 불안정해지면서 외국인들은 채권을 일제히 회수했다. 떠나가는 달러 자금이 밀려들자 외환시장이 마비될 지경이었다. 정부는 대기업을 직접 지원할 수도 없었다. 결국 빚 많은 기업들부터 속절없이 쓰러지기 시작했다.

가혹한 처방에 기업 · 가계 파산 쓰나미

IMF는 금융시장 개방, 국영기업 민영화, 재벌 지배체제 개혁, 노동시장 유연화 등 4대 개혁을 수용하는 조건으로 구제금융을 제공했다. 이에 따라 30개 대기업 집단 중 절반 정도가 정리됐다. 이 과정에서 대규모 실업 사태가 발생했다. 1998년 상반기엔 매달 10만 명 정도의 신규 실업자가 거리로 쏟아져 나왔다. 당시 "전시경제에 준하는 수준의 대대적인 직업 재훈련 프로그램이 필요하다"는 정부 당국자의 발언이 사견을 전제로 나오기도 있다.

IMF는 또 환율 · 국제수지 방어와 고강도 구조조정을 명분으로 고금리 정책을 강요했다. 당시 연 40%를 상한으로 제한하던 이자제한법도 폐지했다. 고금리는 기업과 가계의 '파산 쓰나미'를 일으켰다. 반면 말레이시아는 IMF의 자본 자유화 요구를 거부하고 오히려 금리를 내렸다. 링깃화를 달러화에 묶어 고정환율제를 실시했으며, 말레이시아로 들어온 외화가 빠져나가지 못하게 자본통제를 고수했다. 결과론이지만 말레이시아의 처방이 훨씬 고통이 덜했다.

가혹한 거시 처방에도 불구하고 다시 일어나야 한다는 국민의 집념은 세계를 놀라게 했다. 금 모으기 운동이 단적인 예다. 물론 많은 참여자는 헌납보다는 위탁을 택했고, 그 경우 시중가보다 꽤 높은 가격을 받을 수 있었다. 하지만 그 금덩어리들이 각자에게 특별한 의미를 갖는 물건인 점을 생각하면 나라 걱정하는 마음만은 여느 나라와 달랐다. 동남아 국가의 한 관계자는 당시 "어떻게 한국 사람들은 자신의 소중한 자산을 나라에 바칠 생각을 하느냐"고 물었다고 한다. "내가 아무리 부자라도 나라가 망하면 다 소용 없기 때문"이라는 대답을 듣자 그는 더 이상하다는 듯이 "나라가 망하면 그 금을 더 잘 챙겼다가 해외로 나가야 하는 것 아니냐"고 반문했다는 얘기가 회자된다. 현재 국가부도 위기에 놓인 그리스 국민의 사뭇 다른 반응은 한국인이 17년 전 보여준 불굴의 의지와 대조된다.

3년 만에 위기 극복했지만 카드 사태

외환위기를 조기에 극복하고자 하는 노력은 고단했다. 기업들은 자산을 매각해 부채비율을 낮추고, 수익성이 불확실한 투자를 억제했다. 워크아웃이라는 생소한 이름의 구조조정이 실시됐고 빅딜이라는 시장 용어 뒤에서 정부가 대기업들의 영역 조정을 강요했다. 이렇게 금융과 산업을 정리하는 동안 고환율을 바탕으로 수출경쟁력이 향상됐다. 무역수지 흑자가 점차 쌓여갔다. 국내로 유입되는 외화가 늘자 바닥을 보였던 외환보유액도 채워졌다. 이는 IMF 채무 조기 상환으로 이어졌다.

2000년 12월 4일 김대중 대통령은 외환위기에서 완전히 벗어났다고 공식 선언했다. 이듬해 8월 23일에는 구제금융 자금 195억 달러를 모두 갚고 IMF 관리체제를 졸업했다. 김 대통령은 그날 경기도 광명시 기아차 소하리 공장을 찾았다. 그는 "기아차 하면 외환위기가 생각나던 시절이 있었다" 며 "기아차가 당당히 갱생해 낼 수 있다는 산 교훈을 보여준 데 깊이 감사한다" 고 말했다.

한국의 위기극복 노력은 해외에서 높은 평가를 받았다. 로버트 루빈 전 미 재무장관은 "한국이 외환위기를 극복한 것은 김대중 대통령의 리더십이 큰 역할을 했다" 고 했다. 미셸 캉드쉬 전 IMF 총재도 "IMF와 미국, 그리고 국제사회 전반은 김 대통령을 믿고 한국을 밀어준 측면이 적지 않은 게 사실" 이라고 밝혔다.

외환위기에서 벗어난 김대중 정부는 성장 전략을 바꾼다. 대기업 위주에서 정보기술[IT] 벤처 육성으로 비중을 옮긴 것이다. 벤처 붐이라고 할 정도로 1년에 수만 개의 벤처기업이 탄생했다. 지금 한국의 IT 및 소프트웨어 업계를 장악하고 있는 1세대 벤처기업들은 다 그때 생겼다. 벤처

붐은 277에 머물던 주가지수를 2년 만에 1,000 너머까지 끌어올렸다.

비정규직 늘어나며 양극화 불거져

경제를 조기에 회복시키려다 보니 무리도 뒤따랐다. 내수 진작에 몰두하다 카드 사태라는 또 다른 불씨를 남긴 것이다. 실업자가 넘쳐나는 상황에서 내수를 진작하려다 보니 신용카드 발급을 남발했고, 이는 다시 신용불량자를 양산해 경제에 타격을 줬다. 이래저래 서민은 힘든 나날이었다.

국가부도 위기는 노동시장에 엄청난 변화를 몰고 왔다. 위기 상황에서 만들어진 노사정위원회에선 비정규직 고용에 대한 합의가 이뤄졌다. 비정규직 비율은 2002년 27.4%에서 2007년 35.9%로 증가했다. 지금도 피고용자의 30% 정도가 비정규직이다. 비정규직 남성 임금은 정규직의 48%, 비정규직 여성은 더 낮은 38%에 불과하다.

고용 위기는 사회 위기로 이어졌다. 가장들이 실직하면서 이혼이 급증했다. 1996년 약 7만 9,000건에 불과했던 이혼 건수는 2003년 16만 7,000건으로 급증했다. 1980년에 비해선 무려 4배 정도 높아졌다. OECD 국가 가운데 가장 높았다.

자살도 심각한 문제다. 현재 한국의 자살률은 세계 3위다. 외환위기 직후부터 자살률이 급등하기 시작해 2003년 OECD 1위가 됐다. 하루 42명 자살이라는 수치는 OECD 평균의 3배다.

고령화가 가속되면서 사회적 위기는 더욱 심화하고 있다. 수명은 늘어났지만 퇴직 연령은 오히려 낮아져서 소득이 없는 노후의 빈곤 문제가 심각한 수준에 이르렀다. 평균 퇴직 연령이 53세에 불과해 현재

65세 이상의 노인 절반 정도가 빈곤층이다. 80대 이상 노인의 자살률이 20 · 30대에 비해 5배 높은 것도 이와 무관치 않다.

물론 한국의 복지 지출은 1996년 국내총생산[GDP]의 3.9%에서 2010년 9.4%로 늘었다. 하지만 빈곤율 역시 1996년 11.2%에서 2010년 17%대로 늘었다. '과소 복지' 라는 지적이 나오는 이유다. 이게 이어져 2012년 총선과 대선에서 복지 공약이 유세장을 뒤흔들었다.

	실제 상황	미비점
재난 예방	▪ 민주화, 국제화[1996년 OECD 가입] 분위기에 사회 · 경제 혼란 ▪ 실제로는 글로벌 경제 정세에 어두웠음.	▪ 경제적 재난 대비 예방체계 부실
사후 대처	▪ 초유의 경제위기에 우왕좌왕 ▪ 정부 주도력 완전 상실 ▪ IMF에 백기 항복하는 사태	▪ 경제적 재난 대비 리스크 거버넌스 부재
재난 복구	▪ 불공정한 IMF 요구를 100% 이행해야 했음. ▪ 전 국민이 피해자 ▪ 사회보험 등 사회안전망의 중요성 절감	▪ 단기 대처에는 성공했다고 할 수 있으나 ▪ 우리 경제의 체질을 개선할 수 있었던 좋은 기회를 놓침.
종합 분석	▪ 국가부도 사태라는 절체절명의 위기는 대한민국 초유의 경제적 재난이었음. ▪ 호된 대가를 치루고 겨우 극복할 수 있었으나 ▪ 비정규직 양산 등 그 후유증이 매우 심각하여 오늘날까지 영향을 끼치고 있음. ▪ 경제위기에 대한 전 국민의 경각심을 높이는 효과도 있었음. ▪ 이런 뼈아픈 과거의 실패로부터 철저하게 배워 똑같은 실수나 실패를 되풀이하지 말아야 할 것임.	

2. 미국발 금융위기 2007년*

글로벌 금융위기의 발단은 미국의 서브프라임 모기지론에서 찾을 수 있다. 신용이 낮은 개인들은 주택을 담보로 모기지회사에서 서브프라임 모기지 대출을 받고, 모기지회사는 모기지담보를 골드만삭스와 같은 투자은행에 판매한다. 투자은행들은 이것을 재구성해 모기지 기반의 증권을 만들어내고 여기에 헤지펀드 같은 공격적 투자자들이 투자를 한다. 미국은 2000년 이후 유지된 저금리 추세와 이에 따른 통화량의 증가로 주택경기가 상승하였고, 이 과정에서 금융기관들이 고수익 · 고위험 지향적인 서브프라임 대출상품에 주력함에 따라 서브프라임 대출이 크게 증가했다. 2004년 이후 미국 정부는 주택경기 과열, 인플레이션 압력 증대 등에 대처하기 위해 기준금리를 지속적으로 올리면서 대출자들의 이자 부담이 증가하게 되었다. 여기에 주택시장 침체가 본격화됨에 따라 주택가격이 하락하면서 대출자들의 연체가 증가하는데, 2007년 4월 미국 2위의 서브프라임 모기지 회사 뉴센추리 파이낸셜이 영업중단을 선언하면서 시장불안이 조성되었다.

모기지 기반 증권을 만들어 판매했던 투자은행들이 위기를 모면하기 위해 새로운 채권유동화 주식 등 파생상품들을 무분별하게 발행해 내면서 채권의 가치는 급격이 떨어졌고, 결국 메릴린치는 BoA뱅크오브아메리카에 매각, 리먼브러더스는 파산보호 신청, 보증을 선 AIG는 긴급자금 지원을

* KDI경제정보센터(http://www.google.co.kr/url?sa=t&rct=j&q=&esrc=s&source=web&cd=12&ved=0ahUKEwjC3OvbvK3LAhUGGKYKHVRmBC4QFghdMAs&url=http%3A%2F%2Feiec.kdi.re.kr%2Fclick%2Fclick%2Finclude%2Fclickdownload.jsp%3Fcid%3D755&usg=AFQjCNEgzlRr9FsgL_2x4MD8KEFxqdoHag&bvm=bv.116274245,d.dGY)

요청하기에 이르렀다. 이에 미국 정부는 7,000억 달러에 이르는 구제금융 계획을 발표하게 되는데, 미국 하원에서 구제금융법안이 부결9. 29되면서 미국 증시가 폭락하는 등 상황이 악화되자 10월 3일 법안2008 긴급경제안정화법안이 최종 통과되었다.

전문가들은, 구제금융이 국제 금융시장의 신용경색 완화에는 어느 정도 도움이 되겠지만, 구제금융은 예상됐던 내용으로 이미 시장에 반영되었고, 효과가 나타나기에는 시간이 오래 걸리므로 '금융시장의 불안은 당분간 계속될 것' 이라고 분석하고 있다.

서브프라임 모기지 부실 충격이 실물부문의 침체로 전이되면서 미국의 경기침체 장기화가 불가피한 상황이다. 또한 미 금융위기는 선진국의 경기를 위축시켜 아시아 국가의 수출 둔화와 성장 둔화를 초래할 전망이다. 우리나라의 경우에도 외국인 투자가들이 국내에 투자한 돈을 빼내어 가면서 국내증시는 하락하였고, 환율 폭등으로 국내 기업들 시가총액 하락이 이어지면서 국내 증시는 더욱 위협받고 있는 상황이다.

미국과 유럽 정부는 유동성 공급 확대와 예금보호 조치, 금리 인하 등을 잇달아 내놓으며 위기 진화에 나섰다. FRB는 은행권에 유동성 공급 규모를 연말까지 9천억 달러로 늘리겠다고 발표했고, 유럽 각국 정부는 금융기관에 잇따라 구제금융을 제공하며, 독일 · 아일랜드 · 그리스 등은 고객 예금보호 조치에 들어갔다. 또 지난 10월 8일 세계 주요국의 중앙은행들이 금리인하 공조에 나섰다. 그렇다면 위기는 언제까지 지속될 것인가? 세계 경제 경험에 비춰봤을 때 이 정도 규모의 경제위기를 극복하는 데는 통상 4년 정도가 걸렸지만 지금과 같은 적극적 정부개입이 있을 경우에는 그 기간을 크게 단축시켜 1～2년 정도면 위기 극복이 가능하리라는 게 대부분 전문가들의 의견이다.

	실제 상황	미비점
재난 예방	▪ 금융의 위험성을 간과하고 ▪ 금융 제일주의로 치달은 결과 ▪ 금융 감독의 실패 등 금융시장 시스템 리스크에 대한 대비 부실	▪ 금융시장 시스템 리스크systemic risk에 대한 대비 부실
사후 대처	▪ 대규모 양적 완화 위주의 대응과 ▪ 금융개혁을 추진했으나 매우 미흡	▪ 오늘 현재까지 미국 금융개혁의 큰 변화는 없다고 판단됨. ▪ 기득권 타파의 어려움과 금융개혁을 위한 국제적 공조 필요성 절실
재난 복구	▪ 미국 서민들의 피해 극심 ▪ 미국발 부동산 금융위기가 글로벌 경제위기로 확산 ▪ 글로벌 리스크의 상호 연관성이 매우 커졌음을 확인할 수 있음.	▪ 금융 리스크의 상호 연관성을 고려해 볼 때 금융개혁을 위한 국제적 공조 필요성 절실
종합 분석	▪ 대한민국은 과거 외환위기1997의 학습 효과로 그런대로 무난하게 글로벌 경제위기에 대처할 수 있었으나 ▪ 경제위기, 특히 금융위기는 언제 어디서나 발생할 수 있다는 교훈을 얻음. ▪ 경제적 재난에 대한 상시적 리스크 관리가 중요한데 ▪ 특히 금융시장의 시스템 리스크systemic risk 관리를 위해서는 국제적 공조가 필수적임.	

DHC 씨네마

빅 쇼트Big short

2008년 금융위기의 전말은 … '빅 쇼트'

2008년 9월 15일 미국의 4대 투자은행IB 리먼브러더스가 파산신청을 했을 때 사람들은 무슨 일이 일어났는지 어리둥절했다. 미국에서 골드만삭스, 모건스탠리, 메릴린치 다음으로 큰 금융회사가 속절없이 무너질 것이라고 예상치 못했기 때문이다.

당시 리먼브러더스의 부채규모는 6천 130억 달러. 우리나라 돈으로 600조가 훌쩍 넘는 규모로, 그해 우리나라 예산257조의 두 배 이상 되는 규모였다.

부시 행정부의 2인자인 딕 체니 부통령은 후일 2008년 금융위기를 두고 "아무도 예측할 수 없는 상황이었다"고 말했다. 하지만 영화 '빅 쇼트'에서 들려주는 금융위기의 전망은 이와 달랐다. 극중 인물의 대사처럼 금융기관이 위기를 모를 정도로 무능했거나 아니면 알고서도 사기를 친 것 둘 중의 하나다.

영화는 주택시장의 붕괴에 베팅한 월가의 괴짜 투자자 4명의 시선으로 금융위기의 진행과정을 따라가면서 결국 후자임을 보여준다. 중소 규모 캐피털회사 대표인 마이클 버리크리스찬 베일, 대형 IB의 자회사 펀드를 운용하는 펀드매니저 마크 바움스티브 카렐, 지방에서 중소펀드사를 운영하는 젊은 투자자 제이미핀 위트록와 찰리존 마가로가 주택시장 하락을 예측한 월가의 이단아다. 이들은 나름의 근거와 확신을 갖고 주택시장의 붕괴에 거액을 투자한다. 영화 제목의 '쇼트short'는 하락하는 쪽에 투자하는 것을 의미한다. 주택시장의 위기가 아직 본격화하기 이전인 2006년에 투자한 탓에 이들은 월가의 금융인들에게 비웃음을 사고, 이들 중 일부는 투자자들에게 소송당하기까지 한다. 하지만 위기는 터졌고, 이들의 판단이 맞았다. 주택과 금융시장은 무너졌고 이들은 막대한 수익을 거뒀다.

이 영화를 제대로 이해하려면 2000년대 중반 진행된 금융위기에 대한 배경지식이 필요하다. 당시 금융위기의 열쇳말은 '서브프라임모기지'라 불리는 비우량주택담보대출과 증권화securitization이다. 비우량주택담보대출은 신용도가 높지 않은 이들이 주택을 구매할 때 빌려주는 돈을 말한다. 주택시장의 활황이 이어지자 은행들은 비우량주택담보대출의 비중을 늘렸다. 빌린 사람으로서는 집값이 계속 오르는 한 이자를 내는 데 큰 부담이 없었고, 은행은 대출을 주택저당증권MBS으로 증권화해 대출에 따른 위험을 털어낼 수 있었기 때문이다. 은행이 주택 구입자에게 만기 30년짜리 대출을 해준다고 했을 때 예전에는 은행이 30년간 원리금을 꼬박꼬박 받아야 했지만, 지금은 이런 주택담보대출을 바탕으로 한 MBS를 다른 금융기관에 팔아 대출금을 회수할 수 있게 됐다. 채무자가 돈을 안 갚을 위험은 MBS를 산 금융기관이 지게 된다.

책임질 일 없이 수익을 내는 구조는 도덕적 해이로 이어지기 마련. 이른바 '묻지마' 대출이 횡행하게 된다. 수입도 없고No Income, 직업과 자산이 없는No Job & Asset 이들에게까지 대출해 준다고 해서 '닌자NINJA 대출'이라는 용어가 생겨날 정도였다. 영화에서 마크 바움이 주택시장의 실태조사 차 모기지 중계인을 만났을 때 '닌자 대출'이 언급된다.

주택시장의 단순한 거품을 금융시장 전반의 '핵폭탄'으로 키운 것은 증권화다. 월가의 수학 천재들은 MBS를 또다시 증권화해 '부채담보부증권CDO'을 만들었다. 문제는 기초자산인 MBS가 불량해도 그 MBS를 기초자산으로 한 CDO는 최상급 상품으로 둔갑한다는 것. 여기에는 복잡한 수학적 모델링과 몇 가지 낙관적인 가정이 전제된다. 이 가정이 조금만 비관적이 되면 CDO라는 상품이 불량해질 수 있지만 아무도 이런 가정에 문제제기를 하지 않았다.

CDO란 상품이 복잡해 위험도를 파악하기가 쉽지 않았고, CDO의 우험성을 판단해야 할 신용평가사들이 CDO를 발행하는 투자은행IB들과 결탁했기 때문이다. 신용평가사는 금융상품의 등급을 매기고 그에 따른 수수료를 받아 운영된다. 등급을 '짜게' 매기면 IB가 자신과의 거래를 끊을 수 있어 신용평가사들이 대형 IB의 '눈치'를 볼 수밖에 없다. 또 높은 신용등급을 줄수록 수수료를 많이 받는 구조로 돼 있다. 영화에서 마크 바움이 신용평가사 관계자와 면담하는 장면에서 신용평가사와 대형 IB 간 이 같은 '부적절한 관계'가 드러난다.

'빅 쇼트'는 일종의 고발 영화다. 월가를 '탐욕스러운 자본주의'의 상징으로 활용하는 다른 영화와 달리 이 영화는 현실 세계의 월가로 재현한다. 현실의 월가를 그린 탓에 금융업계 용어를 알지 못하면 영화를 쫓아가기 쉽지 않지만 2000년대 이후 세계 경제를 뒤흔든 금융위기가 어떻게 일어났는지 궁금한 관객이라면 한 번쯤 볼만하다.

감독은 이 영화의 이해도를 높이고자 마고 로비, 셀레나 고메즈, 행동경제학자 리처드 탈러 박사, 세계적인 셰프 안소니 부르댕 등을 카메오로 등장시켜 전문 용어를 설명하는 장면을 영화 중간에 삽입하기도 했다.

자료 : http://www.yonhapnews.co.kr/bulletin/2016/01/17/0200000000AKR20160117058700005.HTML

3. 한반도 태풍 2002년, 2003년*

2002년 8월 31일 오전 등교시간. 와이퍼를 가장 빠르게 해서 자동차 앞유리를 닦아도 시야는 거의 제로[0]였다. 도로에도 벌써 물이 차오르고 있었다. 하늘에 구멍이라도 난 듯 쉴 새 없이 물줄기가 쏟아져 내렸다. 도저히 '비'라고 볼 수 없을 정도의 양이었다. 강릉에 거주하는 대학생 고지원 씨[25세]는 중 2였던 당시 상황을 뚜렷이 기억하고 있었다. "학교에 도착하니 집으로 돌려보내더군요. 그때 돌아가지 않았다면 1박 2일 동안 학교에 발이 묶였을 겁니다. 순식간에 도로가 잠길 정도로 퍼붓는 비가 엄청났으니까요." 당시 강릉에는 시간당 강수량이 최고 100.5mm에 달했다. 최대 일일 강우량 기록은 870.5mm로 관측 이래 최고를 기록했다.

여름이면 한반도에 상륙하는 2~3개의 태풍 때문에 전국이 몸살을 겪곤 한다. 아름드리 나무가 뿌리째 뽑히기도 하고, 건물 간판이 떨어지거나 높은 파도에 선박이 부서지는 등 피해가 크다.

1위 태풍 '루사'… 인명 246명, 재산 5조 1,479억 피해

그렇다면 최악의 인명피해와 재산피해를 낸 태풍은 뭘까. 한국홍수통제소의 시기별 대규모 홍수피해 현황 자료에 따르면 1987년부터 2010년까지 국내에 영향을 미친 주요 태풍 중 피해 규모 면에서 독보적인 1위를 차지한 태풍은 2002년 전국을 강타한 태풍 '루사'다. 8월 23일 발생해 31일 오전 강원도 속초 부근에서 세력이 약화된 루사는 246

* 제이누리(http://www.jnuri.net/news/articleView.html?idxno=5879)

명의 인명피해와 5조 1,479억 원의 재산피해를 발생시켰다.

말레이시아에서 제출한 이름인 '루사'는 사슴과의 일종으로 이름이 가진 연약한 뜻과는 달리 1904년 한반도에서 기상 관측을 시작한 이래 가장 많았던 일일 강우량 기록을 단숨에 갈아치웠다. 이전까지지는 1981년 9월 전남 장흥에서의 547.5mm 기록이 최고치였다.

당시 루사가 한반도에 상륙했을 때의 최대 순간풍속은 초당 39.7m, 중심 최저기압은 970hPa이었다. 1959년의 '사라', 1987년의 '셀마', 2003년의 '매미'에 비하면 위력은 약한 편이었다.

하지만 머무른 시간이 길어 피해가 컸다. 태풍이 느리게 이동하면서 한반도 상공을 관통한 것이다.

대부분의 태풍이 한반도 동서로 펼쳐진 북태평양 고기압의 기압골에 따라 편서풍을 타고 빨리 이동하는 것과는 달리 루사가 상륙했을 때는 편서풍이 없었다.

또 설상가상으로 태백산맥 상층부에 형성된 비구름대에 북서쪽의 저온다습한 공기가 합류했다. 강원도 동부에 심한 비를 뿌렸고, 이 때문에 다른 어떤 태풍보다도 많은 피해를 남겼다.

루사로 인해 발생한 이재민만 8만 8,625명이다. 건물 1만 7,046동과 농경지 14만 3,261ha가 물에 잠겼다. 전국의 도로 · 철도 · 전기 · 통신 등 주요 기간망과 생활 기반시설이 붕괴되거나 마비되면서 피해가 커졌다.

루사 아픔 아물기도 전에 … 2003년 태풍 매미 2위

태풍 루사로 입은 상처가 채 아물기도 전에 이듬해 태풍 '매미'가

전국을 헤집어 놓았다. 2003년 9월 12일부터 13일까지 이틀 동안 131명의 인명피해와 4조 2,225억 원의 재산피해를 냈다. 당시 남해 지역 최대 일일 강우량은 453mm에 달했다.

9월 6일 처음 발생했을 당시에는 중심 최대 풍속이 18m인 열대성 폭풍에 불과했다. 북태평양 고기압을 타고 한반도로 북상하기 시작하면서 태풍으로 발달했다. 한반도에 상륙하면서 중심기압이 910hPa에 이르는 강력한 태풍으로 변모했다.

북위 25°를 넘으면서 차츰 약해지기는 했지만, 여전히 중형급의 강한 위력을 유지했다. 제주도를 거쳐 경상남도 삼천포 해안에 상륙, 7시간 만에 영남 내륙지방을 지나갔다. 13일 오전 3시 무렵에는 경상북도 울진을 거쳐 동해안으로 진출하면서 위력이 약해지기 시작했다. 14일 오전 6시 일본 삿포로 북동쪽 해상으로 빠져나가며 소멸됐다.

남해안과 동해안은 훑고 지나간 매미는 전년도 루사만큼이나 큰 피해를 입혔다. 4,089세대, 1만 975명의 이재민이 발생했고, 주택 42만 1,015동과 농경지 3만 7,986ha가 침수됐다. 그 밖에도 도로·교량 2,278개소, 하천 2,676개소, 수리시설 2만 7,547개소가 유실되거나 파괴됐다. 이로 인해 전국 14개 시도, 156개 시·군·구, 1,657개 읍·면·동이 특별재해지역으로 선포된 바 있다.

	실제 상황	미비점
재난 예방	■ 자연재해가 예상될 경우 피해 예상 지역 주민들에게 재해 상황을 신속하게 전하기 위해 '재해상황 자동음성 통보시스템'을 구축하고 ■ TV재해경보시스템을 운영했으나 ■ 남해안 일대의 정전으로 무용지물이 되고 말았음.	■ 정전에 따른 시스템 다운 문제를 고려하지 못한 허술함
사후 대처	■ 신속하고 효과적인 대처를 하지 못했음.	■ 대형 재난 상황을 극복하기 위해서는 사전경보 · 피난 · 인명구조 등 종합적인 집행력이 요구되나 ■ 당시 재해대책은 피해 집계나 상황보고 등에 중점을 두는 탁상행정적인 수준이었음.
재난 복구	■ 정부는 4조 원 규모의 예산을 책정해 자치단체와 함께 복구작업에 착수했으나 ■ '선지원 후정산' 제도의 부실, 소상공인과 중소기업에 대한 미미한 보상 등 여러 허점이 드러나며 항구복구에 차질이 생김.	
종합 분석	■ 태풍 매미는 2003년 9월 6 ~ 14일 발생, 인명피해 175명, 재산피해 4조 7천억 원의 대형 재난이었는데 ■ 당시 치수사업 투자비가 적게 편성되어 사전 예방에 어려움을 겪었고, 정부의 미흡한 대처로 인해 피해가 더 커진 재해였음. ■ 2003년 태풍 매미 당시엔 재난보험이 없어 피해 보상이 미미했는데, 그 이후 정책성 보험인 풍수해보험 제도가 만들어져 재난 복구에 도움을 주고 있음.	

4. 일본 쓰나미 & 후쿠시마 원전사고2011년*

도호쿠 지방 태평양 해역 지진 또는 3.11 대지진은 일본 미야기 현 센다이 동쪽 179km 해역에서 일본 표준시로 2011년 3월 11일 14시 46분경 발생한 모멘트 규모 9.0의 초대형 지진으로, 보통 동일본 대지진이라고도 한다. 3월 11일 14시 46분경 미야기 현 센다이 동쪽 179km 지점의 산리쿠오키三陸沖 해역에서 모멘트 규모 9.0의 강한 지진이 일어났다. 이 지진으로 도호쿠 지방과 간토 지방의 대부분은 물론 홋카이도, 주에쓰 지방 및 나가노 현 등지에서도 강한 진동이 관측되어 큰 혼란이 일어났다. 특히 미야기 현을 중심으로 한 태평양 연안의 도시들은 지진의 여파로 지진 해일이 강타해 더욱 큰 피해를 입었다. 일본의 수도인 도쿄에서도 강한 진동이 관측되어 오다이바의 텔레콤센터 인근 건물에서 화재가 발생했다. 이 지진은 미 지질조사국의 지진 규모 기준으로, 근대적인 지진 진도 관측이 시작된 이래 4번째 규모이자 일본 관측 사상 최대 규모이다. 한편 세계 경제에서 큰 비중을 차지하는 일본이 이 지진으로 궤멸적인 피해를 입어 그 파장이 막대한 가운데, 원자력 발전소도 지진의 피해를 입어 방사능 물질이 유출되는 사상 초유의 사태가 일어났다.

이 지진은 지금까지 일본을 강타한 지진 중 가장 강력한 것으로 알

* 위키백과
(https://ko.wikipedia.org/wiki/%EB%8F%84%ED%98%B8%EC%BF%A0_%EC%A7%80%EB%B0%A9_%ED%83%9C%ED%8F%89%EC%96%91_%ED%95%B4%EC%97%AD_%EC%A7%80%EC%A7%84)

려졌고, 1900년에 현대적 기록을 시작한 이래로 세계에서 가장 강력한 다섯 개의 지진 중 하나이다. 지진은 도호쿠의 이와테 현의 미야코에서 40.5m에 달하는 강력한 쓰나미를 발생시켰고, 센다이 지역에서 10km 내륙에 이르기까지 나아갔다.

지진은 혼슈를 2.4m 동쪽으로 이동시켰고, 2012년 9월 12일 일본 경시청 보고서는 15,878명 사망, 6,126명 부상, 2,713명 실종을 확인했다. 또한 건물 254,204동이 반파되었을 뿐만 아니라 129,225동이 붕괴되었고 691,766동은 부분적으로 손상을 입었음을 확인하였다. 지진과 쓰나미는 많은 구역에서 화재와 댐 붕괴와 마찬가지로 도로와 철로에 대한 많은 손상을 포함하여 동북 일본에 광대하고 혹독한 구조적 손상을 일으켰다. 일본 수상 간 나오토는 "제2차 세계대전 종결 이후 65년 동안, 이것은 일본에 닥친 가장 거칠고 가장 어려운 재난이다"라고 말했다. 동북 일본의 약 440만 세대는 전기 없이 남겨졌고, 150만 세대는 물 없이 남겨졌다.

---

*2011년 3월 11일의 동일본 대지진과 지진해일쓰나미로 인해 일본에서 가동 중이던 55기의 발전용 원자로 중 후쿠시마에 위치한 후쿠시마 1발전소의 1~4호기에서 잔열 제거에 문제가 발생하여 각각 건물을 크게 손상시키는 수소폭발이 발생하고 상당량의 노심 내 핵연료 또는 사

* KAIST 자료
(http://www.google.co.kr/url?sa=t&rct=j&q=&esrc=s&source=web&cd=13&ved=0ahUKEwiVsLGWv63LAhUnJqYKHfgBAeAQFghWMAw&url=http%3A%2F%2Fradchem.kaist.ac.kr%2Fboard%2Fdownload.php%3F%26bbs_id%3Dboards02%26page%3D%26type%3D1%26doc_num%3D10%26PHPSESSID%3Dd3d4e28b860b4d3e138bf392ca24a3e4&usg=AFQjCNFfa1UAKGoh6gDO5H_tF61Yr2zQNA)

용후 핵연료 장수조 내 핵연료가 손상되는 피해를 입었다.

사고의 개요는 '쓰나미로 인해 원자로 잔열 냉각시스템이 작동불능 상황이 되어 노심의 손상이 발생한 것'으로 정의될 수 있다. 냉각시스템의 작동불능 원인은 설계치를 크게 상회하는 14m의 쓰나미로 인해 전력 공급이 완전히 상실된 것이다. 지진 발생 직후에 외부 전원이 모두 소실되었으나, 후쿠시마 원전에서는 원자로의 안전 정지와 비상 디젤발전기의 구동이 모두 성공적으로 이루어졌으며, 원자로의 냉각도 순조롭게 개시되었다. 그러나 쓰나미로 인해 비상 디젤 발전기가 침수되고 연료공급 장치가 손상되어 발전소에 전기가 없는 상태가 되어 다중으로 설치되어 있던 안전시스템들의 작동이 중단되었다. 배터리를 이용하여 수시간 ~ 수일간 증기터빈 냉각장치를 가동하였으나 장기 사용으로 인해 기능을 잃자 원자로의 노심 잔열을 제거하기 위한 장치가 모두 작동불능 상태가 되었고, 노심 연료봉의 온도가 증가하게 되었다.

후쿠시마 제1발전소 1호기와 3호기에서는 냉각 없이 고온 증기에 노출된 연료봉의 피복재가 증기와 산화반응을 일으키면서 수소가스가 생성되었고, 이것이 증기와 함께 배출되어 원자로 건물 지붕 밑에 모여서 수소폭발을 유발하였다. 2호기에서는 수소폭발의 장소가 원자로 건물 지붕이 아닌 격납용기에 연결된 압력억제수조였다. 한편 연료 교체를 위해 용후핵연료가 모두 저장수조에 옮겨져 있던 4호기에서는 수조의 물이 증발하면서 역시 물 밖으로 드러난 연료봉의 피복재가 산화하여 원자로 건물이 파손되는 소폭발을 일으켰다. 사고 후 현재까지 해수 및 담수를 주입하여 원자로의 잔열을 제거하기 위한 시도가 계속되고 있는데, 해수 주입의 경우 원자로의 재사용을 하지 않는 것을 전제로 하는 것이다. 현재 노심 내부는 외부 공급 냉각수에 의해 냉각이 수행되고 있고, 더 이상 악화되지 않고 있는 것으로 판단된다. 격납용기 내의 수소폭발을 방지하기 위해 질소를 주입하고, 근처의 오염지역을 정화하여 복구작업을 본격화하기 위한 다양한 노력이 계속되고 있다.

원전에는 만일의 사고에 대비하여 방사성 물질이 외부로 유출되지 않도록 다중방벽이 설치되어 있지만 이번 후쿠시마 사고의 경우 핵연료의 과열로 인해 기체상태의 방사성 물질인 제논과 크립톤, 휘발성 방사성 물질인 요오드와 세슘 일부가 외부로 유출되었다. 유출 경로는 공기와 물에 섞여 방출되는 두 가지인데, 사고 초기에는 수소폭발이나 화재와 함께 증기에 섞여 대기 중으로 방출되었으나 시간이 지남에 따라 방사능 수치가 계속 감소하고 있다. 현재 일본 상수처리시설들의 요오드-131 방사능 오염 수치는 6세 이하 영유아 섭취 허용치인 100베크렐/킬로그램 이하이다. 냉각을 위해 주입된 물에 녹아 있는 요오드와 세슘은 일부 유출량을 제외하고는 현재 발전소 내에 격리되어 있다. 최근 추가 격리 공간을 확보하기 위해 기존에 보관 중이던 저방사성 오염수 11,500톤을 인근 바다로 방출하는 일이 있었다. 후쿠시마와 체르노빌 원전사고의 진행과정이나 파급효과는 큰 차이를 보이는데, 체르노빌 원전의 경우 출력 폭주로 인한 사고이며 원자로를 감싸는 격납용기가 없어 방사성 물질이 광범위한 유럽 전역으로 급속히 퍼져나갔다. 이에 비 후쿠시마 원전의 경우 원자로 정지 후 잔열 제거 실패로 인한 과열이 원인이었으며, 노심이 압력용기와 격납용기에 싸여 있어 방사성 물질의 유출을 상당 부분 차단하고 있는 것으로 판단된다.

우리나라에서는 4월 6～7일 대기 중의 방사능 수치가 가장 높았던 것으로 측정되었다. 이 기간 동안 검출된 요오드-131과 세슘-137의 최대 방사선량을 1년간 지속적으로 흡입한다는 보수적인 가정으로 환산하여도 0.000140mSv와0.000646mSv로 일반인 연간선량한도인 1mSv와 비교하여 각각 1/7100, 1/1600 수준이다. 현재 한반도 전역에서 측정되고 있는 방사선량은 평상시 시간당 자연방사선량0.00005mSv/h ~0.0003mSv/h 이내의 수준을 유지하고 있으며 우리 국민의 건강과 환경에 미치는 영향은 무시할 수 있다. 밀리시버트 = 1,000분의 1 시버트, 우리나라의 평균 자연방사선량은 약 2.4mSv이며 일반인의 경우 추가적으로 1mSv의 방사선 피폭선량이 허용되는데 이를 일반인 연간선량한도라 함.

사고의 교훈

후쿠시마 제1발전소의 사고가 우리에게 주는 교훈을 정리하면 다음과 같다. 먼저 기술적인 측면에서 다음의 다섯 가지가 중요한 교훈으로 판단된다.

- 비상전기 공급 등 비상냉각시스템 강화
- 사용 후 핵연료 관리에 대한 안전성 강화
- 수소 제거 시스템의 점검 및 보완
- 확률론적 안전성 분석PSA 등을 통한 기존 원전 안전성 재점검
- 피동안전계통 강화 등을 통한 신규 원전 안전성 향상

원자력을 관리하고 이용하는 제도적 측면에서는 다음의 교훈을 얻을 수 있다.

- 중대 사고 시 대응할 수 있는 사고처리절차매뉴얼의 확립
- 비상지휘체계control tower의 기능 강화 및 고급인력 양성
- 중대 사고를 포함한 안전 관련 연구를 증진하고 매뉴얼에 반영
- 국제 협력 및 산학연 협력을 통한 정보 및 지식 교류
- 안전문화 확립 및 국민 이해 증진

	실제 상황	미비점
재난 예방	▪ 도쿄전력은 2008년 6월경 향후 발생 가능한 해일의 높이를 최고 15.7m로 추산한 바 있으며, ▪ 내부적으로 해일 대책 수립의 필요성을 논의했었다고 함.	▪ 그러나 지진과 해일 대책을 소홀히 한 탓에 최악의 원전사고 발생
사후 대처	▪ 일본 방위성은 2011년 3월 11일 14시 50분에 재해대책본부를 신설, ▪ 동원된 자위대원 수 약 8,400명, 항공기 약 190대, 함정 25척이 구조 활동에 동원되었음. ▪ 3월 13일까지 총 인원 10만 명이 사후 대처에 참여	▪ 후쿠시마 원전사고 초기에 차수벽을 설치해 오염수 유출을 막을 수 있었음에도 ▪ 경영파탄을 이유로 들어 도쿄전력이 차수벽 설치를 2년간 미뤄 왔음.
재난 복구	▪ 2012년부터 사고 원전 반경 20km 이내 지역을 제외한 지역에 대해 방사능 제거 작업과 지진으로 피해를 입은 건물들의 수리 작업 ▪ 원전 1호기에는 방사능 물질 유출 방지를 위해 덮개 설치 ▪ 일본 정부는 2040년까지 원전 완전 해체를 목표	▪ 원전 부지의 70%를 차지하고 있는 방사능 오염수도 문제인데, 도쿄전력은 이를 정화해 바다에 버리는 방법을 고려하고 있으나 ▪ 후쿠시마 주민들의 반대가 심해 제대로 실행되지 않고 있음. ▪ 정화작업 중 나온 방사능 쓰레기가 비닐봉지 등에 방치되어 있음.

종합 분석	▪ 도쿄전력이 지진 해일의 위험성을 인지하고도 적절한 대처를 하지 않아 원전사고라는 사상 최악의 사고가 발생함. 또한 사고 발생 후 일본 정부의 소극적인 대처로 인해 많은 시간이 흐른 현재에도 평가받을 만한 복구가 이루어지지 않고 있음. ▪ 사실을 제대로 공표하지 않아 화를 키운 꼴로 재난 커뮤니케이션 차원에서 정보 공유 실패의 문제점을 적나라하게 보여주고 있음. ▪ 경제논리에 따른 자연재해 대비 부실의 단적인 예. ▪ 이웃 나라의 재난이 우리의 재난이 될 수 있다는 엄중한 경고로서, ▪ 만약 한반도 서쪽 건너편에 위치한 중국 연해에서 유사한 원전사고가 발생할 경우에 대비한 철저한 준비가 필요함.

5. 미국 허리케인 카트리나 2005년*

허리케인 카트리나는 지난 2005년 8월 말과 9월 초 미국 남부지역을 강타한 최고 시속 280km의 강풍과 폭우를 동반한 초대형 허리케인으로 루이지애나 주, 미시시피 주, 앨라배마 주 등 미국 남부지역, 특히 뉴올리언스에 치명적인 피해를 입힌 태풍이다. 미국 남부를 강타한 허리케인 카트리나는 미 역사상 최대 자연재해로 기록되고 있다. 미 언론들은 이를 미국판 쓰나미로 부르고 있다.

뉴올리언스 80% 침수 : 첫 허리케인 상륙 시 허리케인의 직접적인 타격을 피해 한숨 돌렸던 루이지애나 주의 뉴올리언스는 밤새 인근 폰트차트레인 호의 둑이 최소 3곳 무너져 도시의 80%가 침수당했다. 이로 인해 호수의 물이 저지대인 뉴올리언스로 순식간에 흘러들어 도시 전체가 마비됐다. 이에 따라 미처 대비하지 못한 주민들은 밀려오는 산더미 같은 물결을 피할 사이도 없이 목숨을 잃었다.

인명피해 : 사망자가 당초 예상보다 크게 늘어날 것으로 예상하는 이유는 인구 120만 명의 도시인 뉴올리언스 시와 미시시피강 주변 중.소 도시들이 아직도 물속에 잠겨 있어 물이 완전히 빠진 뒤에야 사망자 집계가 정확하게 나올 것이기 때문이다. 허리케인 카트리나로 인한 뉴올리언스 지역 사망자가 1만 명이 넘는다 해도 터무니없는 숫자는 아닐 것이다. 레이 내긴 뉴올리언스 시장은 5일 NBC 방송의 투데이 쇼에 출연해 이같이 말했다. 이것은 피해자 시신 수습 등 복구작업이 본격적으

* SOSTV(http://www.sostv.net/index.php/mag/2010-05-25-14-59-33/survivors51-100/92-surv-81/870-survivors81-5.html)

로 시작된 가운데 나온 발언이다. 피해 규모와 정도가 예상을 훨씬 뛰어넘을 것이란 얘기다. 외신들에 따르면 뉴올리언스 시내에는 곳곳에 시신이 널려 있다. 운하에 둥둥 떠다니거나 전신주에 묶여 있는 주검이 잇따라 발견되고 있다. 물이 빠지기 시작하면 참상이 더 뚜렷하게 드러날 것으로 예상되고 있다.

치안상황 악화 : 허리케인 카트리나 강타 후 뉴올리언스는 치안이 불안정한 상태에서 시내 곳곳에서 약탈행위가 이어지는 무법상태가 지속되었다. 허리케인 카트리나로 엄청난 피해를 입은 미국 루이지애나주 뉴올리언스에서는 식량 및 생필품 부족에 항의하는 시민들이 무장폭도로 돌변하고, 폭력, 성폭행 등 각종 범죄가 발생했으며, 먹을 것이 없어 굶어죽는 사람까지 나오는 등 도시 전체가 무정부 상태에 빠졌다. 태풍 강타 후 뉴올리언스의 레이 내긴 시장은 전 미국에 긴급구조SOS를 요청한다고 말했다.

폭동 : 태풍이 강타하여 10만여 명이 고립되어 있던 당시, 피해지역에서는 약탈과 폭력까지 난무하였고, 도심 곳곳에서 대규모 약탈이 자행되고 교도소에서 폭동이 일어나는 등 곳곳이 무법천지로 변했다. CNN 방송은 뉴올리언스 도심의 약탈 행위가 대규모라고 표현했고, 캐슬린 블랑코 루이지애나 주지사는 치안 유지가 어려운 상황이라고 밝혔다. 시내 한 교도소에서는 수감자들이 경비원과 가족 5명을 인질로 잡고 폭동을 일으켰다고 지역 TV 방송은 보도했다. 뉴올리언스의 관광명소인 프렌치쿼터 지역에서 시민들의 약탈 장면을 촬영한 관광객 드니즈 볼링거 씨는 사람들이 제정신이 아니었다면서 이라크의 바그다드와 비슷한 상황일 것이라고 말했다. AP통신은 약탈자들이 심지어는 경찰과

주방위군이 지켜보는 데도 노략질을 계속했다고 전했다.

환경 재앙 경고 : 수재에 따라 뉴올리언스 시에서는 환경 재앙 경고까지 나왔다. 분뇨 등의 오물과 부패한 시신, 기름, 공장에서 흘러나온 유해 화학물질이 뒤섞이며 물이 썩는 바람에 독극물 수프 논란까지 일고 있다. 그리고 허리케인 카트리나 이재민 중 5명이 9월 8일 뉴올리언스 등 수해지역에서 배출된 물과 오폐수, 독성 화학물질들이 뒤섞인 더러운 물에 접촉한 뒤 숨졌다고 현지 보건관리들이 밝혔다. 미국 질병통제 예방센터의 톰 스키너 대변인은 이들은 비브리오 불니피쿠스로 알려진 박테리아균에 감염되어 사망했다고 발표했는데, 비브리오 불니피쿠스는 피부의 상처 등을 통해 인체 내로 침입해 치명상을 입히는 것으로 알려져 있다. 앞서 미국 환경보호국과 보건부는 오폐수와 독성 물질로 인한 심각한 오염 가능성을 고려해 수해지역 물과 가능한 접촉하지 않도록 해야 한다고 경고한 바 있다.

위생재난 : 외신들은 뉴올리언스 현지 르포를 통해 이재민들이 빠져나간 도시 곳곳에 시신들이 나뒹굴고 있으며 아직도 허리까지 차오르는 물속, 고속도로 주변에 시신들이 떠다니고 있다고 참담한 현장 분위기를 전했다. 재해 지역은 기온이 높고 모기가 들끓는 곳이다. 게다가 곳곳에 시체가 물에 떠다니고 있는 데다 악취 속에 오갈 데 없는 사람들이 뒤엉켜 있어 콜레라, 말라리아, 파상풍, 웨스트 나일 바이러스 등 전염병이 창궐할 위험이 높다.

강제 대피령 및 완전소개령 : 뉴올리언스 시당국은 시내에 남아 있는 모든 주민들에게 완전소개령을 재차 내렸다. 레이 내긴 시장은 이 상태가 몇 달간 지속될 수 있다고 말해, 복구가 본격 시작될 때까지 사실상 도시를 포기할 뜻을 밝혔다.

1차 강제 대피령 : 허리케인 강타 직후부터 이재민 이송 작업이 시작되었다. 8월 31일까지 2천 명 정도가 휴스턴의 애스트로돔에 도착한 데 이어, 9월 1일부터 2만 5천 명이 또 애스트로돔을 향해 떠났다. 다른 2만 5천 명은 샌 안토니오 등지로 분산 수용되었다. 그리고도 남은 5만~10만 명의 이재민들을 매일 1만 5천 명씩 다른 도시로 떠나보냈다.

2차 강제 대피령 : 허리케인 카트리나가 할퀴고 간 미국 뉴올리언스에 잔류하고 있는 1만 명 이내의 주민에게 2차 강제 대피령이 9월 6일 내려졌다. 레이 내긴 뉴올리언스 시장은 대피령 발표 직후, 도시에는 가스 누출에 따른 폭발사고 가능성이 있고, 독성 화학약품이 섞인 물이 고여 있어 위생상황이 나빠지고 있다고 우려했다. 내긴 시장은 도시 내에 고인 물 표면에 누출된 가스에서 생겨난 거품이 눈에 많이 띈다며 하루에 대형 화재가 4건 발생한 적도 있다고 말했다. 경찰은 아직은 주민들을 찾아다니면서 떠나지 않는다면 더는 구조할 수 없을 것이라며 대피를 설득 중이라면서 강제 대피는 최후의 수단이라고 덧붙였다.

경제적 손실 : 뉴올리언스의 완전한 복구에 필요한 피해복구비는 2001년 9.11 테러 때의 10배 이상이 될 것이라는 분석도 나오고 있다. 9.11 테러로 인한 경제적 손실은 총 200억 달러 정도였으나, 카트리나는 복구비 하나만 해도 1천 500억 달러에 이를 것이라는 게 미 정부당국의 설명이다. 그리고 구호활동비도 매일 20억 달러 정도가 소요되고, 보험 청구금만 해도 줄잡아 200억에서 350억 달러에 이를 것이라고 미 정부 관계당국 및 보험사 측은 밝히고 있다. 게다가 불어난 물로 입은 자산적 가치는 1천억 달러에 달할 것으로 집계되고 있고, 연방정부의

비상 기금 염출과 카트리나 피해지역의 인프라 피해액은 500억 달러에 육박할 것으로 알려지고 있다.

워싱턴 이그재미너지는 이와 관련 카트리나 피해액은 총 2천억 달러를 훌쩍 뛰어넘어 9.11 테러 비해 최소 10배가 될 것이라며 카트리나는 미 역사상 최악의 재앙으로 기록될 게 분명하다고 밝혔다.

멕시코만의 유정 등 석유시설의 생산량은 평상의 절반 수준까지 회복은 됐지만, 956개 중 23%는 아직 폐쇄된 상태이다. 그리고 쉐브론텍사코의 파스카굴라 정유공장처럼 피해 현황 파악조차 안 된 곳도 있어, 이 지역 에너지 생산의 완전 정상화는 상당한 시일이 걸릴 전망이다.

실종 가족 찾기 : 허리케인 카트리나로 가족들이 뿔뿔이 흩어지거나 실종된 사람들을 위해 적십자사가 개설한 가족찾기 웹사이트 www.familylink.icrc.org에 등록한 사람 수가 거의 10만 명에 이르렀다고 적십자 대변인이 9월 6일 밝혔다.

	실제 상황	미비점
재난 예방	▪ 자원 개발의 경제 논리로 자연을 훼손한 결과 발생한 ▪ Black Swan급의 초대형 재난에 대해 적절한 대비가 없었음.	▪ 재난 발생 전 이미 대형 허리케인의 상륙을 예측하고 ▪ 뉴올리언스 시민들에게 대피 등의 예방 조치를 취했으나 효과가 크지 않았음.
사후 대처	▪ 강제 대피 등의 조치를 내렸으나 대형 재난 상황에서 역부족.	
재난 복구	▪ 흑인을 위주로 한 서민들의 피해가 극심했던바 ▪ 인종갈등으로 비화될 조짐까지 있었음.	
종합 분석	▪ 허리케인 카트리나Hurricane Katrina는 2005년 8월 말 미국 남동부를 강타한 초대형 허리케인으로 북대서양에서 발생한 허리케인 중 6번째로 강했다. 허리케인 카트리나로 인해 가장 큰 피해를 입은 지역은 미국 뉴올리언스이다. 8월 30일 허리케인으로 인해 폰차트레인 호의 제방이 붕괴되면서 이 도시의 대부분 지역에 물난리가 났다. ▪ 천재지변天災地變, Acts of God으로 입은 엄청난 피해라고는 하지만 과연 天災뿐이었을까? 많은 이들이 인재人災로 인해 사태가 악화되었다고 비판하고 있다. 소설 The Pelican Brief1992에서 작가 존 그리샴은 다음과 같이 말하고 있다. "(루이지애나 뉴올리언스) 늪지대는 자연 진화가 이루어낸 경이였다. … 습지대는 광활하고 풍요로웠으며 풍부했다. 그러다가 1930년 석유가 발견되면서 그때부터 자연에 대한 강간이 자행되었다. 석유회사들은 그 풍요한 부의 지대에 도달하기 위해 1만 마일에 이르는 운하를 준설했다. … 석유가 발견된 이래로 수만 에이커의 습지대가 바다에 의해 삼켜졌다. 지금도 매년 60평방마일의 루이지애나가 사라지고 있다. 십사분마다 1에이커의 땅이 물 밑으로 사라지고 있는 것이다." ▪ 자연 파괴와 자연재해가 결합된 복합 거대 재난의 대표적인 예라고 하겠다.	

6. 10.26 사태1979년*

10.26 사건은 1979년 10월 26일에 대한민국의 중앙정보부 부장 김재규가 박선호, 박흥주 등과 함께 박정희 대통령과 차지철 경호실장을 살해한 사건이다.

1979년 10월 26일, 대통령 박정희는 KBS 당진 송신소 개소식과 삽교천 방조제 준공식에 참석한 후 궁정동 안가에서 경호실장 차지철, 비서실장 김계원, 중앙정보부장 김재규와 함께 연회를 가졌다. 연회 중에 박정희는 김재규의 총에 가슴과 머리를 맞았고 곧 국군 서울지구병원으로 이송되었으나 이송 중 세상을 떠났다. 당시 박정희의 나이는 만 62세였다.

김재규는 민주화에 대한 열망으로 독재자 박정희를 처단하였다고는 하였으나, 권력 암투 과정에서 김재규가 차지철에 밀리는 상황이었고 이에 김재규가 충동적으로 일으킨 범행이라는 견해도 있다. 김재규는 10월 유신으로 박정희에게 반감이 있었고 거사를 7년간 준비해 왔다는 설이 있다. 재판 중 '내 뒤에 미국이 있다' 는 말도 했다. 그는 1심 최후 변론에서 다음과 같이 주장했다.

> "저의 10월 26일 혁명의 목적을 말씀드리자면 다섯 가지입니다. 첫 번째가 자유민주주의를 회복하는 것이요, 두 번째는 이 나라 국민들의 보다 많은 희생을 막는 것입니다. 또 세 번째는 우리나라

* 위키백과(https://ko.wikipedia.org/wiki/10%C2%B726_%EC%82%AC%EA%E1%B43)

를 적화로부터 방지하는 것입니다. 네 번째는 혈맹의 우방인 미국과의 관계가 건국 이래 가장 나쁜 상태이므로 이 관계를 완전히 회복해서 돈독한 관계를 가지고 국방을 위시해서 외교 · 경제까지 보다 적극적인 협력을 통해서 국익을 도모하자는 데 있었던 것입니다. 마지막 다섯 번째로 국제적으로 우리가 독재국가로서 나쁜 이미지를 갖고 있습니다. 이것을 씻고 이 나라 국민과 국가가 국제 사회에서 명예를 회복하는 것입니다. 이 다섯 가지가 저의 혁명의 목적이었습니다."

전두환은 10.26 사건 수사를 위해 설치된 합동수사본부장에 오르면서 두각을 나타내기 시작했다. 군부 내 파벌 갈등으로 인해 전두환을 중심으로 하는 신군부 세력이 12.12 사태를 일으켜 군부를 장악했다. 신군부 세력은 민주화 여론을 탄압하고 5.17 쿠데타를 일으켜 정권을 장악했다.

<table>
<tr><th></th><th>실제 상황</th><th>미비점</th></tr>
<tr><td>재난 예방</td><td>■ 독재정권의 앞날은 예측 불가능함.
■ 절대권력은 절대 부패하고 결국 망하고 만다는 교훈</td><td>■ 민주화만큼 효과적인 정치적 재난 예방 장치가 없음을 여실히 보여줌.</td></tr>
<tr><td>사후 대처</td><td>■ 사회적인 대혼란 속에서 민주화 세력이 결집하지 못한 결과
■ 또 다른 군사정권이 탄생했고
■ 대한민국의 민주화가 미루어짐.</td><td></td></tr>
<tr><td>재난 복구</td><td>■ 독재정권 하에서 경제 제일로 치달았던
■ 한국민들의 깊은 상실감</td><td>■ 민주화 세력의 구심점이 부족했음.</td></tr>
<tr><td>종합 분석</td><td colspan="2">■ 순식간에 한 나라가 대책 없이 망할 수 있었던 엄중한 사건으로서
■ 독재정권이 얼마나 허망하며 사회의 민주화가 얼마나 중요한지를 보여주었음.
■ 한 사회의 산업화와 경제력도 중요하지만 그게 전부가 아니라는 사실과
■ 지속 성장하는 사회를 위해서는 민주화와 거버넌스의 투명성 또한 중요하다는 교훈을 주었음.
■ 결국 1988년 대통령 직선제 개헌, 1993년 문민정부 실현으로 이어졌지만
■ 1997년 IMF 사태라는 거대 암초를 만나 대한민국 호가 또 한 번 좌초될 위기에 처함.
■ 산업화와 민주화 못지않게 이 사회의 지속 가능 발전을 위해서는 국가 리스크 관리가 중요하다는 교훈을 얻게 됨.</td></tr>
</table>

7. 북핵 위기*

이번 연휴기간에 터져나온 북한의 장거리 미사일 발사가 국제사회의 또 다른 골칫거리가 됐다. 미국과 우리 정부는 고고도미사일방어 THAAD, 사드 체계를 주한미군에 배치하는 방안을 검토 중이다. 북한 핵 등 무기체제에 대해 우리는 어떻게 대응해야 할까.

2003년 8월 북핵 1차 6자회담이 시작되기 직전인 7월 헨리 키신저 박사가 방한했다. 외교 관계자들이 모인 자리에서 북한 문제와 관련한 조언을 했다. 미 국무장관과 백악관 안보보좌관을 지낸 키신저는 90세를 훨씬 넘긴 지금도 외교안보 분야의 전설적인 존재다. 그는 "효과적 외교협상을 위해서는 군사력이 뒷받침돼야 한다"고 말했다. 그러나 관련국들이 북한의 체제 전복을 원하는 것처럼 비치게 해서는 안 된다는 것이다. "체제는 생각처럼 외부 압력에 의해 쉽게 전복되는 것이 아니다. 과거 유럽의 예를 보더라도 체제는 내부로부터 전복됐다"는 게 그의 설명이었다.

북한이 핵에 집착하는 이유가 무엇인가? 북한체제 생존을 보장할 수 있는 유일한 방안이라는 판단에 따른 것이다. 미국은 1994년 제네바 합의를 통해 북한의 핵 개발 노력을 한동안 중단시킬 수 있었다. 대사급 외교관계 수립 등 미·북 관계의 완전한 정상화까지 포함한 포괄적 합의였다. 그러나 미국은 관계 정상화의 합의를 이행하지 못했다. 일단 북한의 핵 활동이 동결되자 이 문제에 대한 관심도가 현저히 떨어졌다.

* 중앙일보, 2016. 2. 10.(http://news.joins.com/article/19547319)

일각에서는 북한체제의 조기 붕괴 가능성도 제기했다. 2002년 들어서는 북한이 농축우라늄을 통한 새로운 핵 개발을 시도하는 흔적이 나타났다. 북한을 '악의 축' 으로 규정하고 있던 네오콘의 부시 행정부는 북한이 합의를 깨고 비밀리에 다시 핵 개발을 시도하고 있다고 판단했다. 강경하게 대응했다. 핵 활동 중지 대가로 북한에 공급하던 중유도 끊어버렸다. 북한은 영변에서 핵 활동을 재개하며 벼랑 끝 전술로 나왔다. 제네바 합의는 휴지조각이 됐다. 이 시점을 전후로 북한 핵은 사실상 돌아올 수 없는 강을 건넜다. 그후 6자회담이 6년이나 계속됐으나 결국 북한의 핵실험을 막지 못했다.

2013년 북한의 3차 핵실험 후 개최된 미 · 중 회담 시 시진핑習近平 국가주석이 버락 오바마 대통령에게 했다는 이야기가 있다. 중국 속담을 인용한 것인데 "잃을 게 없는 자가 '너 죽고 나 죽자' 고 달려들면 정말 방법이 없다" 는 이야기다. 핵은 미국에는 비확산의 문제지만 북한엔 죽느냐 사느냐의 생존 문제다. 이라크의 사담 후세인과 리비아의 무아마르 알카다피의 처참한 말로를 본 왕조체제 북한의 리더십은 더욱 그렇다. 핵을 포기하면 적극적인 경제지원을 하겠다는 남측의 제안도 트로이의 목마 정도로 여겨질 것이다. 필자가 지난해 초 유럽에서 열린 국제세미나에서 만난 북한의 고위 관계자는 통일준비위원회 활동에 주목하면서 한국이 북한을 공존 가능한 상대로 보는지에 대해 집중적인 관심을 보였다.

북한을 지나치게 압박하면 무슨 일을 저지를지 모르고 북한이 대혼란에 빠지면 중국이나 동북아 안정에 좋을 게 없다는 것이 중국의 정세 판단 같다. 북한이라는 완충지대가 없어질 경우 역사적으로 해양세력의 중국 진출 교두보로 쓰였던 한반도가 대중국 봉쇄, 압박의 전진기지가 될 수 있다는 전략적 판단도 있어 보인다. 사드의 한반도 배치 문제를 둘러싼 공방도 이러한 측면이 있다.

안보리가 더 강화된 대북제재를 검토하고 있다. 국제 핵 질서에 도전해 막무가내로 나가는 북한에 국제사회가 강력하게 대응해야 하는 것은 당연한 일이다. 다만 외부의 압력으로 북한체제가 흔들리고 북한이 핵을 포기할지는 별개 문제다.

키신저는 2011년에 발간된 『중국 이야기On China』에서도 북한 문제에 대한 생각을 밝히고 있다. 협상을 통한 해결에 진전이 없을 경우 북핵 문제는 동북아의 '합의된 평화질서agreed peaceful order' 라는 큰 구도 아래서 해결돼야 할 것으로 봤다. 그는 한반도 문제의 경우 미 · 중의 아태지역 전략과 분리해 볼 수 없다는 생각을 비치고 있다. 제2차 세계대전 후 미국과 유럽이 대서양공동체라는 국제질서를 구축했듯이 21세기 미 · 중 관계도 '태평양공동체Pacific community' 라는 비전 아래 진화해 나가는 질서를 제시했다. 냉엄한 현실주의자인 그가 미 · 중 관계의 미래를 '공동체' 개념에서 찾고 북핵 해결도 동북아의 평화질서라는 큰 그림이 그려져야 해결될 수 있을 것으로 시사한 것은 의미하는 바가 크다.

우리 정부의 동북아 평화협력 구상이나 한반도 신뢰 프로세스도 동북아와 한반도의 장기적인 평화질서를 만들기 위한 것이다. 동북아에 '공존'과 '통합'의 정신을 살려 나가야 한다. 동북아 최초의 지역협력 기구인 한 · 중 · 일협력사무국TCS 설치를 제안하고 이를 서울에 유치한 것도 한국이었다. 이러한 비전을 발전시켜 미국 · 북한을 포함한 동북아의 새로운 평화질서를 만들어 나가야 한다. 평화의 섬 제주도에서 동북아 평화회의를 개최하는 것은 어떨까? 북핵 문제 해결은 외교관들의 기술적 협상의 차원을 넘어섰다. 한반도 냉전의 틀을 과감히 깨는 역사적 결단이 필요한 때다.

	실제 상황	미비점
재난 예방	▪ 오랫동안 계속되어 온 북한의 핵 개발에도 불구하고 ▪ 체계적이고 효과적인 국제 공조가 부족했음.	▪ 강대국에 둘러싸인 대한민국의 입장에선 독자적인 북핵 위기 대처 방안이 절대적으로 부족함.
사후 대처	▪ 2016년 3월 2일 안보리의 강도 높은 대북 제재가 실효를 발휘할지는 불확실함.	▪ 북한 김정은 정권에 대한 효과적인 대처를 하지 못한 결과, 한반도를 둘러싼 군사적 긴장감이 최고조에 달함.
재난 복구	–	–
종합 분석	▪ 2016년 3월 현재 대한민국 최대의 리스크로서 ▪ 분단된 한반도의 북쪽에 역사상 유례 없는 독재정권인 북한이 핵무기를 개발하여 남한의 안보를 직접적으로 위협하고 있음. ▪ 중국, 일본, 러시아, 미국 등 초강대국에 둘러싸인 한반도의 현실을 직시할 때 ▪ 지속 성장을 지향하는 대한민국은 현실적이고도 매우 현명한 지정학적 리스크 관리가 필요함.	

8. 한반도 통일 리스크*

통일 앞에 놓인 문제들

예상치 못한 시기에 갑자기 남북통일이 실현된다면, 일차적으로 국토 면적이 넓어지는 것이 아니라 개인의 일상 생활에서부터 정치, 경제, 사회에 이르기까지 모든 것이 바뀔 것입니다. 오랜 분단 상황으로 인해 남북한의 이질적인 체제, 극심한 경제적 격차 등 통일 이후 예상되는 많은 어려움들이 있습니다.

통일 한국이 어떤 국호와 국기를 사용할지, 화폐는 어떤 식으로 사용되게 될지, 남북한 주민들의 이질적인 문화 차이는 어떻게 극복할지부터, 남한의 자유민주주의 체제가 온전하게 이어질지, 남북한의 법은 어떻게 적용하고 통합할지 등 헤아릴 수 없이 많을 것입니다.

이러한 문제점들에 대한 대비책 없이 성급하게 통일을 이루려고 한다면 우리는 많은 문제들과 직면할 것입니다. 통일이 언제 어떻게 이뤄질지 모르는 상황에서 통일이 가져올 편익을 증진시키고 후유증이 없는 통일을 이룩하기 위해서는 통일 이후 예상되는 문제점을 생각하고 미리 준비해 나가야 합니다. 철저한 통일 준비를 통해 통일을 실현하지 않으면, 통일은 우리에게 행복한 미래가 아니라 재앙이 될 것입니다.

통일 이후 발생할 어려움을 미리 예측하고 대비하기 위하여 경제 · 정치 · 사회적인 측면에서 발생되는 통일 이후 예상되는 문제점들을 구체적으로 알아볼 필요가 있습니다.

* YTN+(http://campaign.ytnplus.co.kr/unikorea/sub/sub0202.html#tab)

통일을 이루려면 얼마만큼의 비용이 필요할까요? 일반적으로 통일 비용이란, 북한의 1인당 국민소득을 남한의 일정 수준에 도달하도록 하기 위하여 투자하는 비용입니다. 이 안에는 통일 이후 남북한이 하나의 통합국가로 정치 · 경제 · 사회 시스템이 안정을 이루고 정상적으로 운영되기 위하여 부담해야 하는 비용이 포함되어 정의되기도 합니다.

현재까지 예측되는 통일비용은 몇 십 조, 몇 백 조, 아니 몇 천 조에 이릅니다. 그러나 통일 시기가 늦어지면 늦어질수록 통일비용 부담은 더 늘어날 것입니다. 통일이 되면 사실상 북한 주민들은 빈곤층으로 전락하게 됩니다. 2013년 기준 남한의 1인당 GDP는 $25,000지만 북한은 $1,000도 되지 않습니다. 이러한 남북한의 경제 격차를 해소하려면 북한 주민들의 생계 지원비가 급증하게 되는 등 막대한 통일 비용이 듭니다.

국가안보전략연구원의 발표에 따르면, 현재 북한은 김정은 체제 3년을 앞두고 북한에서 장성택 잔재 청산을 위한 숙청작업이 계속되고 있다고 합니다. 장성택 처형 이후에도 생각만큼 체제가 안정되지 않자 더욱 과격해지고 있다고 합니다.

게다가 김정은 찬양노래를 개사해 부르다 적발된 간부를 총살하고, 한국 드라마를 시청했다는 이유만으로 당간부들을 총살했다는 후문이 나돌 정도로 김정은의 공포정치가 극으로 치닫고 있다는 평가입니다.

또한 최근 북한 정치범수용소에서 태어난 탈북자 신동혁 씨가 북한이 아버지를 인질로 잡았다며 충격적인 인권 유린 실태를 폭로하기도 했습니다.

북한의 정치, 인권에 관한 뉴스를 접하면 경악을 금치 못하는 사람이 많을 것입니다. 이렇게 이질화된 정치 · 사회적 상황은 통일 이후 수많은 문제를 야기할 것입니다.

	예상 상황	미비점
재난 예방	▪ 한반도 통일 상황에 대비하여 정부 차원에서는 나름 대처하고 있으나 ▪ 국민들이 체감하는 수준에는 못 미치는 듯하며, ▪ 통일의 필요성 및 통일의 편익 · 비용 효과에 대한 대국민 홍보에 더욱 노력해야 할 것임. ▪ 그런 노력이 부실한 상황에서 갑작스런 통일 상황이 전개되었을 때 ▪ 상당한 정치 · 경제 · 사회적 혼란이 예상됨.	
종합 분석	▪ 오늘을 사는 대한민국 국민에게 최고로 중대한 리스크임. ▪ 섣부른 통일 대박론 주장이나 ▪ 한반도 분단 유지 주장 둘 다 지양해야 할 것이며 ▪ 한민족의 지속 가능 발전을 위해 정부와 민간 공히 통일 준비에 만전을 기해야 할 것임.	

9. 미국 9.11 테러2001년*

9.11 테러September 11 attacks는 2001년 9월 11일에 미국에서 벌어진 항공기 납치 동시다발 자살 테러로 뉴욕의 110층짜리 세계무역센터WTC 쌍둥이 빌딩이 무너지고, 버지니아 주 알링턴 군의 미국 국방부 펜타곤이 공격을 받은 대참사이다. 이는 2002년 조지 W. 부시가 발의한 국토안보법에 의거 미국 국토안보부 개설의 계기가 되기도 하였다.

사건은 4대의 민간 항공기를 납치한 이슬람 테러단체에 의해 동시다발적으로 이루어졌는데, 현지 시간대별 상황은 다음과 같다.

오전 7시 59분 76명의 승객과 11명의 승무원, 그리고 5명의 납치범을 태운 아메리칸 항공 소속 AA11편이 보스턴을 출발해 로스앤젤레스를 향해 날아올랐다. 뒤이어 8시 14분경 AA11편이 5명의 납치범들에 의해 납치되었다. 같은 시간 51명의 승객과 9명의 승무원, 그리고 5명의 납치범을 태운 유나이티드 항공의 UA175편이 보스턴에서 로스엔젤레스로 이륙했다. 8시 20분에는 6명의 승무원과 53명의 승객, 그리고 5명의 납치범을 태운 아메리칸 항공의 AA77편이 워싱턴에서 로스앤젤레스로 출발했다. 뒤이어 8시 26분 30초경 AA11편은 뉴욕으로 항로를 선회했고, 8시 46분 30초경 AA11편이 시속 790km의 속도로 세계무역센터 북쪽 건물제1 세계무역센터의 93층과 99층 사이에 충돌했다. 마지막으로 8시 42분에는 7명의 승무원과 33명의 승객, 그리고 4명의 납치범을 태운 유나이티드 항공의 UA93편이 뉴저지 주에서 샌프란시스코로 향

* 위키백과(https://ko.wikipedia.org/wiki/9%C2%B711_%ED%85%8C%EB%9F%AC3)

했다. 잠시 뒤인 8시 58분 UA175편이 뉴욕으로 항로를 바꿨고, 곧이어 9시 3분 2초경 UA175편이 시속 950km의 속도로 남쪽 건물제2 세계무역센터의 77층과 85층 사이로 충돌하였다. 9시 37분 46초경 AA77편이 시속 853km의 속도로 워싱턴의 국방부 건물 펜타곤의 1층과 3층 사이에 충돌하고, 이어 약 9시 58분 59초경 세계무역센터 남쪽 건물이 완전히 붕괴되었다. 그리고 10시 3분 11초경 UA93편이 시속 926km의 속도로 피츠버그 동남쪽에 추락하였다. 뒤이어 10시 28분 22초경 세계무역센터 북쪽 건물이 완전히 붕괴되고, 이 여파로 인해 47층짜리 세계무역센터 부속건물인 제7 세계무역센터 빌딩이 오후 5시 20분 33초경 힘없이 주저앉았다. 제7 세계무역센터의 붕괴 원인은 제1 · 2 세계무역센터의 붕괴로 철골들의 잔해들이 튕겨 나와 제7 세계무역센터 건물을 타격한 때문인 것으로 보인다.

미국은 순식간에 아수라장으로 바뀌었고, 세계 경제의 중심부이자 미국 경제의 상징인 뉴욕은 하루아침에 공포의 도가니로 변하고 말았다. 미국의 자존심이 일거에 무너진 것은 뒷전으로 하고, 이 세기의 대폭발 테러로 인해 90여 개국 2,800～3,500여 명의 무고한 사람이 생명을 잃었다. 사건이 일어나자마자 CNN 방송망을 타고 시시각각으로 사건상황이 전 세계에 생중계되면서 세계 역시 경악하였다.

이 사건으로 인한 피해는 4대의 항공기에 탑승한 승객 전원 사망, 워싱턴 국방부 청사 사망 또는 실종 125명, 세계무역센터 사망 또는 실종 2,500～3,000명 등 정확하지는 않지만 인명피해만 2,800～3,500명에 달한다. 경제적인 피해는 세계무역센터 건물 가치 11억 달러1조 4,300억 원, 테러 응징을 위한 긴급지출안 400억 달러약 52조 원, 재난극복

연방 원조액 111억 달러약 12조 원 외에 각종 경제활동이나 재산상 피해를 더하면 화폐가치로 환산하기 어려울 정도이다.

납치당한 4대의 항공기에는 4～5명의 납치범들이 탔을 것으로 추정되는데, 미국연방수사국FBI의 조사 결과 범인들은 모하메드 아타 등 19명의 알카에다 조직원들로 알려졌다. 물론 이들은 비행기 충돌과 동시에 전부 사망했다. 미국은 사우디아라비아 출신의 국제 테러리스트인 오사마 빈 라덴과 그의 추종 조직인 알카에다를 주요 용의자로 보고 있으며, 그 밖에 팔레스타인해방기구PLO 산하의 무장조직인 하마스HAMAS, 이슬람원리주의 기구인 지하드, 레바논의 헤즈볼라 등 다른 이슬람 테러조직들도 관여했을 것으로 보고 있다.

항공기가 세계무역센터 남쪽 건물과 충돌한 직후인 9시 29분, 부시 미국 대통령은 이 테러사건을 '미국에 대한 명백한 테러 공격'으로 규정하고, 이어 전국의 정부 건물에 대피령을 내리는 한편, 국제연합UN, 시어스 타워현 윌리스 타워, 디즈니랜드 등 주요 건물을 폐쇄하였다. 같은 날 금융시장 폐장 결정도 내렸다.

미국·영국 연합군은 2001년 10월 7일 아프가니스탄 주변에 350여 기의 항공 전력을 배치하고, 아프가니스탄 영토에서 전투·폭격기를 이용한 자유로운 공습을 하였고, 아프가니스탄 북부동맹군을 앞세워 아프가니스탄 전쟁을 일으켰으며, 같은 해 11월 20일에는 아프가니스탄 전역을 함락하였다. 이어 다음달 22일 연합군은 반 탈레반 정권인 과도정부를 수립함으로써 탈레반과의 전쟁을 종결하였다. 그러나 미국이 이 전쟁의 목표로 삼았던 오사마 빈 라덴과 그의 조직 알카에다를 뿌리 뽑는 데에는 실패하였다. 이후 미국은 '테러와의 전쟁'을 끝내지 않고 중동으로 눈을 돌려 2003년 3월 20일에는 이라크 전쟁을 일으켜 20일 만에 이라크를 완전 함락시키고 새로운 과도정부를 출범시키는 등 대 테러 전쟁을 계속했다. 2011년 5월에는 제로니모 작전의 일환으로 오사마 빈 라덴을 사살 후 수장하였다.

	실제 상황	미비점
재난 예방	▪ 미국 제일주의의 오만함이 부른 상상하기 어려웠던 대재앙 ▪ 미국을 넘어서 세계 금융의 중심인 맨하탄의 WTC가 민항기를 이용한 공격을 받으리라고는 상상하기 어려웠던 만큼 대테러 대비는 매우 부실했음.	
사후 대처	▪ 국토방위부Dept of Homeland Security 신설 등 테러 리스크 관리가 미국 정부의 최대 현안으로 부각됨.	▪ Hardware 차원의 테러 리스크 관리는 크게 개선되었으나, Software 차원의 리스크 관리는 여전히 문제가 있음.
재난 복구	▪ 인적 · 재산적 손실 못지않게 미국의 심장부가 테러 공격을 당했다는 미국민들의 트라우마가 매우 컸음.	▪ 테러 리스크가 부보하기 어려운 리스크로 새롭게 부각됨.
종합 분석	▪ 테러 리스크가 중대한 재난 리스크로 부각되는 전환점적인 재난이었음. ▪ 테러 리스크는 종전에 부보 가능 리스크에서 9.11 사태 이후 부보가 어려운 리스크로 재분류됨. ▪ 9.11 테러 이후 민영보험 시장은 피해 예상 규모가 너무 큰 사고에 보험을 제공하기 어려워졌는데, 미국의 경우 정부가 재보험 형식으로 보상에 참여하겠다는 약속을 함으로써 테러 리스크의 부보가 가능해짐.	

10. IS 파리 테러2015년*

2015년 11월 파리 테러는 2015년 11월 13일 중앙유럽 표준시 21시 16분에 프랑스 파리의 아롱디스망, 파리 북부의 일드프랑스, 프랑스와 독일의 친선 축구 경기가 열린 생드니의 스타드 드 프랑스 근처 등 최소 7곳에서 발생한 동시다발 연쇄 테러 사건이다. 최소 세 건의 폭발과 여섯 번의 총격이 있었고, 바타클랑 극장에선 최소 60여 명의 인질이 붙잡혀 있는 것으로 알려졌다. 파리 인질극은 종료되었으나 이 과정에서 130여 명이 사망했다. 또한 프랑스 경찰은 테러 과정에서 2건 이상의 자살폭탄 테러가 발생했다고 밝혔다. 이 테러로 프랑수아 올랑드 대통령은 중앙유럽 표준시 23시 58분에 국가 비상사태를 선포하고 국경 봉쇄를 단행했다. 이슬람 국가IS는 이번 사건이 자신들의 소행이라고 밝혔다.

이 테러는 최소 6건의 총격과 3건의 자살폭탄를 포함하여 7건의 서로 다른 테러가 동시다발적으로 발생한 형태이다. 라퐁텐 거리, 카를 거리, 르 바타클랑에서 총격 사건이 보고되었다.

파리 10구에 위치한 프티 캉보주 식당에 총격 사건이 일어나 최소 4명이 사망했다. 또한 생마르탱 운하 근처에 위치한 칼리옹 바에서도 총격 사건이 일어났다. AP통신은 최소 11명 이상이 칼리옹 바 총격사건으로 사망했다고 전했다.

* 위키백과
(https://ko.wikipedia.org/wiki/2015%EB%85%84_11%EC%9B%94_%ED%8C%8C%EB%A6%AC_%ED%85%8C%EB%9F%AC3)

파리 11구에 위치한 바타클랑 극장에선 관객 1,500명이 있는 가운데 미국 록밴드 이글스 오브 데스 메탈의 공연이 진행되는 도중 인질극이 일어났다. 이 극장에서 밴드 멤버들은 부상자 없이 탈출하는 데 성공했지만 약 100여 명이 인질로 잡혔다. 인질극에서 탈출한 몇 명은 범인 5~6명이 공격하기 직전 시리아 내전에 대해 언급했다고 말했다. 이후 경찰에 대한 추가 공격이 있었으며, 초기 신고 직후 출동한 경찰들은 극장 내부에서 총격이 일어났다고 말했다. 바타클랑 인질극 범인 중 한명은 폭발물을 갖고 있다고 밝혔다.

기자 줄리앙 피어스는 바타클랑 내로 무장한 사람들이 들어갔으며, 마스크를 쓰지 않은 사람 두세 명이 군중에게 무차별적으로 총격했다고 말했다. 경찰은 바타클랑 극장을 기습했으며, 그 결과 범인 2~3명이 사망했다. 이 포위전은 CET 기준 0시 58분에 종료되었다. 경찰은 극장 내로 진입하고 제압하는 과정에서 100여 명이 사망했다고 밝혔다.

	실제 상황	미비점
재난 예방	▪ 이슬람 양대 세력인 수니파와 시아파 간의 오래된 구원舊怨이 부른 재앙으로 ▪ 인종, 종교, 국제정치, 자원 싸움 등이 복합적으로 작용한 글로벌 지정학적 리스크	
사후 대처	▪ 사고 발생 직후에는 대 IS 테러 국제 공조 움직임이 강했으나 시간이 흐를수록 각국의 이해관계가 얽혀 있어 실효가 떨어짐.	▪ IS 테러에 대해서는 국제적인 공조가 필수적이나 ▪ 각국의 이해관계가 상이하고 첨예하여 국제 공조는 지지부진함.
재난 복구	–	–
종합 분석	▪ 시리아 내전, 파리 테러2015. 12. 등이 대표적인 IS 테러 ▪ 세계 곳곳에서 IS 테러 행위가 벌어지고 있음. ▪ 종교적 갈등, 민족 갈등, 100여 년 전 중동지역에 대한 강대국들의 그릇된 개입 등이 근본적인 원인인데 ▪ 국지적 리스크가 국제적인 지정학적 리스크로 비화된 엄중한 사례임.	

11. 세월호 침몰 사고2014년*

세월호 침몰 사고는 2014년 4월 16일 오전 8시 50분경 대한민국 전라남도 진도군 조도면 부근 해상에서 청해진해운 소속의 인천발 제주행 연안 여객선 세월호가 전복되어 침몰한 사고이다. 2014년 4월 18일 세월호는 완전히 침몰하였으며, 이 사고로 탑승인원 476명 중 295명이 사망하고 9명이 실종되었다.

청해진해운

인천시 중구에 본사를 둔 청해진해운은 1999년 2월에 창립한 연안 여객선사로, 4척의 여객선으로 인천-제주, 인천-백령, 여수-거문도의 3개 항로를 운항하였다.

2003년에는 일본에서 대형 카페리 오하마나호를 들여와 운용하였고, 2013년 3월에는 세월호를 들여왔다. 2009년 대한민국 해운법 시행규칙이 개정되었다. 이때 여객선 운용 시한이 진수일로부터 20년에서 30년으로 늘어났고, 청해진해운은 일본에서는 운용시한상 폐선에 가까운 18년된 세월호1994년 건조를 사들여 선령 20년의 오하마나호1989년 건조와 함께 운항할 수 있었다. 당시 국토해양부는 "여객선의 선령船齡 제한을 완화하면 기업 비용이 연간 200억 원 절감될 것" 이라며 규제완화에 대하여 논평했다.

* 위키백과
(https://ko.wikipedia.org/wiki/%EC%84%B8%EC%9B%94%ED%98%B8_%EC%B9%A8%EB%AA%B0_%EC%82%AC%EA%B3%A0 3)

이후 청해진해운은 2012년 10월 세월호를 담보로 산업은행에서 개보수 자금 30억 원 등 100억 원의 차입금을 받았다. 이중 상당한 돈이 세월호 증축에 사용되었고, 이후 톤수 239톤 · 탑승 가능 정원 116명이 늘어났다. 선박 설비 안전 검사 기관인 한국선급은 세월호의 증축 등에 대하여 2차례에 걸쳐 문제가 없다고 평가했다. 그러나 구명정이 접근하기 힘들 정도로 빠르게 기울어지며 침몰하는 원인 중 하나가 무리한 증축 때문이라는 전문가들의 견해가 있다.

청해진해운은 세월호의 출항 전 운항관리자에게 차량 150대, 화물 675톤을 실었다고 보고했으나, 사고 이후에 차량 180대, 화물 1,157톤이 실린 것으로 밝혀졌다.

대한민국의 내항선 선박직선장 · 항해사 · 조타수 · 기관사 등 대부분은 1년 이하 계약직으로 일하는 것이 대부분이며, 사고 당시 세월호 선장도 월 270만원의 1년 계약직이었다. 이와 같이 직업적 안전성이 떨어지다 보니 소속감이나 사명감을 기대하기가 애초에 어렵다는 지적을 받았고, 실제 선원에 대한 교육 관리도 열악했다. 청해진 해운은 2013년 선원 교육비용으로 54만 1천원을 썼다.

세월호

1994년 6월 일본 나가사키의 하야시카네 선거林兼船渠에서 건조한 여객 · 화물 겸용선RoPax, RORO passenger으로 일본 마루에이 페리 사에서 '페리 나미노우에' フェリーなみのうえ라는 이름으로 18년 이상 가고시마~오키나와 나하 간을 운항하다가 2012년 9월 퇴역하였으며, 청해진해운이 2012년 10월에 중고로 도입하여 선미쪽에 증축 · 개조 작업을 거친 후

2013년 3월부터 인천-제주 항로에 투입하였다. 세월호의 이름은 "세상[世]을 초월[越]한다"는 뜻을 담고 있다.

세월호는 총 배수량 6,835톤에 전장 145m, 선폭 22m이고, 21노트의 속도로 최대 264마일을 운항하는 것으로 알려졌다. 여객 정원 921명에 차량 220대를 실을 수 있으며, 적재 한도는 3,794톤으로 되어 있다.

세월호의 내부는 5층으로, 갑판 아래에 위치한 1층과 2층에는 화물칸, 갑판 위의 3층과 4층에는 승객을 위한 객실이 마련되어 있고, 5층에는 조타실과 승무원실, VIP실이 있는 것으로 보도되었다.

사고 해역

사고가 발생한 해역은 맹골수도가 위치한 곳으로, 전라남도 진도군 조도면 맹골도와 거차도 사이이다. 이 곳은 이순신 장군이 명량대첩을 승리로 이끈 울돌목 다음으로 조류가 세다[최대 6노트]. 섬 주변에는 암초가 많지만 항로로 이용되는 수로 자체는 깊이 30m 이상으로 암초 등 항해 장애물이 없다.

사고 및 구조

사고는 2014년 4월 16일 오전에 전라남도 진도군 병풍도 부근에서 발생하였다. 이 사고로 탑승자 476명[잠정] 중 172명이 구조되고 304명이 사망·실종되었다.

사고 발생 전날[2014년 4월 15일] **:**

안개 때문에 출발이 2시간 30분 지연된 세월호는 오후 9시에 476

명[잠정]의 인원과 짐을 싣고 인천항을 출발하였다. 세월호에는 단원고등학교 2학년 학생 325명, 교사 14명, 일반인 104명, 선원 33명이 탑승하였다고 알려졌다. 세월호에는 차량 180대, 화물 1,157톤이 실렸음이 사고 후에 밝혀졌는데, 이로부터 인천항을 출발할 당시의 차량과 화물, 승객의 체중을 모두 더하면 적재 한도를 초과하는 것으로 계산되기도 한다.

사고 발생일[4월 16일] : 선박자동식별장치의 항적 자료와 생존자들의 증언에 따르면 세월호는 오전 8시 30분경 맹골도와 서거차도 사이를 최고 속도로 진입하였고, 항로를 바꾼 후 지그재그로 운행하다가 8시 49분경에 병풍도 부근에서 다시 급격히 항로를 바꾸어 급선회했다. 항로는 'J' 자를 그리며 왔던 길을 되돌아갔다.

오전 8시 52분 32초[KST], 전남소방본부 119상황실에 최초로 신고 전화가 걸려왔다. 최초 신고자인 학생이 던진 첫마디는 "살려주세요" 였고, 이후 그는 배가 침몰하고 있음을 알렸다. 당시 신고전화를 받은 전남소방본부 관계자는 내용을 듣고 목포해경을 연결했다[8시 54분 7초]. 그런데 목표 해경은 최초 신고자에게 제일 먼저 경도와 위도를 말하라며, 배의 위치를 물었다. 당황한 최초 신고자가 '네?' 를 연발하자 119 관계자는 그가 탑승객임을 알렸다. 하지만 해경은 반복해서 GPS를 거론하는 등 위치를 물었다.

그로부터 1분 30초 뒤 해경 측은 선박 이름이 무엇인지 물었고, 최초 신고자는 "세월호" 라고 답했다. 세월호는 최초 신고보다 3분 후, 사고 해역과 가까운 진도관제센터[VTS]가 아닌 제주관제센터[VTS]에 교신해 배가 침몰 중임을 알렸다[8시 55분]. 그리고 다시 이 제주관제센터[VTS]는 목포해경이 아닌 제주해경에 연락했고[8시 56분], 8시 58분에 비로소 목포해경이 사고를 접수했다[이 사고 접수도 세월호 승무원들이 아닌 학생의 신고로 이루어진 것이다]. 이에 추후 상황을 파악한 진도관제센터[VTS]가 9시 6분에 세월호와 교신하여, 세월호를 호출하여 직접관제를 시작하였다. 9시 17분의 진도관제센터와의 교신에서 세월호 선원은 배가 50도 이상 기울어져 있다고 보고하였다.

진도관제센터와의 교신 내용에 따르면, 9시 7분에 2,755톤급의 유조선 둘라에이스호가 진도관제센터와 교신 후 세월호를 육안으로 확인하였다. 둘라에이스호는 세월호의 구조를 위해 접근하였고, 9시 29분에는 세월호도 구조를 위해 대기하고 있는 둘라에이스를 확인하였다. 세월호는 좌현에 대기할 것을 요구하였으나 두라에이스호는 밀물 때여서 계속 밀리고 있다고 응답하였다.

사고 접수 후 해양경찰은 출동 및 구조에 나섰다. 해경은 헬기 1대와 경비정 20척을 현장에 투입해 헬기로 승객 6명을 구조했고, 100여 명은 경비정에 옮겨 태워 인근의 진도나 목포시 등지로 이송했다. 대한민국 해군도 구조작업을 위해 사고 해역으로 고속함 1척과 고속정 6척, 해상초계가 가능한 링스헬기 1대 등을 투입했다.

민간 어선 선장 박영섭은 16일 새벽 조업을 마치고 귀항준비를 하고 있었다. 박 선장은 오전 9시 3분경 수협목포어업통신국이 송신한 긴급 구조요청 신호를 받고, 병풍도 북쪽 1.5마일 해상에서 여객선 세월호가 침몰 중이라는 사실을 확인. 바로 뱃머리를 병풍도 쪽으로 돌렸다. 오전 10시 30분경 사고 현장에 도착한 박 선장은 해경과 구조작업에 참여해 승객 27명을 구조하였다.

조도면 청년회원 김형오 역시, 이장단장으로부터 메시지를 받고 자신의 1.1t급 소형 어선을 몰고 구조작업에 동참하여 총 25명을 구조하였다. 그 외에도 메시지를 받고 10여 분 만에 출항준비를 다친 조도면 어선이 60여 척, 구조에 참여한 어민이 150여 명에 달하는 등 초동 구조에 있어 민간이 큰 역할을 하였음이 밝혀졌다.

오전 9시 19분부터 YTN을 시작으로 각 언론에서 세월호의 침몰 소식을 긴급 타진하기 시작했고, 오전 10시부터 정부는 여객선 침몰 사고에 대응하는 중앙재난안전대책본부를 구성하여 가동에 들어갔다. 사고 당일 구조된 세월호 탑승자는 승무원 23명, 단원고생 75명, 교사 3명, 일반인 71명으로 모두 172명이었다.

수색 및 인양

수색 및 인양 작업은 대한민국 정부가 수색 작업 종료를 발표한 11월 11일까지 총 209일간 계속되었다. 바다 밑 수색은 거센 조류와 탁한 시야, 낮은 수온으로 작업에 큰 어려움을 겪었으며, 작업 일정이 길어지면서 피로의 누적과 그에 따른 사고가 발생하기도 했다.

<table>
<tr><th></th><th>실제 상황</th><th>미비점</th></tr>
<tr><td>재난 예방</td><td>■ 만연한 안전 불감증
■ 세월호 승무원보다 현장에 있던 학생이 먼저 구조 요청을 시도함.
■ 세월호 승무원들은 멀리 있는 제주 관제센터와 교신하는 엉뚱한 대처
■ 18년 이상 운항하고 제 수명을 다한 중고 선박을 청해진해운이 구입 개보수하여 2013년부터 재사용</td><td>■ 선박 사고에 대한 경각심 부족
■ 승무원들의 재난 대처 교육 부족
■ 최초 사고 접수 후 관제센터의 혼란 등 대응 부실
■ 해운법을 개정하여 여객선 운용시한을 20년 → 30년으로 연장
■ 선박 개보수 중에 이루어진 무리한 증축</td></tr>
<tr><td>사후 대처</td><td>■ 침몰한 배에서 단 한 명의 인명도 구하지 못했음.
■ 국무총리 사임2014. 4. 27., 해양경찰청 해체, 청해진해운 영업중단
■ 사고 관련 선원 처벌</td><td>■ 사고 원인은 복합적임.
■ 선박 증축에 따른 복원성 부족 문제, 최대 적재량의 2 ~ 3배에 이르는 화물 과적, 화물 고박고정 결박 불량, 선박의 균형을 잡아주는 평형수를 덜 채우는 대신 그 무게만큼 화물을 더 실은 문제, 물살이 유난히 빠른 맹골수도에서 급격한 변침變針 : 항로 변경</td></tr>
<tr><td>재난 복구</td><td>■ 세월호 배상 · 보상 특별법 마련
■ 사고의 진상 조사가 지지부진한 상태임.</td><td></td></tr>
<tr><td>종합 분석</td><td colspan="2">■ 눈 앞에서 실시간으로 벌어진 대한민국 역사상 최악의 참혹한 재난 사고를 당해 침몰한 배에서 단 한 명도 구조할 수 없었던 무기력함에
■ 전 국민들은 경악, 절망, 분노, 상실감 등의 집단 트라우마에 걸렸고,
■ 재난 예방, 사후 대처, 복구의 재난 관리 시스템에 있어 엄청난 허점을 여실히 보여주었던 대형 인재人災였음.
■ 사고 진상조사 및 피해 배상 · 보상에 있어 한 치의 소홀함이 없어야 국민의 정부에 대한 기본적인 신뢰감을 그나마 회복할 수 있을 것임.</td></tr>
</table>

12. MERS 사태2015년*

한국 강타한 '메르스 69일' … 사람은 숨막혔고 경제는 숨죽였다

중동호흡기증후군MERS, 메르스 첫 확진 환자가 나온 날부터 정부가 사실상 종식을 선언하기까지 걸린 기간은 69일이다. 그 사이 정부 방역체계의 허점과 부실한 감염 관리의 민낯이 드러났다. 하루에 신규 환자가 23명이나 쏟아지기도 했다. 위험을 무릅쓴 의료진의 노력으로 뒤늦게 불길은 잡혔다. 이제 남은 과제는 이번 사태로 드러난 여러 문제점을 어떻게 고쳐나가느냐다.

발생 20일 만에 환자 100여 명

국내 최초 메르스 환자68세는 바레인에서 사업을 하다가 사우디아라비아를 거쳐 5월 4일 귀국했다. 같은 달 11일 처음 증상이 나타났지만 20일에야 메르스로 확진됐다. 이후 환자 수는 걷잡을 수 없이 늘어났다. 6월 9일 환자 수는 100명을 돌파했고, 마지막 환자가 발생한 이달 4일까지 총 186명이 메르스로 확진됐다.

국내 최고 병원 중 하나로 꼽히던 삼성서울병원에서 90명의 환자가 나왔다. 이 때문에 삼성서울병원은 37일 동안 부분 폐쇄됐다. 그 기간 이 병원 환자 수는 평소의 10분의 1 수준인 800여 명으로 줄었다.

자가격리자 수는 더 빠르게 늘었다. 6월 2일 1,000명을 넘었고 같은 달 17일엔 6,729명까지 급증했다. 격리를 경험한 사람만 1만 6,693

* 한국경제(http://www.hankyung.com/news/app/newsview.php?aid=2015072887281)

명이다. 박원순 서울시장이 정부의 소극적인 자가격리 방침에 반발하기도 했다. 2,704곳의 학교와 유치원이 메르스로 휴업했다.

의료진은 메르스와 사투를 벌였다. 정부가 병원에 지급한 레벨D 보호구는 총 99만 3,826개, N95마스크는 151만 280개에 달한다. 전체 환자 186명 중 39명이 병원 관련 종사자다. 이 중 상당수는 메르스 확진 환자를 돌보다 감염됐다.

이 같은 의료진의 노력 끝에 확진환자 중 138명74.2%은 건강을 되찾고 퇴원했다. 36명의 사망은 막지 못했지만 국내 사망률19.35%은 세계 평균38.65%보다 낮다.

경제에도 직격탄

메르스 사태로 국내 감염병 관리체계와 병실 문화의 취약점이 드러났다. 질병관리본부 소속 역학조사관은 14명밖에 되지 않았다. 감염병 관리 지원 수가는 한 달에 5,000원～1만원 수준으로 낮았다. 국가지정 음압병실은 100여 개밖에 안 돼 환자를 수용하기에 벅찼다. 132번 환자는 음압병실을 찾아 600km의 거리를 이동하기도 했다. 대응 매뉴얼이 없는 정부가 우왕좌왕하는 동안 환자들은 자신이 메르스에 걸린 줄도 모르고 병원을 옮겨 다녔다. 85곳의 병원이 메르스 환자가 머물렀다는 이유로 부분 폐쇄됐거나 임시 휴업했다.

경제적 여파도 컸다. 6월 한국을 찾은 외국인 관광객이 지난해 같은 달에 비해 41% 급감했다. 중국인 관광객이 57만 3,852명에서 31만 5,095명으로, 일본인 관광객이 17만 3,056명에서 10만 1,206명으로 줄었다. 6월 백화점 매출은 10.7%, 할인점은 9.7% 감소했다. 같은 달 면

세점 매출은 13년 만에 마이너스를 기록했다. 한국은행은 메르스 사태가 연간 성장률을 0.2%포인트가량 떨어뜨릴 것으로 분석했다.

질병관리본부 권한 강화해야

정부의 사실상 종식 선언으로 메르스 사태가 일단락되면서 질병 관리에 취약한 정부 조직체계를 정비해야 한다는 지적이 쏟아지고 있다. 초기 방역에 실패한 이유 중 하나로 보건복지부 산하조직인 질병관리본부의 권한과 역할이 부족했다는 점이 꼽히면서다.

질병관리본부의 비정규직 인력은 269명으로 정규직 164명보다 많다. 의사 출신 인력은 정규직 164명 중 13.4%인 22명뿐이다. 정부는 1급차관보인 질병관리본부장을 차관급으로 격상하는 방안을 검토하고 있다.

메르스 확산을 부추긴 한국 특유의 간병문화도 바뀌어야 한다는 주장이 많다. 전체 메르스 환자 186명 중 65명이 환자의 가족이나 방문객이었다. 김윤 서울대 의대 교수는 "응급실 과밀화지수를 기준으로 응급의료 수가를 차등화하는 정책을 도입해야 한다"고 말했다.

<table>
<tr><th></th><th>실제 상황</th><th>미비점</th></tr>
<tr><td>재난 예방</td><td>▪ 메르스 같은 전염병에 대한 정보 부족으로 국가적 재난으로 커질 수 있는 가능성을 전혀 예견하지 못함.
▪ 초기 대응 매뉴얼 부재
▪ 의료기관 간 의료정보 공유 시스템이 부재해 감염자들이 병원을 옮겨 다니는 상황을 파악하지 못하면서 적절한 시기에 방역망 구축 실패</td><td rowspan="3">▪ 권고문 수준의 대책 마련
▪ 재난에 대한 법적 책임자가 명확하게 정의되지 않음.
▪ 전염병과 같은 의료적 재난에 대한 교육 부재</td></tr>
<tr><td>사후 대처</td><td>▪ 보건복지부는 전문가, 의료단체, 시민사회단체 등과 함께 의료 관련 감염대책 추진 권고문을 마련
▪ 권고안의 내용에는 병문안 문화 개선, 응급실 감염 관리, 응급환자 분류체계 5단계 확대 도입, 비응급 환자 대형 병원 응급실 이송 금지 등 제도개선이 포함됨.</td></tr>
<tr><td>재난 복구</td><td>▪ 보건복지부는 메르스 피해 의료기관에 손실보상금으로 1,781억 원을 지급키로 결정함
▪ 지급대상은 의료기관 176곳, 약국 22곳, 상점 35개소
▪ 손실보상금은 메르스 환자 치료, 진료 및 격리 실적, 메르스 확산 방지를 위해 폐쇄한 병상 수 또는 휴업한 기간에 따라 산정</td></tr>
<tr><td>종합 분석</td><td colspan="2">▪ 메르스 사태는 의료분야에서 발생한 국가의 첫 재난으로 명확한 매뉴얼이 없어 많은 시민들이 불안에 떨었음.
▪ 메르스 사태 이후 국가의 사후 대처 수준은 소 잃고 딱 외양간만 고치는 수준이었음.
▪ 작은 불씨가 건잡을 수 없는 재난으로 커지지 않도록 하기 위해선 무엇보다 예방을 위한 재원, 인프라, 교육 활동이 필요하다는 엄중한 교훈을 얻음.</td></tr>
</table>

13. 고령화 리스크*

한국 경제 고령화 리스크, 지속 가능 성장이 해법

한국 경제에 저출산 · 고령화의 경고음이 울린 지 오래지만 수치로 확인된 현실은 다시금 경각심을 일깨운다. 통계청 인구 추계에 따르면 내년에 우리나라 여성인구2,531만 명가 남성인구2,530만 명를 처음 넘어선다. 특히 오는 2016년 생산가능인구15~64세가 3,704만 명으로 정점을 찍고 2017년부터는 감소, 2060년까지 전체 인구의 49.7%로 떨어진다. 생산가능인구 중 주 경제활동인구인 25~49세 인구는 2010년 2,043만 명에서 내년엔 1,940만 명으로 감소할 전망이다. 국회예산정책처에 따르면 생산가능인구 감소, 주 경제활동인구 비중 축소 등으로 실질성장률이 올해 3.6%에서 2060년에는 0.8%까지 하락할 것이라고 한다. 반면 노년부양비생산가능인구 대비 노년인구비는 작년 26.5%에서 2040년에는 57.2%로 늘어나고, 연금과 복지분야의 지출 수요도 그만큼 늘어난다. 국가 채무는 올해 국내총생산GDP 대비 37.0%에서 2030년 58.0%, 2060년 168.9%로 증가할 것이란 예상이다.

인구 구조의 고령화는 통계청과 국회예산처의 전망에서도 확인되듯 경제성장률 하락과 복지부담 증가에 따른 재정악화 등 국가경제에 심대한 영향을 끼친다. 아직 우리는 고령화사회65세 이상 인구 7% 단계인데도 무상급식, 보상보육, 기초연금을 둘러싸고 여야 간, 계층 간, 세대 간 갈등이 첨예한데 2017년 고령사회14% 이상, 2026년 초고령사회20% 이상로

* 헤럴드경제(http://biz.heraldcorp.com/view.php?ud=20141124000536б)

진입하게 되면 이 같은 대립은 더욱 증폭돼 국가위기 상황으로 치달을 것이다. 고령화 리스크가 '발등의 불'로 다가오고 있는데도 우리의 대책은 헛바퀴를 돈다. 2005년 '저출산 고령사회 기본법'을 제정한 이래 작년까지 8년간 100조 원의 예산을 썼지만 지난해 출생아 수[43만 6,500명]는 2006년보다 되레 줄었고, 12년째 경제협력개발기구[OECD] 최하위 저출산국 자리에 머물러 있다. 대통령 직속으로 출범한 '저출산고령사회위원회'는 컨트롤타워의 부재로 존재감조차 희미하다.

2016년부터 주 경제활동인구가 감소하고 2017년부터 고령사회에 진입한다는 로드맵을 받아든 우리에게 주어진 시간은 불과 1～2년이다. 한국이 성장과 복지의 선순환을 만들어낼지 아니면 고령화 충격으로 재정파탄에 이른 그리스와 같은 전철을 밟을지 가름하는 시간이다. 이 골든타임을 살리려면 여성 고용률 제고, 노년층 경제활동 지원, 이민정책을 통한 생산성 확충 등 한국 경제의 성장률을 지속 가능하게 할 해법을 찾는 데 총력을 쏟아야 한다.

<table>
<tr><th></th><th>예상 상황</th><th>미비점</th></tr>
<tr><td>재난 예방</td><td>▪ 뻔히 예상되는 재앙 수준의 문제에 대해 제대로 된 대처를 하지 못하고 있음.
▪ 보험료 인상이나 보험급여 인하 등의 단편적인 개선이 아니라
▪ 공적연금의 구조적인 개혁이 필요
▪ 제대로 된 구조적인 연금개혁을 위해서는
▪ 현 정권의 강한 개혁 의지가 있어야 할 것이며,
▪ 정권 변화와 무관하게 연금개혁을 지속적으로 추진하는 노력이 절대적으로 필요</td><td></td></tr>
<tr><td>종합 분석</td><td colspan="2">▪ 경제 불황 심화,
▪ 고령화, 저출산 등으로 국민연금 등 공적연금 재정 건전성 문제 심각,
▪ 우리 경제의 구조적인 문제로 경제적 어려움을 겪고 있는 청년층과 연금을 받는 노인층 간의 세대 갈등 심화,
▪ 이상의 엄중한 문제들을 직시하고 고령화 리스크에 대한 전 방위적 통합 리스크 관리가 절실하게 요구됨.</td></tr>
</table>

14. AI[인공지능] 리스크*

AI는 인간을 지배할 것인가

인공지능이 바꾸는 삶

인공지능[AI]은 인류의 삶을 어디까지 바꿀 것인가. 인공지능 기술이 적용된 로봇은 공장에선 산업용으로 이용되고, 심해나 우주 같은 극한의 장소에선 인간을 대신해 위험한 작업을 하며, 수술실에선 미세 작업을 도맡는 등 눈부신 활약을 하고 있다.

인공지능은 로봇뿐 아니라 스마트카[자율주행차], 드론 등 하드웨어 기술과 다양한 서비스산업이 결합해 미래 경제를 창조할 새로운 원동력으로 주목 받는다. 인공지능 기술은 인터넷 접속을 통해 더욱 스마트해지고 있다. AI가 인류 문명사에 어떤 변화를 몰고 올지 살펴본다.

세계경제포럼[WEF] 2016년 보고서에 따르면 1960년대 공상과학[SF] 작가들은 20년 안에 기계가 인간보다 더 스마트해질 것이라고 내다봤다. 인공지능 컴퓨터들이 화성에서 알아서 도시를 건설하는 것은 물론, 지구에선 지식은 물론 지혜까지 갖춘 인공지능 컴퓨터가 인간이 미처 해결하지 못한 외교적 난제까지 해결한다는 상상을 했다. 그뿐 아니라 인공지능을 갖춘 로봇이 집안일은 물론 아기까지 돌보는 신세계를 꿈꿨다.

50여 년이 지난 지금 이는 현실이 되고 있다. 인공지능은 우리 삶의

* 중앙Sunday(http://sunday.joins.com/archives/120486)

어디에도 존재하는 '인공지능 유비쿼터스' 시대가 도래했다. 인터넷 브라우저에 들어가면 사용자에 맞춘 광고가 뜨는데, 이는 인공지능 기술을 응용한 것이다. 사용자에게 맞춘다는 뜻의 '퍼서널라이징personalizing' 이란 용어가 인공지능을 의미한다. 요즘 시험주행이 한창인 스마트카자율주행차도 여러 가지 센서와 함께 인공지능 기술이 적용된 중앙제어 컴퓨터가 조종한다. 긴 직선도로에서 운전자가 핸들에서 손을 놓아도 자동으로 차선을 지키며 직진하는 크루저 컨트롤 기능도 인공지능에 속한다. e메일이 알아서 내 서버로 찾아오게 하는 것도 인공지능의 일부다. 우리가 미래의 일로 생각하는 인공지능은 이미 우리 주변에 도착해 있다.

그럼에도 로봇과 인공지능에 대한 우리의 상상은 대개 부정적이다. 할리우드 영화에서 로봇과 인공지능은 '악당' 역할을 도맡고 있다. '터미네이터' 에서 보듯 지구를 지배하고 인류를 전멸시키려는 야욕을 지닌 반사회적 이상 성격의 존재로 묘사되기 일쑤다. 인공지능 패닉과 로봇포비아로봇에 대한 공포를 유발하기에 충분하다.

최근의 할리우드 SF 영화를 구체적으로 살펴보자. 톰 크루즈와 모건 프리먼이 출연한 2013년 개봉작 '오블리비언' 에는 드론과 로봇이 결합한 무시무시한 공격용 무기가 등장한다. 자율 주행하며 적을 자동 인식하고 스스로의 판단으로 공격을 가한다. 2014년 영화 '트랜센던스' 는 인공지능에 대한 인간의 공포를 잘 반영한다. 주연을 맡은 조니 뎁이 맡은 역할은 인공지능을 연구하는 과학자다. 그는 인류가 수억 년에 걸쳐 이룬 지적 능력을 초월하고 자각능력까지 갖춘 수퍼컴퓨터를 개발해 완성을 눈앞에 두고 있었다. 하지만 반과학자 단체에서 방사성 독극물 공격을 당해 육체는 죽음을 맞지만 뇌는 컴퓨터에 업로드된다. 하나의 프로그램이 된 뇌는 인터넷과 접속해 스스로 빅데이터를 학습한다. 그러면서 신과 다름없는 엄청난 능력을 발휘하게 된다. 실제로 다양한 경우의 수가 입력된 인공지능 로봇이 체스에서 인간을 누른 적도 있다. 인공지능 로봇이 인간을 능가하는 능력을 바탕으로 앞으로 어떤 행동을 할지 알 수 없다고 주장하는 근거다.

이에 따라 인공지능이 가져올 디스토피아를 사전에 막자는 움직임이 가시화하고 있다. 테슬라자동차와 스페이스X를 운영하는 세계적인 벤처기업인 일런 머스크는 2015년 1월 천체물리학자 스티븐 호킹을 비롯한 세계적인 전문가들과 함께 '인공지능에 보내는 공개서한' 을 발표했다. 인공지능과 관련한 사회적 충격을 연구하자는 호소였다. 공개서한은 사회가 인공지능을 통해 엄청난 이득을 얻을 수 있다고 지적하면서도 잠재적인 위험성을 막을 방법도 확실하게 연구해야 한다고 강조했다. 그러면서 인공지능을 잘 활용하면 질병과 가난을 근절시킬 수 있겠지만 연구자들은 통제할 수 없는 것은 절대 개발하면 안 된다고 호소했다. 인류 멸종과 같은 회복할 수 없는 글로벌 재앙을 일으킬 수 있는 '진보된 인공지능 기술로 인한 실존하는 위험' 을 사전에 파악하고 이를 제거해야 한다고 강조했다.

이를 위해 머스크는 같은 해 12월 오픈AI라는 비영리단체를 샌프란시스코에 설립했다.

인류에 도움이 되는 '프렌들리 인공지능 기술' 을 개발해 소스코드를 공개하는 운동을 펴는 게 설립 목적이다. 이를 통해 인공지능이 인류에 해를 끼칠 가능성을 차단하고 도움이 되는 방향으로 개발을 촉진한다는 것이다. 인공지능과 관련한 특허나 연구 결과를 대중에 공개해 다른 연구자나 기관과 협업을 강화하겠다는 의욕도 보이고 있다. 이를 통해 AI 기술에 대한 접근성을 높이고 기술 소외계층이 생기는 것을 막아보려고 한다. 인공지능 기술 개발이 빈부격차를 확대하는 디스토피아를 막고 인류 전체의 복리에 도움이 되도록 유도하겠다는 것이다. 머스크는 이를 위해 우선 10억 달러의 기금을 모금해 연구활동을 펼칠 계획이다.

지난 1월 중순 영국에선 '책임질 수 있는 로봇과학재단The Foundation for Responsible Robotics ; FRR' 이라는 공익재단이 발족했다. 사회에서 로봇과 관련된 사회적 윤리와 책임 증진을 도모하는 단체다. 영국 셰필드대 로봇공학 교수 출신으로『인공지능 리뷰』지 편집장인 노엘 샤키가 대표를 맡았다.

FRR은 로봇공학 · 법률 · 윤리 · 사회학 전문가들이 모여 '책임질 수 있는 로봇' 의 기준을 만들어 이를 로봇 개발자와 디자이너들에게 제시하는 역할을 하게 된다. '킬러 로봇 금지 캠페인' 이라는 공익단체를 이끌어 온 샤키 교수는 "적절한 정책도 없이 사회적 책임을 다하지 않는 로봇을 개발하면 사회문제만 일으킬 뿐" 이라며 "이런 흐름에 제동을 걸기 위해 나섰다" 라고 설명했다. 그는 "정부는 로봇을 강력한 경제적 아이템으로만 여길 뿐 수많은 사회적 위험성은 무시하고 있다" 고 지적했다.

15. Biotech 리스크*

유전자 교정 '게놈 에디팅' … 축복인가 재앙인가

국내 연구진이 최근 '크리스퍼 유전자 가위'를 활용해 혈우병을 고칠 수 있는 기술을 세계 최초로 개발했다. 혈우병은 체내 혈액 응고 인자가 부족해 피가 잘 멎지 않는 병이다. X염색체에 있는 유전자가 돌연변이를 일으켜 발생하는 대표적인 유전 질환이다. 1만 명에 한 명꼴로 발병한다. 크리스퍼 유전자 가위는 유전자를 잘라낼 수 있는 리보핵산 RNA 기반의 인공 효소다. 이를 통해 혈우병 유전자를 정상으로 교체해 근본적인 혈우병 치료 길을 연 게 이번 연구 성과다.

앞서 지난 4월 중국의 한 연구팀은 인간 수정란배아에서 빈혈을 일으키는 유전자를 정상 유전자로 바꿔치기하는 데 성공했다. 역시 크리스퍼 유전자 가위를 사용했다. 불임 클리닉에서 얻은 수정란 86개에서 빈혈을 일으키는 '변이 헤모글로빈베타HBB' 유전자를 잘라냈다. 48시간 뒤 71개 수정란이 생존했고, 이 가운데 28개는 정상 유전자로 바뀐 것으로 확인됐다. 이 수정란을 자궁에 착상시키면 태어날 아이가 빈혈에 걸리지 않는다는 것이다.

빈혈이나 혈우병이 아닌 피부색이나 지능과 관련된 유전자라면 어떨까. 유전자 기술이 발달하면서 외모와 지능 등을 부모가 선택해 '맞춤형 아기'를 낳는 것도 가능한 시대가 열리고 있다. 유전자 조작을 어느 정도까지 인정할지를 둘러싼 이른바 생명 윤리와 관련한 논란이 불

* 한국경제(http://www.hankyung.com/news/app/newsview.php?aid=2015072615671)

가피한 이유다.

현행 생명윤리법생명 윤리 및 안전에 관한 법률은 유전자 치료가 가능한 범위를 엄격하게 규제하고 있다. 유전 질환, 암, 후천성면역결핍증, 그 밖에 생명을 위협하거나 심각한 장애를 불러일으키는 질병 치료를 위한 연구 외에는 유전자 치료를 할 수 없다. 그나마도 배아 난자, 정자 및 태아에 대한 유전자 치료는 아예 불가능하다.

중국에서 진행된 수정란에서 빈혈 유전자를 제거한 연구는 그 자체가 국내에선 불법이다. 줄기세포 전문가들이 일본 등 외국보다 엄격한 규제 탓에 국내에서 연구를 제대로 진행하기 어렵다고 불만을 토로하는 이유이기도 하다.

혈우병 유전자 치료 연구를 주도한 김진수 기초과학연구원IBS 유전체교정연구단장서울대 화학부 교수은 26일 한국경제신문과의 인터뷰에서 "수정란을 대상으로 한 순수 연구조차 불법으로 규정한 것은 다소 지나친 측면이 있다"며 "크리스퍼 유전자 가위를 활용한 치료 영역을 어디까지 해야 할지는 앞으로 사회적 합의 과정을 거쳐 결정해야 할 것"이라고 말했다.

김 단장은 지난 23일 미래창조과학부 브리핑실에서 혈우병 치료 연구 결과를 기자들에게 설명한 뒤 이례적으로 '유전자 조작'이나 '유전자 편집'이란 표현을 언론에서 자제해 달라고 호소했다. 크리스퍼 유전자 가위를 활용하는 연구를 영문으로 '게놈 에디팅genome editing'이라고 한다. 이를 언론이 유전자 조작 또는 편집 등 부정적인 어감의 용어로 번역하면서 일반 대중에 불필요한 오해와 반감을 불러일으키고 있다는 이유에서다.

김 단장은 "게놈 에디팅은 32억 쌍의 염기로 구성된 인간 유전체에서 단 하나의 염기를 바꾸는 게 가장 일반적"이라며 "32억분의 1에 해당하는 변이를 놓고 조작이나 편집이라고 표현하는 것은 지나친 과장이자 오류"라고 지적했다. 그는 또 "과거 유전자변형식품GMO이 한때 유전자조작식품으로 번역돼 아직도 국내 소비자의 거부감이 해외 선진국에 비해 훨씬 심각한 수준"이라며 "이 같은 사례가 유전자 치료 연구에서도 반복되지 않도록 해달라"고 당부했다.

크리스퍼 유전자 가위 기술은 의료 · 제약은 물론 농축산업 분야에 폭넓게 활용할 수 있다. 선진국에 뒤지지 않을 정도의 기술력을 갖추고 있는 만큼 이를 뒷받침해 줄 제도만 도입되면 성장 정체에 빠진 한국 경제에 활력소가 될 수 있다. 과도한 규제가 신산업의 발목을 잡는 상황이 반복되지 말아야 한다는 게 과학계의 바람이다.

나가는 글

바야흐로 선거의 시절이다. 2016년 4월 총선과 2017년 12월 대선이 줄지어 있다. 정치에 대해선 아마추어라 할 수 있는 저자의 눈에도 이번 선거 결과는 특별한 이변이 없는 한 기성 권력 구도에서 크게 벗어나지 못할 것으로 보인다.

대한민국의 유권자가 집권을 원하는 정치인들에게 바라는 바는 무엇일까? 많은 문제를 안고 살아가는 이 시점의 이 땅에 국민들의 많은 바람이 있겠지만 아마도 '평안한 삶을 살 수 있도록 힘써 달라'가 대표적이지 않을까 싶다. "제발 안전한 나라를 만들어 달라", "좀 안정된 사회에서 살고 싶다"가 너무 지나친 요구인가?

이 글을 쓰고 있는 오늘만 해도 북한이 미사일을 쏘아 올렸고 남한 정부는 싸드THAAD 배치를 검토한다고 발표했다. 연초부터 중국발 경제 혼란이 시작되었고, 지카 바이러스 확산, 세계 각국의 폭설 등의 재난이 2016년도 역시 쉽지 않을 것임을 시사하고 있다. 끝이 안 보이는 글로벌 경제 둔화와 수출 급감, 경기 악화와 구조 조정, 우리 경제의 구조적 문제에서 비롯된 심각한 청년 실업, 고령화와 저출산으로 심화되는 연금재정 문제, 남북한 긴장 고조, 끊이지 않는 안전사고 등으로 우리네 삶은 그저 피곤하다.

나라 경영 리스크 관리가 이 시대 우리 사회의 절대 현안이 되었다. '수신제가치국평천하修身齊家治國平天下' 라고 했다. 리스크 관리를 통해 각자가 수신제가修身齊家하고, 각 비즈니스가 제가齊家하며, 정치인이 치국治國해야 마땅하다. 그래야 우리 사회가 지속 발전할 수 있다. 안정 속의 성장을 위해서 사회구성원 모두의 리스크 관리가 절대적으로 필요한 것이다.

특히 우리 사회의 존립을 위협하는 각종 재난에 대해서 정부를 위시로 하는 민-관-군은 국제사회와 공조하여 총력전을 펼쳐야 한다. 재난 대비 통합 리스크 관리를 통해 안전한 나라, 안정된 사회, 평안한 삶을 만들어 대한민국의 지속 가능 발전을 이루어야 한다.

참고문헌

장동한, 「지속 가능 성장과 재난 리스크 관리」, 『상경연구』 39권 2호, 건국대학교, 2014.

______, 『지속 가능 성장을 위한 보험과 리스크 관리』, 2014.

하연섭 외, 『위험사회와 국가정책』, 2015.

한국리스크관리학회, 『재난예방체계의 진단과 보험의 역할』, 2014.

한국행정연구원, 『불확실성에 대응하는 위험 거버넌스』, 2009.

Bernstein, Peter, *Against the Gods*, 1996.

CII, *Risk Management*, 2001.

Global Reins Forum, *Strengthening Disaster Risk Resilience*, 2014.

Hopkin, P., *Fundamentals of Risk Management*, 2012.

Punter, Alan, *Risk financing and management*, 2007.

Sachs, Jeff, *The Age of Sustainable Development*, 2015.

Steinberg, R., *Governance, Risk Management*, Compliance, 2011.

Swiss Re, *Natural Cats and Man-made Disasters in 2013*, 2014.

________, *Closing the Financial Gap*, 2011.

________, *State Involvement in Insurance Markets*, 2011.

________, *Country Risk Management*, 2010.

________, *Integrative Risk Mgt. : Advanced Disaster Recovery*, 2010.

________, *Innovating to insure the Uninsurable*, 2005.

UNISDR, *Sendai Framework for Disaster Risk Reduction*, 2015.

________, *Progress and Challenges in Disaster Risk Reduction*, 2014.

WEF, *Global Risks 2016*, 2016.

찾아보기

RMization®

Wharton
UNIVERSITY *of* PENNSYLVANIA

WRMCG®

Wharton **Risk Management**
Consulting Group

지은이에 대하여

장동한

한국외국어대 영어과 졸업

Univ. of Michigan 경제학과 졸업

Univ. of Pennsylvania 경제학 석사

Wharton School, Univ. of Pennsylvania 경영학(보험) 박사

CPCU(Chartered Property Casualty Underwriter)

ARM(Associate in Risk Management)

Pennsylvania State Univ. 경영대학 교수

한국금융연구원 연구위원

Univ. of Pennsylvania 교환교수(Fulbright Scholar)

중국 상해대학 교환교수

한국보험학회 학회지 편집위원장

Korea CPCU Chapter 회장

금융감독원, 노동부 보험 자문위원

건국대학교 상경대학 학장

현, 한국리스크관리학회 회장

현, APRIA(아시아-태평양 보험학회) 부회장

현, 건국대학교 상경대학(국제무역학 전공) 교수

주요 저서 및 논문

『지속 가능 성장을 위한 보험과 리스크 관리』 등 저서 다수

Journal of Risk & Insurance, 보험학회지 등 학술논문 다수

재난 리스크 제대로 관리하기

—안전한 나라, 안정된 사회에서 살고 싶다

초판 1쇄 발행 2016년 4월 25일

초판 3쇄 발행 2019년 8월 20일

지은이 장동한

펴낸이 박기남

펴낸곳 율곡출판사

08590 서울시 금천구 가산디지털1로 84(에이스하이엔드 8차), 803호

전화 (代) 02) 718-9872

팩스 02) 718-9874

home-page www.yulgokbooks.co.kr

e-mail yulgokbook@naver.com

등록 1989.11.10. 제2014-000031호

ISBN 978-89-97428-85-4 93320

값 25,000원